OS EFEITOS DA REVOLUÇÃO DIGITAL NO DIREITO COLETIVO DO TRABALHO

AUTORIA
TEREZA APARECIDA ASTA GEMIGNANI

LTr®

OS EFEITOS DA REVOLUÇÃO DIGITAL NO DIREITO COLETIVO DO TRABALHO

2024

LTr®

LTr Editora Ltda.

Rua Jaguaribe, 571
CEP 01224-003
São Paulo, SP — Brasil
Fone (11) 2167-1101
www.ltr.com.br
Julho, 2024

Produção Gráfica e Editoração Eletrônica: RLUX
Projeto de capa: DANILO REBELLO
Impressão: DOCUPRINT

Versão impressa — LTr 6454.1 — ISBN 978-65-5883-312-3
Versão digital — LTr 9919.8 — ISBN 978-65-5883-313-0

Dados Internacionais de Catalogação na Publicação (CIP)
(Câmara Brasileira do Livro, SP, Brasil)

Gemignani, Tereza Aparecida Asta
Os efeitos da revolução digital no direito coletivo do trabalho / Tereza Aparecida Asta Gemignani. — São Paulo: LTr, 2024.

Bibliografia.
ISBN 978-65-5883-312-3

1. Direito do trabalho 2. Inovações tecnológicas 3. Relações de trabalho 4. Tecnologia e direito I. Título.

24-214504 CDU-34:331.88

Índice para catálogo sistemático:

1. Direito coletivo do trabalho 34:331.88

Cibele Maria Dias — Bibliotecária — CRB-8/9427

SUMÁRIO

PREFÁCIO

"Só há grupos onde existem fraquezas individuais" — eis uma convicção manifestada por António Lobo Antunes[1]. Será mesmo assim? Sendo o ser humano um animal gregário, será que não haverá algum exagero naquela afirmação? Não será aquela uma afirmação marcada por um individualismo radical? Talvez. Em todo o caso, não oferece dúvidas que uma das causas da emergência de fenómenos grupais reside, justamente, na existência de fraquezas e de vulnerabilidades individuais. Por isso, também por isso, os homens e as mulheres reúnem-se, juntam-se, coligam-se, agrupam-se, unem-se.

A relação de trabalho assalariado demonstra-o, à saciedade. Uma relação assente num negócio jurídico de direito privado, decerto. Uma relação de natureza obrigacional, por certo. Mas, sobretudo, uma relação profundamente *assimétrica*, isto é, manifestamente inigualitária, pois o trabalhador, a mais de, em regra, carecer dos rendimentos do trabalho para satisfazer as suas necessidades essenciais (dependência económica), fica sujeito à autoridade e direção do empregador em tudo o que diz respeito à execução do trabalho (subordinação jurídica). Para o trabalhador, cumprir é, antes de mais, obedecer, a sua vontade *comprometese* no contrato, mas também se *submete* nesse contrato.

Ora, é *esta relação de troca trabalhosalário, fundada num* (ou disfarçada de?) *contrato, relação marcadamente patrimonial* (gostese ou não, o trabalho é, nas economias de mercado em que vivemos, tratado como se fosse uma mercadoria) *à qual assiste, no entanto, uma dimensão irrecusavelmente pessoal* (pois a força de trabalho não é dissociável do trabalhador, e este, tanto ou mais do que sujeito do contrato, é objeto do mesmo), *é esta relação estruturalmente desigual e intrinsecamente conflitual, cunhada por uma forte divergência de interesses entre trabalhadores e empregadores, que constitui o cerne da nossa disciplina.* E o objetivo precípuo do Direito do Trabalho consiste, justamente, em tentar harmonizar estes interesses conflituantes, funcionando como plataforma de compromisso de interesses sociais e económicos, não raro, contrapostos.

Com efeito, a formação deste ramo do ordenamento jurídico assenta na constatação histórica da insuficiência ou inadequação do livre jogo da concor-

(1) *Confissões do Trapézio. Entrevistas com António Lobo Antunes – 1979-2007*. Ana Paula Arnaut (ed.). Almedina, Coimbra, 2008. p. 423.

rência no domínio do mercado de trabalho, em ordem à consecução de condições de trabalho e de vida minimamente aceitáveis para as camadas laboriosas. O Direito do Trabalho não se compaginava com o ultraliberalismo oitocentista (e, aliás, compaginase algo dificilmente, ainda hoje, com os movimentos de raiz neoliberal), justamente porque se traduz num mecanismo deformador da concorrência, isto é, num mecanismo cuja função principal consiste em limitar a concorrência entre os trabalhadores no mercado laboral. Historicamente, o livre jogo do mercado revelouse antisocial: privados de qualquer proteção legal (abstencionismo estadual) e desprovidos da mínima organização sindical (individualismo liberal), os trabalhadores viramse obrigados a competir acerrimamente entre si na venda da única mercadoria de que dispunham – a força de trabalho. O saldo desta concorrência desenfreada é bem conhecido e é dramático: salários praticamente reduzidos ao mínimo vital, condições de trabalho mais do que precárias, cargas de trabalho insuportavelmente pesadas, inclusive para crianças de tenra idade, etc. A resolução (ou, talvez melhor, a atenuação) desta grave *Questão Social* passou pela aceitação da intervenção direta do Estado (e desde logo do legislador) no mundo do trabalho e pelo reconhecimento de um estatuto de cidadania ao associativismo sindical e aos seus corolários – em especial a contratação coletiva e a greve.

O Direito do Trabalho é assim, todo ele, produto do homem solidário, não do homem solitário. Ora, o sindicalismo viveu o seu apogeu no período da fábrica fordista, da fábrica grande, onde os trabalhadores se reuniam e conviviam, um período de grande proximidade entre os trabalhadores, inclusive física, trabalhando lado a lado, conjuntamente, sujeitos à autoridade e vigilância da entidade empregadora, num espaço-tempo bem definido e representado pelas paredes da fábrica (massificação do trabalho dependente, elevada concentração populacional, homogeneização do proletariado, que cimentou uma "consciência de classe" própria, etc.).

Tudo isso mudou, já nas últimas décadas do século passado, mais ainda nos nossos dias.

A fábrica e o operário não desapareceram, por certo, mas perderam peso e protagonismo. O setor dos serviços ganhou importância, as transformações tecnológicas aceleraram a mudança, o "trabalho 4.0" emergiu, as empresas magras e musculadas substituíram, em muitos casos, a velha fábrica fordista. Em paralelo, instalou-se uma certa hegemonia do ideário neoliberal, desde os anos 80 do passado século, um ideário claramente hostil ao sindicalismo (e ao próprio Direito do Trabalho, muitas vezes apresentado como uma "ineficiência" que não deixa o sacrossanto mercado funcionar livremente) e que relança uma ideologia mais individualista, a todos os níveis, também no mundo do trabalho.

Nesse contexto, o espaço para a solidariedade reduz-se, a afirmação do eu, de um eu mais radical, individualista e até solitário, consolida-se. Em tempos de pandemia, com o recurso massivo ao teletrabalho, prestado à distância, a partir do próprio domicílio do trabalhador, essas tendências acentuaram-se. Eis a questão: como ser solidário, na solidão das nossas quatro paredes?

Nesta sua tese de pós-doutoramento, Teresa Asta Gemignani reflete sobre os efeitos da revolução digital do Direito Coletivo do Trabalho. É manifesto que o *novo* fascina a Autora: novos tipos de relações de trabalho, o emergente desafio da plataformização do trabalho, um novo modelo de imputação de responsabilidade trabalhista, os efeitos da digitalização no mundo sindical, na negociação coletiva, nos procedimentos de dispensa coletiva, na atuação da OIT – tudo isto, e muito mais do que isto (a análise económica do direito e a teoria dos jogos, a *compliance* e o alcance da nova sigla ESG, etc.), é objeto de aturada análise por parte da Autora, no âmbito do seu pós-doutoramento no *Ius Gentium Conimbrigae*, da Faculdade de Direito da Universidade de Coimbra.

É uma obra cuja leitura se recomenda. E este é um assunto que merece a máxima atenção e cuidada reflexão, até porque convém não ter ilusões: a história do Direito do Trabalho confunde-se com a história do sindicalismo e, se o sindicalismo soçobrar, estamos convictos de que o mesmo tenderá a acontecer ao próprio Direito do Trabalho.

João Leal Amado

Professor Catedrático da Faculdade de Direito da Universidade de Coimbra

INTRODUÇÃO

No século XX, a concepção de um Estado onipresente e provedor colocou o modelo estatutário na centralidade do sistema jurídico brasileiro, até que a revolução tecnológica, desencadeada em suas últimas décadas, veio provocar alterações profundas nas formas de viver e trabalhar, nos parâmetros de espaço e tempo, em que até as "horas perderam seu relógio", na oportuna expressão do poeta chileno Vicente Huidobro, levando à crescente dificuldade do Estado para resolver os novos conflitos coletivos, agravada pela complexidade multifária trazida pela revolução digital.

A evolução da revolução digital acelerou vertiginosamente neste início do século XXI, desencadeando um movimento disruptivo de grande expressão, que trouxe novos tipos de relações de trabalho mediante a utilização de plataformas, que passaram a moldar novos tipos de cadeias produtivas, pautadas pela interconexão concomitante de diferentes agentes econômicos.

O trabalho, antes desenvolvido predominantemente em um lugar que reunia muitos trabalhadores no mesmo espaço físico, passou a ser substituído em larga escala por ferramentas digitais, ao mesmo tempo em que aumentou a demanda pela prestação de serviços de forma isolada e individual.

Quando a nova tecnologia provoca o surgimento de múltiplas modalidades de relações trabalhistas e rompe a hegemonia, que até então detinha o modelo empregatício celetista no Brasil, é preciso evitar não só que o trabalhador, mas que a pessoa humana seja reduzida à condição de mercadoria, oferecendo respostas ao desafio de articular o pilar da regulação com o pilar de emancipação. Nesta sociedade, cada vez mais desestruturada e fragmentada, desorientada pela falta de parâmetros claros e objetivos de conduta, o Direito do Trabalho é chamado a enfrentar novos desafios.

Isto porque, se a força de trabalho pode ser considerada objeto de um contrato, a pessoa que a detém não é um bem negociável, cabendo ao Direito do Trabalho assegurar os limites desta diferenciação.

Neste cenário, em que é necessário encontrar caminhos para obter soluções construídas pela via de inclusão dos trabalhadores nos processos decisórios, o movimento de disrupção atinge o direito coletivo de maneira significativa, notadamente no que se refere à negociação coletiva e à atuação sindical.

Daí a importância da autonomia privada coletiva e o estímulo ao diálogo social para o fortalecimento das fontes autônomas do direito, a fim de que a cultura do conflito aporético seja substituída pela busca de soluções concertadas pela valorização da negociação coletiva, como *locus* privilegiado para construção de normas que possibilitem a intersecção dos critérios de justiça comutativa com justiça distributiva.

Interessante observar que, desde sua gênese, o Direito do Trabalho surgiu com o escopo de inserir a justiça distributiva na lógica comutativa dos contratos, o que deu margem para questionamentos, sob a alegação de que se revestia de índole predominantemente assistencial, incompatível com a natureza da normatividade jurídica.

Apesar das resistências que enfrentou durante todo o século XX, o Direito do Trabalho criou raízes sólidas como ramo autônomo, justamente por este diferencial, que reconheceu o valor jurídico da justiça distributiva, retirando-a dos limites assistencialistas em que era colocada até então.

Porém, o modelo estatutário estatal rígido e estático, construído no século passado, vem se revelando insuficiente para oferecer respostas aos novos conflitos.

Por outro lado, imperioso reconhecer que o imbricamento dos critérios de justiça distributiva com justiça comutativa germinou e floresceu pela valorização da solidariedade como um novo horizonte normativo, que se espraiou por todo o sistema jurídico, assim expressamente reconhecido pela Constituição Federal de 1988, como um dos marcos estruturantes da república brasileira, na esteira da Declaração de Filadélfia[(2)]

Aplicado nas relações entre particulares, o princípio constitucional da solidariedade veio respaldar os critérios fixados pela boa-fé objetiva e pela atribuição de função social ao contrato, assim repristinando o conceito de justiça distributiva que lhe é subjacente.

---

(2) "Declaração relativa aos fins e objetivos da OIT – Organização Internacional do Trabalho firmada durante a Conferência Geral da Organização Internacional do Trabalho, reunida em Filadélfia na 26ª sessão em maio de 1944.

A Conferência afirma novamente os princípios fundamentais sobre os quais se funda a Organização, isto é:

a) o trabalho não é uma mercadoria;

b) a liberdade de expressão e de associação é uma condição indispensável para um progresso constante;

c) a pobreza, onde quer que exista, constitui um perigo para a prosperidade de todos;

d) a luta contra a necessidade deve ser conduzida com uma energia inesgotável por cada nação e através de um esforço internacional contínuo e organizado pelo qual os representantes dos trabalhadores e dos empregadores, colaborando em pé de igualdade com os dos Governos, participem em discussões livres e em decisões de carácter democrático tendo em vista promover o bem comum." Disponível em: https://www.dgert.gov.pt/declaracao-de-filadelfia. Acesso em: 13 mar. 2023.

Tais reflexões se revestem de significativa importância neste início do século XXI, pois, ante a crescente insuficiência do modelo estatutário estatal para oferecer respostas à dinamicidade dos desafios trazidos pela revolução digital, a atuação direta dos próprios atores sociais representantes do capital e do trabalho, pela via da negociação coletiva, pode construir caminhos mais ágeis para restaurar a funcionalidade do imbricamento da justiça comutativa com a justiça distributiva, notadamente pelo reconhecimento de que a valorização dos direitos humanos fundamentais nas relações de trabalho não tem natureza assistencial, mas jurídica.

Assim, demanda um novo modelo de atuação sindical e de cultura organizacional das empresas, como muitas já vêm realizando, com a mudança do *mindset* dos seus sistemas de *compliance*, pelo reconhecimento da importância da implementação das práticas indicadas pela ESG (*Environment Social Governance*), pois a governança corporativa não pode mais ser feita de forma isolada, devendo ser operacionalizada em conexão com os valores sociais e ambientais, o que evidentemente envolve as relações de trabalho e inclui o meio ambiente laboral, tanto físico quanto virtual, em sintonia com os objetivos traçados pela Agenda 2030 da ONU.

Embora a mudança seja fator intrínseco à própria vida em sociedade, nossa era contemporânea sofre os efeitos do ritmo frenético destas alterações, que tem levado a um ambiente de crescente instabilidade.

Conforme ressalta o sociólogo Zygmunt Bauman(3), a sociedade pós-moderna do século XXI é uma sociedade líquida, fluída, caracterizada pela volatilidade e mudança frequente, que por um lado rejeita compromisso e autoridade, mas por outro lado apresenta elevado anseio por segurança, o que leva à situação do permanente conflito na seara trabalhista, pois o "trabalho sem corpo da era do *software* não mais amarra o capital", permitindo ao capital "ser extraterritorial, volátil e inconstante (...) o capital pode viajar rápido e leve e sua leveza e mobilidade se tornam as fontes mais importantes de incerteza para todo o resto", constituindo-se, assim, na sua principal "base de dominação", o que traz um grande desafio para o modelo dogmático estatutário que imperou no sistema jurídico no século XX.

Este novo modo de "viver sem raízes", que em um primeiro momento dá a impressão de leveza e suavidade, sub-repticiamente tem capturado e coisificado a essência do humano. Ante a falta de padrões éticos referenciais, a pessoa se transforma na sua própria justificação epistemológica, o que compromete a construção de significados que sustentem a vida em sociedade, inclusive quanto à linguagem, pois ao invés de possibilitar a convivência, vem se

---

(3) BAUMAN, Zygmunt. *Modernidade líquida.* Tradução: Plinio Dentzien. Rio de Janeiro: Jorge Zahar Editor, 2001. p. 141.

apequenando pelo uso intensivo da dissimulação, na construção de narrativas dúbias, o que compromete sua eficácia como meio de comunicação.

Nesta sociedade cada vez mais fragmentada e dilacerada pela agressividade na defesa dos interesses contrapostos, surge um anseio crescente por equilíbrio e segurança.

Portanto, inafastável a constatação de que a revolução digital veio colocar em crise o modelo estatutário e apresentar novos desafios ao modelo negocial trabalhista, passando a exigir um novo protagonismo das entidades sindicais, notadamente quanto à construção de marcos protetivos para os novos tipos de relações de trabalho que estão surgindo.

Os efeitos provocados pela revolução digital no direito coletivo do trabalho demonstram ser necessário resgatar a centralidade do princípio da primazia da realidade na base da sustentação deontológica do Direito do Trabalho e, assim, superar a rigidez da dogmática estatutária, formal e teórica, que compromete a funcionalidade do sistema jurídico trabalhista no século XXI.

Destarte, é preciso que o Direito abra seu núcleo axiológico para reconhecer novos valores e, assim, considerá-los não só para a formatação de um novo padrão normativo, mas também de um novo modelo de hermenêutica, a ser pautado pela ponderação, sopesamento, prudência e sensatez na avaliação das condicionantes sociais e econômicas, que exigem do intérprete *sabedoria prática* para compreender as consequências e efeitos decorrentes da aplicação da norma, em uma sociedade que enfrenta elevado nível de contingência em seu acelerado processo de mutação.

Ademais, a profundidade das alterações provocadas pela revolução digital, neste mundo em transformação, evidencia que a ressignificação do Direito do Trabalho, focado em uma nova dimensão dos direitos humanos fundamentais, não virá pela via do direito individual, mas do direito coletivo.

Tal ocorre porque os novos desafios não são apenas conjunturais, pois provocam sérios abalos na estrutura do edifício normativo trabalhista, assim demandando uma análise mais detalhada e percuciente, para aferir como poderão ser eficazmente enfrentados.

Neste contexto, está em jogo a formação de um novo modelo de normatividade trabalhista, focado com maior ênfase na autocomposição e no consequente aprimoramento da negociação coletiva, não só nas técnicas até agora utilizadas, mas também em sua dinâmica e amplitude de abrangência.

Com efeito, é preciso reconhecer que a implementação de novos modelos organizacionais da atividade produtiva só se revestirá de eficácia se houver a valorização e interconexão com os direitos humanos fundamentais.

Assim, o conceito de justiça distributiva não prescinde do princípio da eficiência, que supera sua conotação meramente econômica e passa a revestir-se de conotação jurídica, ante a constatação de que a ineficiência causa mais danos aos que tem menos condições de reagir.

A revolução digital vem demonstrando que, na realidade do século XXI, eficiência e dogmática jurídica trabalhista atuam cada vez mais como vasos comunicantes, em constante interconexão, porque a ineficiência é causa de injustiça e, assim, provoca a disfuncionalidade do sistema, o que compromete a própria legitimidade do Direito.

A atuação direta das partes interessadas na elaboração das normas de conduta, mediante o fortalecimento da autorregulação e da autocomposição, num movimento de baixo para cima, que internaliza com maior ênfase a *soft law* no Direito do Trabalho, vem desafiar a formação de um novo sistema jurídico trabalhista do século XXI.

Tais são os principais questionamentos que nos propomos a enfrentar nesta obra, ao analisar os efeitos da revolução digital no direito coletivo do trabalho.

CAPÍTULO 1

OS EFEITOS DA REVOLUÇÃO DIGITAL E A DOGMÁTICA JURÍDICA

1.1. O sistema jurídico brasileiro no século XX

No Brasil, o século XX marcou a transição de uma sociedade agrária e rural, com economia agroexportadora de café, para uma sociedade urbana e industrial.

Neste cenário, o modelo Varguista estabeleceu que o acesso dos trabalhadores à cidadania só seria admitido nas condições estabelecidas pelo Estado e, assim divulgadas como uma benesse por ele outorgada como dádiva, mediante o controle de sindicatos corporativistas que, aceitando o roubo da fala[4] das lideranças realmente representativas, concordavam em atuar como correntes de transmissão dos interesses governamentais, em troca do custeio oficial e garantido de suas atividades mediante uma contribuição obrigatória.

Não é à toa que o Decreto n. 19.770/1931 restringiu a concessão de benefícios sociais apenas aos sindicalizados e atribuiu aos sindicatos a atribuição de atuar como "órgãos de colaboração" com o governo federal [5].

---

(4) PARANHOS, Adalberto. *O roubo da fala.* Origens da ideologia do trabalhismo no Brasil. 1. ed. São Paulo: Boitempo, 1999. p. 142 a 150.

(5) Decreto n. 19.770/1931. "Art. 5º Além do direito de fundar e administrar caixas beneficentes, agencias de collocação, cooperativas, serviços hospitalares, escolas e outras instituições de assistencia, os syndicatos que forem reconhecidos pelo Ministerio do Trabalho, Industria e Commercio serão considerados, pela collaboração dos seus representantes ou pelos representantes. das suas federações e respectiva Confederação, orgãos consultivos e technicos no estudo e solução, pelo Governo Federal, dos problemas que, economica e socialmente, se relacionarem com os seus interesses de classe. Paragrapho unico. Quer na fundação e direcção das instituições a que se refere o presente artigo, quer em defesa daquellles interesses perante o Governo, sempre por intermedio do Ministerio do Trabalho, Industria e Commercio, é vedada a interferencia, sob qualquer pretexto, de pessoas estranhas às associações. Art. 6º Ainda como orgãos de collaboração com o Poder Publico, deverão cooperar os syndicatos, as federações e confederações, por conselhos mixtos e permanentes de conciliação e de

Nesta engenhosa articulação política, a normatividade estatutária estatal era facilmente legitimada pelos trabalhadores, que se sentiam "devedores" de um governo "tão magnânimo", que lhes concedia tantos benefícios.

O sistema jurídico brasileiro do século XX foi moldado pela dogmática kelseniana, como um sistema formal e fechado.

Ao discorrer sobre o modelo dogmático, explica Tércio Sampaio Ferraz Jr.(6) que "de um dogma não se questiona não porque ele veicula uma verdade, mas porque ele *impõe* uma certeza sobre algo que continua duvidoso". Assim, a dogmática considera certas premissas bastante em si mesmas, regidas pelo *"princípio da proibição da negação*, isto é, princípio da não negação dos pontos de partida de séries argumentativas".

Ademais, essa fixação de premissas abrange também as regras de interpretação, pois "é preciso saber dizer não só qual é a norma, mas também o que ela significa", de modo que o "objeto do conhecimento jurídico-dogmático é essa dupla abstração, que o jurista elabora em um grau de abstração muito maior (regras sobre as regras de interpretação das normas)".

Portanto, "a dogmática jurídica não se exaure na afirmação do dogma estabelecido, mas interpreta sua própria vinculação, ao mostrar que o vinculante sempre exige interpretação... **com isso, seu estudo paga um preço: o risco do distanciamento progressivo da própria realidade social**". (g.n.)

Assim, ressalta Tércio Sampaio Ferraz(7), a ciência dogmática do direito é construída "como um processo de subsunção dominada por um esquematismo binário, que reduz os objetos jurídicos a duas possibilidades: ou se trata disso ou se trata daquilo, construindo-se enormes redes paralelas de seções" e criando uma enorme estrutura sob a forma repressiva e punitiva, ou seja, "o direito como expressão do proibido e do obrigatório reproduz a distinção hegeliana entre sociedade civil e Estado" e, assim reconhecido, "constitui um elenco de normas, proibições e obrigações, instituições, que o jurista deve sistematizar e interpretar".

Ao traçar um contraponto com os primórdios do direito, Tércio destaca que na Antiguidade a ciência jurídica sempre foi considerada uma ciência prática, "pois para os antigos o saber prático, por exemplo a *jurisprudentia* romana, não estava apartado do verdadeiro, visto que era um saber que

---

julgamento, na applicação das leis que regulam os meios de dirimir conflictos suscitados entre patrões, operarios ou empregados." Disponível em: https://www.planalto.gov.br/ccivil_03/decreto/antigos/d19770.htm. Acesso em: 10 maio 2023.

(6) FERRAZ JUNIOR, Tércio Sampaio. *Introdução ao estudo do Direito*: técnica, decisão, dominação. 8. ed. São Paulo: Atlas, 2015. p. 21-27.

(7) FERRAZ JUNIOR, obra citada. p. 56-64.

produzia o verdadeiro no campo do útil, do justo, do belo", enquanto no século XX a dogmática traçou parâmetros de decidibilidade presa a conceitos anteriormente fixados, em que **"o importante não é a relação com os fenômenos da realidade", mas "fazer um corte na realidade, isolando os problemas que são relevantes para a tomada das decisões e desviando atenção dos demais"**. (g.n.)

Assim, explica Tércio[(8)], "a dogmática da decisão preocupa-se não propriamente com a verdade, mas com a verossimilhança. Não exclui a verdade de suas preocupações, mas ressalta como fundamental a versão da verdade". Destarte, a dogmática da decisão "constrói um sistema conceitual que capta a decisão como um exercício controlado de poder, como se as relações sociais de poder estivessem domesticadas", regidas "pelo *princípio da proibição da negação*, isto é, princípio da não negação dos pontos de partida de séries argumentativas".

O engessamento desta estrutura foi se tornando cada vez mais rígido, comprometendo a funcionalidade do sistema, como alerta Norberto Bobbio[(9)], ao destacar ser necessário evitar que a estrutura "eclipse" a função do Direito, retirando sua vitalidade.

A dogmática pautada pela fixação de pontos de partida teóricos, cada vez mais descolados da realidade fática, despertou a reação de autores como Dworkin, Alexy, Zagrebelsky que, "a partir de uma crítica ao positivismo analítico e sua tese da exclusão das justificações morais da argumentação jurídica", asseveram "que os saberes e as técnicas jurídicas, por óbvio, não conseguem conviver com essa exclusão", destaca Tércio.

Como o Direito do Trabalho brasileiro está ancorado em forte matriz constitucional, a superação desta disfuncionalidade se apresentou atrelada à linha argumentativa trazida pelo neoconstitucionalismo, que prioriza a aplicação dos princípios pelos critérios de sopesamento e ponderação.

Os efeitos provocados pela revolução digital vieram acentuar a necessidade de oxigenar as artérias do marco normativo estatutário estatal, para tanto ampliando as vias de sua interlocução com a realidade fática, a fim de assegurar a operacionalidade do sistema.

Isto porque na sociedade contemporânea o modelo dogmático estatutário, por sua rigidez, se tornou incapaz de oferecer respostas aos novos conflitos provocados pela revolução digital, que produziu relações mais diáfanas,

---

(8) FERRAZ JUNIOR, obra citada. p. 305 a 312.

(9) BOBBIO, Norberto. *Da estrutura à função.* Novos estudos da teoria do direito. Tradução de Damniela Beccaccia Versiani. Consultoria técnica de Orlando Seixas Bechara e Renata Nagamine. São Paulo (Barueri): Editora Manole Ltda., 2007. p. 113.

fluídas, instantâneas e fugazes, via de regra de curta duração, como destacou o sociólogo Zygmunt Bauman, assim exigindo não só o reconhecimento da ductibilidade da norma, mas também a imprescindibilidade da atuação das partes envolvidas no aprimoramento de um modelo negocial em que as normas, dotadas de maior maleabilidade, pudessem produzir melhores resultados na solução dos conflitos.

1.2. A dogmática jurídica e o Direito do Trabalho

Esta matriz dogmática estatutária regeu o Direito do Trabalho no século XX pela CLT, Decreto-lei n. 5.452 outorgado pelo Poder Executivo em 1943.

O crescente distanciamento, entre a dogmática jurídica e a realidade fática, aumentou a tensão dos marcos decisórios nas relações de trabalho, comprometendo a eficácia do ordenamento não só no aspecto interno, mas também na conexão externa do Direito com a sociedade, imprescindível para que pudesse atuar com eficácia, como balizador de conduta.

Neste contexto, quando entra em crise o modelo dogmático, que pautou o Direito do século XX como um sistema fechado (autopoiético), a intensa e veloz dinâmica na sucessão de fatos na sociedade contemporânea tornou necessário abrir outros horizontes para que a decidibilidade dos novos conflitos, suscitados pela revolução digital, pudesse ocorrer com eficácia, assim demandando a ampliação do modelo teleológico, como critério hermenêutico.

Neste cenário, imperioso destacar que, para o Direito do Trabalho, o princípio da primazia da realidade sempre se revestiu de notória centralidade e bússola de orientação, não só para fazer o diagnóstico dos conflitos, mas também para construir soluções normativas, o que torna necessária e oportuna a repristinação deste princípio, no momento em que a revolução digital vem mudando as formas de trabalhar pelos novos modelos trazidos pela *gig economy*, em que a tônica principal consiste na contratação de tarefas de curta duração entre o solicitante e o prestador de serviços, mediante a utilização de plataformas, *locus* digital que fixa preços, termos e condições, além de monitorar esta prestação de serviços que pode ocorrer de forma física ou digital.

Na *gig economy* física, denominada *on-demand work* (trabalho sob demanda), a prestação de serviços é feita por uma pessoa física, selecionada por um algoritmo, controlado integralmente por uma plataforma, para uma determinada tarefa em horário e local específicos, cuja execução é monitorada e remunerada por esta plataforma. A relação contratual entre a plataforma e o trabalhador fica em estado de latência até ser ativada pelo surgimento de uma nova tarefa demandada.

Assim, antes de surgir uma nova solicitação, o trabalhador já está disponível, sendo relevante pontuar que na grande maioria dos casos o trabalhador se apresenta para várias plataformas ao mesmo tempo.

Na *gig economy* digital, também denominada *gig work* e *cloudwork* (trabalho em nuvem), *online labor* e *online outsourcing*, dependendo das diferentes condições em que são prestadas, o traço comum consiste na contratação de tarefas ou projetos específicos, que são entregues digitalmente, também organizado por plataformas, podendo subdividir-se em duas modalidades principais:

A • *Microtasks* (microtarefas): em que as tarefas exigem baixa formação profissional e são oferecidas em *crowd* ou *cloud* (nuvem) de forma ampla a quem tiver interesse, podendo ser aceitas por pessoas que estão *online* e podem estar localizadas em qualquer parte.

B • *Freelance online*: consiste em tarefas que exigem qualificação e conhecimento técnico, disponibilizadas a grupos específicos, mas que também são controladas pelas plataformas, mediante critérios de *rating* e análise de portfólio. Podem ocorrer de forma concorrencial, em que vários trabalhos são apresentados pelos pretendentes, mas só um é escolhido, ou seja, os demais trabalharam sem nada receber. Nessa categoria estão incluídas tarefas relativamente complexas que exigem maior conhecimento técnico, como trabalhos de publicidade, design, análise de dados, entre outros.

A *gig economy* é um universo heterogêneo e multifacetado, mas apresenta como dado comum o protagonismo relevante das plataformas, não só como um *locus* digital que conecta um grande número de organizações e indivíduos por meio da internet, mas também porque detém o controle organizacional destas atividades.

Os professores portugueses João Leal Amado e Teresa Moreira Coelho fazem percuciente análise destas novas situações[(10)] ao ressaltar que o "trabalho em plataformas digitais está relacionado com a digitalização e com a chamada economia colaborativa" (*sharing economy*).

Explicam que a economia colaborativa gera novas oportunidades, podendo dar uma importante contribuição para a criação de novos tipos de emprego e regimes de trabalho flexíveis, com a criação de novas fontes de rendimento, desde que seja devidamente incentivada e desenvolvida de forma responsável.

---

(10) Disponível em: https://juslaboris.tst.jus.br/bitstream/handle/20.500.12178/188680/2021_amado_joao_glovo_riders.pdf?sequence=1&isAllowed=y; https://bibliotecadigital.fgv.br/dspace/bitstream/handle/10438/30827/Briefing_Tematico_6_Regulacao_Espanhola.pdf?sequence=1&isAllowed=y. Acesso em: 15 abr. 2023.

Por outro lado, também provoca muitos desafios que requerem uma atuação proativa de empresas, governos, indivíduos e trabalhadores. Explicam que este novo modelo de "economia partilhada", analisado pela Comissão Europeia em 2 de junho de 2016", no documento "Uma Agenda Europeia para a Economia Colaborativa", refere-se a "modelos empresariais no âmbito dos quais as atividades são facilitadas por plataformas colaborativas, que criam um mercado aberto para a utilização temporária de bens ou serviços, muitas vezes prestados por particulares".

Ressaltam que na economia colaborativa podem ser destacadas: "três as categorias de intervenientes:

> **(i)** os prestadores de serviços que partilham os ativos, os recursos, a disponibilidade e/ou as competências — podem ser particulares que oferecem serviços numa base esporádica ("pares") ou prestadores de serviços que atuam no exercício da sua atividade profissional ("prestadores de serviços profissionais");
>
> **(ii)** os utilizadores desses serviços;
>
> **(iii)** os intermediários que — através de uma plataforma em linha — ligam prestadores de serviços e utilizadores, facilitando as transações recíprocas ("plataformas colaborativas"). Por via de regra, as transações na economia colaborativa não implicam uma transferência de propriedade, podendo ser realizadas com fins lucrativos ou sem fins lucrativos".

Ressaltam os professores João Leal Amado e Teresa Moreira Coelho, que estes novos tipos de organização produtiva, que caracterizam a economia colaborativa, suscitam relevantes questões "diluindo a tradicional distinção entre consumidor e fornecedor, entre trabalhador por conta de outrem e trabalhador por conta própria, bem como entre a prestação de serviços profissionais e não profissionais".

Neste contexto, assinalam preocupação com a atuação das plataformas, pois surgem "com um discurso amável e atual do que oferecem, que se une, por seu lado, aos novos hábitos digitais das pessoas, à falta de oportunidades, por vezes, no mercado tradicional e a um enorme marketing que converte muitas pessoas em empreendedores, donos do seu próprio tempo e destino, mesmo que, na verdade, esse tempo e esse destino estejam nas mãos de grandes empresas internacionais".

Registram a rápida expansão das plataformas digitais, que em menos de uma década chegaram a "cerca de 10.000 companhias ou plataformas que geraram muitos postos de trabalho", sendo que atualmente "há uma app para tudo ou quase tudo, desde atividades mais simples, como entrega de alimentação, até atividades mais complexas, como prestação de serviços jurídicos". Ademais, a situação se torna ainda mais complexa porque mesmo aquelas plataformas "que estão bem sedimentadas no mercado quase que se reinventam todos os dias ou variam a sua aplicação de país para país", que pode ocorrer por *crowdwork online*, ou *crowdwork offline*, "na medida em que há atividades que podem ser realizadas completamente *online* e oferecidas globalmente. Assim, há atividades que podem ser oferecidas de forma global, e outras há que exigem uma execução local".

Em relação à Glovo, que tem grande atuação na União Europeia, explicam que se trata de uma plataforma digital de *crowdwork offline*, ou de *work on-demand* via apps, em que as "atividades exigem uma presença física e, por isso, a concorrência não é global, embora se levantem também várias questões, pois o trabalho é realizado à chamada, denominado *on-demand work*, originando um incremento da força de trabalho *just-in-time*", modalidade em que "há muitos períodos de tempo não retribuídos, como o tempo de espera, que pode ser muito, dependendo da plataforma", além de "horários completamente irregulares, com permanência constante do trabalhador online" em permanente disponibilidade".

Portanto, as condições de trabalho são extremamente precárias, pois os trabalhadores "recebem muito pouco e sob a fórmula de *pay as you go*", de sorte que constituem relações de trabalho "desprovidas de qualquer tutela, com condições de trabalho extremamente instáveis e com uma baixíssima qualidade de vida".

Asseveram que, no "ordenamento jurídico norte-americano, uma expressão que ficou muito conhecida para estas novas formas de prestar trabalho foi a de VUCA, que é um acrônimo das palavras, em inglês, *volatility, uncertainty, complexity* e *ambiguity*, considerando que são estas as palavras que definem muito do trabalho que é realizado neste novo mundo digital, já que o trabalhador digital pode converter-se muito rapidamente num trabalhador VUCAN, vítima de várias precariedades no seu trabalho, na vida profissional, na sua situação econômica e até nas suas expectativas pessoais".

Afirma Teresa que não "se questiona, obviamente, que podem existir vantagens nestas formas de prestar trabalho, nomeadamente a de uma melhor conciliação entre a vida profissional e a vida pessoal e familiar, ou a possibilidade de melhoria de vida que promovem", mas não se pode desconsiderar que se trata de um novo modelo de negócios, cuja rentabilidade assenta, em parte, "numa acentuada compressão dos custos" inerentes à mão de obra utilizada e, na outra parte, em transferir soma considerável de seus custos, notadamente no que se refere à saúde e segurança, para ser suportado por toda sociedade.

Registra que "estas novas modalidades de trabalho são pautadas por diferentes níveis de dependência entre os contratantes e a possibilidade dos trabalhadores, que desejam flexibilidade e autonomia, executarem o mesmo tipo de serviço de forma concomitante para diversas empresas concorrentes, o que representa um enorme desafio para o Direito do Trabalho.

Com efeito, se por um lado, os trabalhadores que atuam nestes novos modelos trazidos pela economia compartilhada têm direito à proteção de seus direitos fundamentais, notadamente quanto à saúde, segurança e informação sobre os critérios programados para organizar a atividade produtiva com a utilização de algoritmos, por outro lado, não querem perder sua liberdade operacional e autonomia para estabelecer seus próprios horários e trabalhar com várias plataformas ao mesmo tempo, escolhendo aquela que for mais conveniente para seus interesses.

Portanto, se não correspondem ao modelo de autônomos e microempreendedores, por outro lado também não se encaixam no modelo clássico de assalariado subordinado celetista, quando ausentes os requisitos exigidos pelo art. 3º da CLT, o que desafia a dogmática estatutária que moldou o sistema jurídico trabalhista no século XX.

Ao discorrer sobre os efeitos da revolução digital nas relações de trabalho, João Leal Amado(11) chama atenção "para a ampliação do âmbito subjetivo do Direito do Trabalho devido às novas formas de produção decorrentes, sobretudo, da revolução tecnológica", ponderando que neste contexto a subordinação jurídica se torna "um elemento de geometria variável, que revela zonas cinzentas de difícil demarcação". Faz referência à Lei portuguesa n. 45/2018, que, ao estabelecer o regime jurídico da atividade de transporte individual e remunerado de passageiros em veículos descaracterizados (TVDE), e ao regime jurídico das "plataformas eletrônicas que organizam e disponibilizam aos interessados aquela modalidade de transporte", não conferiu às empresas tecnológicas a obrigação de prestar o serviço de transporte, colocando-as como meras intermediárias de negócios.

Assevera que a revolução tecnológica vem transformando o mundo do trabalho em uma "realidade multiforme e heterogênea", de modo que "o correspondente direito" não pode mais "apresentar-se como um bloco monolítico".

1.3. Os efeitos jurídicos da revolução digital na dogmática jurídica do século XXI

Não obstante ter ocorrido notória alteração da realidade fática provocada pela revolução digital, parte da doutrina e da jurisprudência trabalhista

---

(11) AMADO, João Leal. A lei sobre o TVDE e o contrato de trabalho: sujeitos, relações e presunções. *In*: *Futuro do trabalho*: os efeitos da revolução digital na sociedade. Brasília: ESMPU, 2020. p. 117-118. Disponível em: https://escola.mpu.mp.br/publicacoes/obras-avulsas/e-books-esmpu/futuro-do-trabalho-os-efeitos-da-revolucao-digital-na-sociedade.

continuou a considerar que o mesmo marco normativo celetista, estabelecido no século XX, devia continuar a ser aplicado às novas relações de trabalho.

Porém, ante as profundas mudanças trazidas pela revolução digital, a insistência na manutenção da perspectiva teórica e abstrata desta dogmática tem se revelado totalmente insuficiente e inadequada para oferecer resposta aos novos conflitos contemporâneos, que estão a demandar um novo olhar com base no princípio da primazia da realidade, que assim deve prevalecer sobre os marcos normativos gestados no século passado para disciplinar outra situação fática.

Como bem pondera Alain Supiot(12), por envolver cada vez mais a confluência dos direitos de propriedade com os direitos de personalidade, a normatização da relação de trabalho não pode ficar confinada a uma perspectiva "jurídica unitária", traçada pelo modelo dogmático estatutário.

Neste contexto, inafastável a necessidade de regulação das novas modalidades de trabalho que exsurgem sob o domínio das plataformas digitais, a fim de formatar novos marcos de proteção.

Mas, para atingir este objetivo, o Direito do Trabalho deve estar conectado à nova realidade fática, que trouxe outras modalidades de trabalho, com características diferentes das que moldaram o modelo celetista.

Assim, mais do que escapar de rótulos, é preciso resgatar o compromisso do Direito do Trabalho com o princípio da primazia da realidade, para poder construir novos parâmetros de regulação pela via negocial, que sejam dotados da eficiência necessária para solucionar os novos conflitos, notadamente porque, como afirma Maria do Rosário Palma Ramalho(13), "desde o último quartel do século XX o Direito do Trabalho tem tido que se confrontar com os problemas colocados pelo excesso de garantismo e rigidez dos regimes laborais", o que torna necessário evoluir para uma "índole mais compromissória" que valorize a negociação coletiva.

Isto porque a dinâmica e a forma como são organizados estes novos modos de trabalhar, revestidos de multiplicidade e complexidade que caracterizam a *gig economy*, diferem do modelo clássico industrial que predominou no século XX, pautado pela concentração de trabalhadores em um mesmo espaço físico, realizando tarefas sequenciais, que permaneciam juntos por longos períodos de tempo.

---

(12) SUPIOT, Alain. *Critique du droit du travail.* QUADRIGE. Essais Debats. 2ª édition. Paris: PUF – Presses Universitaires de France, 1994. p. 20/21.

(13) PALMA RAMALHO, Maria do Rosário. *Tratado de Direito do Trabalho.* Parte III. Situaçoes laborais colectivas. 3. ed. Coimbra: Almedina, 2020. p. 40-41.

Entretanto, não é possível permitir que a redução dos custos operacionais das empresas que participam destas novas relações laborais, em cadeias produtivas horizontais e muitas vezes globais, implique em transferir encargos não só para os trabalhadores, mas para toda a sociedade, que passa a sofrer os efeitos da precarização das condições de saúde e segurança nas relações de trabalho.

Não se trata de combater as novas formas de trabalhar, porque isso se revela inócuo, mas de repensar novos modelos de proteção, considerando a interdependência das relações de trabalho em diferentes momentos da cadeia produtiva, notadamente entre as empresas que atuam de forma predominante e aquelas que agem como satélites, com intensidade distinta, dependendo das especificidades da atividade econômica explorada.

Neste cenário, assevera Palma Ramalho(14), "o papel dos sindicatos continua a ser vital para o equilíbrio do sistema laboral, já que este equilíbrio tem sido sempre conseguido pela via coletiva e através da intervenção destas entidades. Contudo, para que as associações sindicais mantenham o seu tradicional protagonismo no Direito do Trabalho, será importante que se adaptem aos novos desafios hoje enfrentados por este ramo do direito".

Assim, diferentemente do que ocorreu no século XX, em que a decidibilidade era construída olhando para trás, mediante a utilização de parâmetros já postos por um sistema dogmático teórico, formal e fechado, a alteração da realidade fática pela revolução digital no mundo do trabalho no século XXI veio provocar efeito disruptivo, passando a exigir a edificação de novos marcos regulatórios dotados de conotação prospectiva e olhar para a frente, o que implica em integrar a AED – Análise Econômica do Direito neste novo modelo normativo, para que tenha aptidão não só para resolver, mas também para prevenir a eclosão de novos conflitos.

Com efeito, a AED – Análise Econômica do Direito vem demonstrar a necessidade de superar a construção exclusivamente teórica, para considerar que, entre os requisitos de normatividade, não pode faltar a aferição dos resultados práticos provocados pela aplicação da norma não só para as partes diretamente envolvidas no conflito, mas também para todo o entorno social em que ocorre. Esta nova vertente, direcionada pelo pragmatismo, vai reconhecer a eficiência como valor, que deve ser considerado para aumentar o bem-estar da sociedade como um todo, assim contribuindo para implementar a paz social mediante a redução dos níveis de conflitualidade.

Nesta nova senda, o sistema jurídico deixa de ser pautado apenas pela busca de solução dos conflitos já desencadeados, ampliando sua atuação

---

(14) PALMA RAMALHO. Obra citada. p. 42.

para a precaução e prevenção de novos conflitos, com o objetivo de aumentar a eficiência do sistema, em benefício não só das partes diretamente envolvidas, mas também para toda sociedade.

Neste passo, a integração da AED – Análise Econômica do Direito se torna importante por inserir o consequencialismo entre os critérios de decidibilidade dos novos conflitos e problemas surgidos no século XXI, resgatando a funcionalidade do Direito como experiência prática, que assim afasta a supremacia do modelo teórico e abstrato, que pautou o dogmatismo no século XX.

CAPÍTULO 2

AED – ANÁLISE ECONÔMICA DO DIREITO E A TEORIA DOS JOGOS

2.1. Análise Econômica do Direito

Ante os efeitos que a revolução digital vem provocando nas relações de trabalho, notadamente quanto ao direito coletivo de natureza econômica, o estudo da AED – Análise Econômica do Direito vem se revestindo de crescente importância.

A expressão "Análise Econômica do Direito" se tornou mais conhecida após os trabalhos doutrinários do juiz Richard Posner em 1973 (*Economic Analysis of Law*), que impulsionaram o movimento de *Law and Economics*, influenciando notáveis estudos acadêmicos ao questionar a eficácia da dogmática formal jurídica e demonstrar a importância de abordar a relação entre Direito e Economia.

Os efeitos da revolução digital no direito coletivo do trabalho de natureza econômica vieram resgatar a atualidade deste debate, ao demonstrar a importância de superar a dicotomia anteriormente existente entre os que vislumbravam a atuação da economia, centrada na eficiência, em campo oposto ao Direito, focado na Justiça, pois os novos conflitos estão evidenciando a importância da eficiência para promover a efetividade da Justiça.

Neste passo, a AED traz uma perspectiva de "eficiência" não só para a aplicação, mas principalmente para a elaboração das normas negociadas trabalhistas, contribuindo para a aferição do correto diagnóstico dos conflitos desencadeados, assim possibilitando a obtenção de soluções mais eficazes.

Esta nova perspectiva já foi sinalizada por Tércio Sampaio Ferraz, ao ponderar que "os enunciados da ciência jurídica têm sua validade dependente de sua relevância prática".

Destarte, a Análise Econômica do Direito passa a revestir-se de especial importância para as negociações coletivas de trabalho, quando se constata que as propostas para a solução dos conflitos estão mais permeáveis às relações de custo/benefício, que são avaliadas pelas partes em conformidade com as condicionantes sociais e econômicas do momento, assim examinadas com o objetivo de construir uma norma negociada verdadeiramente eficiente para solucionar o conflito de interesses.

Esta "ética consequencialista", que caracteriza a AED, revela sua peculiar importância quando se trata de aferir a dimensão dos riscos trazidos pelas novas formas de trabalhar, desencadeadas pela revolução digital. Traçar novos parâmetros, para identificar estes riscos e avaliar seus efeitos, pode contribuir muito para a configuração jurídica de um novo tipo de imputação de responsabilidade trabalhista a todos os que participam da cadeia produtiva, notadamente quanto às necessárias normas de proteção da saúde física e mental dos trabalhadores.

Neste passo, a configuração jurídica que a AED imprime ao conceito de eficiência supera a acepção simplista, que o associa apenas ao dinamismo da iniciativa privada, notadamente por fazer sua articulação com os direitos fundamentais da pessoa humana e o conceito de desenvolvimento sustentável, formando uma tríade virtuosa que vai beneficiar não só as relações de emprego, mas as relações de trabalho em sentido amplo, assim possibilitando a obtenção de um nível mais elevado de bem-estar social.

Neste sentido, imperioso trazer à colação a diretriz prevista no art. 170 da Constituição Federal de 1988, ao dispor que a ordem econômica, fundada na valorização do trabalho humano e na livre-iniciativa, tem por fim assegurar a todos existência digna, conforme os ditames da justiça social, para tanto observando os princípios da função social da propriedade; defesa do meio ambiente, inclusive mediante tratamento diferenciado conforme o impacto ambiental dos produtos e serviços e de seus processos de elaboração e prestação; redução das desigualdades regionais e sociais.

A interpretação deste preceito indica que, em conformidade com a diretriz traçada pela Constituição Federal de 1988, o conceito de "eficiência" deixa de ser meramente econômico e passa a ser revestido de critérios éticos e eficácia normativa, pois atua como balizador de conduta, assim ressignificado como "eficiência jurídica".

Assim, chancela a perspectiva de que a articulação do direito com a eficiência jurídica atinge não só as partes envolvidas, mas também a sociedade como um todo, contribuindo para reduzir os níveis de conflitualidade.

Necessário destacar que o evento "Direito, Economia e Desenvolvimento", organizado pelo STF em 2011, já indicava o reconhecimento da importância da AED para o sistema jurídico.[15]

---

(15) Disponível em: https://www.stf.jus.br/arquivo/cms/centralDoCidadaoAcessoInformacaoGestaoEstrategica/anexo/RELATORIO_DE_GESTAO_2011_site_STF.pdf. Acesso em: 24 abr. 2023.

Pesquisa de autoria do juiz Guilherme Maines Caon[16] indica o crescimento do uso de métodos consequencialistas, em particular de conceitos advindos da Análise Econômica do Direito – AED, nas decisões do Supremo Tribunal Federal. O estudo constatou que, desde 2015, tem havido um incremento na aplicação da AED pelo Supremo Tribunal Federal, tanto em termos quantitativos (crescimento do número de decisões que utilizaram argumentos econômicos ou de conceitos relacionados à AED), quanto em termos qualitativos (maior densidade no emprego da racionalidade econômica para fundamentar os acórdãos), sendo que o Ministro Fux é o relator que tem adotado com maior frequência a AED na fundamentação das decisões.

Além disso, o Ministro Fux tem exercido importante influência quanto à adoção da AED, tendo sido relator do caso que representou um divisor de águas para a jurisprudência do STF, conforme voto proferido na Ação Direta de Inconstitucionalidade 5062, em favor da constitucionalidade da Lei n. 12.853/2013, que estabelece um regime de gestão coletiva de Direitos Autorais. A partir desse caso emblemático, o STF vem aumentando a frequência e aprimorando o uso de conceitos da AED no fundamento de suas decisões, levando à conclusão de que, nos próximos anos, a análise econômica deve desempenhar um papel cada vez mais importante na conformação de sua jurisprudência.

Conforme esta diretriz adotada pelo STF, o direito do século XXI não pode mais se sustentar apenas na dogmática estatutária formal, fechada em si mesmo como sistema autopoiético, sendo necessário abrir suas fronteiras para considerar as perspectivas que vêm sendo traçadas pela nova realidade fática, a fim de restaurar a eficácia do modelo normativo.

Destarte, como a evolução que vem ocorrendo nas últimas décadas demonstra que o bem comum deve, necessariamente, ser agregado como valor ao conceito de eficiência, a AED passou a contribuir com um valioso aparato técnico para avaliar as consequências desencadeadas pela aplicação dos marcos normativos à nova realidade fática das relações coletivas de trabalho, que, via de regra, não geram efeitos apenas entre as partes diretamente envolvidas no conflito, mas em todo seu entorno social.

Portanto, se no século XX o raciocínio jurídico foi pautado por métodos e teorias normativas direcionadas pela dogmática formal estatutária, baseada em um *iter continuativo teórico* moldado por critérios estabelecidos no passado, no século XXI a revolução digital desencadeou comportamentos disruptivos que tornam esta lógica insustentável por ser ineficiente.

(16) Disponível em: https://dej.fgv.br/noticias/pesquisa-destaca-o-uso-crescente-da-analise-economica-do-direito-pelo-stf. Acesso em: 1 maio 2023.

Isto porque, ante as alterações da realidade fática provocadas pela revolução digital, a fixação de marcos decisórios com base em raciocínios preponderantemente teóricos/dogmáticos deixou de indicar soluções, demandando a necessária avaliação consequencialista dos efeitos que a aplicação destes marcos decisórios pode gerar e dos prejuízos que causar.

Este novo movimento fica claro quando são analisadas decisões em que o STF vem aplicando a perspectiva consequencialista, como pode ser observado, por exemplo, no julgamento do RE 407.688/SP, em que foi reconhecida a constitucionalidade do disposto no art. 3º, VII, da Lei n. 8.009 de 1990, que retirou a proteção de bem de família do imóvel dado em garantia pelo fiador de um contrato de locação, revertendo posicionamento anteriormente adotado no RE 352.940-SP, em que havia incidentalmente declarado a inconstitucionalidade do mesmo preceito legal.

A adoção do raciocínio consequencialista ficou evidenciada no fundamento da *ratio decidendi* constante do voto vencedor, quando fez menção ao fato de que afastar a possibilidade de utilização desta modalidade de fiança implicaria em aumentar os custos para o locatário, assim prejudicando as camadas mais pobres da população, por comprometer seu direito à moradia.

Diferentemente do modelo que predominou no século XX, em que as decisões deliberativas eram tomadas com base em marcos dogmáticos teóricos forjados no passado, o raciocínio consequencialista considera os efeitos que a decisão provoca no presente e no futuro.

Este movimento dialógico se reveste de ainda maior importância quando se trata de aplicar critérios de justiça distributiva nas relações de trabalho, notadamente quanto à atuação dos atores sociais representantes do capital e do trabalho na negociação coletiva, assim contribuindo para ampliar a atuação dos corpos intermediários.

Neste passo, a possibilidade de utilizar conceitos abertos, como razoabilidade e eficiência, confere um espaço maior para a atuação dos representantes do capital e do trabalho na construção de normas negociadas que, assim, podem estabelecer critérios mais eficazes para dirimir os novos conflitos coletivos.

Os desafios provocados pelas sucessivas conexões, desconexões e interconexões, que caracterizam as novas formas de trabalhar trazidas pela revolução tecnológica, ampliaram a importância do diálogo coletivo para conferir maior funcionalidade ao sistema jurídico laboral, o que implica em reconhecer a importância cada vez maior da negociação coletiva.

Neste contexto, os efeitos da revolução digital vieram demonstrar ser insustentável a antiga concepção estática de que a eficiência tem uma lógica apenas econômica pois, para subsistir na era contemporânea, passa a ter conexão constante e dinâmica com os princípios da solidariedade e da proteção.

Assim, transmuta seu conceito em *eficiência jurídica*, impulsionando um círculo virtuoso em benefício não só dos atores coletivos, pela proteção dos direitos dos trabalhadores e da higidez do sistema que evita a concorrência desleal, mas também de toda a sociedade, ao reduzir as externalidades negativas, aumentar os níveis de segurança e reduzir a conflitualidade que compromete o desenvolvimento sustentável

Ademais, ao vincular o conceito de eficiência com o princípio da solidariedade e o princípio da proteção, desafiando-os a, juntos, alçar novos patamares, a autonomia privada coletiva visa conferir maior efetividade aos direitos fundamentais, ultrapassando o contorno meramente individual e abrindo a perspectiva para alcançar o entorno social que lhe é subjacente, enfoque que se revela imprescindível em uma sociedade que atua em rede, cada vez mais interconectada.

Seguindo nesta senda, a AED também vai possibilitar a construção jurídica de um novo tipo de imputação de responsabilidade nas novas organizações produtivas trazidas pela revolução digital, notadamente as que são operadas por plataformas.

Os efeitos provocados pela revolução digital, decorrentes da utilização cada vez mais intensiva de ferramentas tecnológicas, abriu novos espaços para a revisitação destes conceitos em duas vertentes principais:

A – Análise Econômica do Direito e sua integração ao critério teleológico para interpretação da norma

O modelo dogmático, que estruturou o sistema jurídico no século XX, era baseado em métodos formais e teóricos, de matriz predominantemente retrospectiva, orientada pelo passado.

A vertiginosa mudança provocada pela revolução digital revelou sua crescente disfuncionalidade para oferecer respostas aos novos conflitos, ante a impossibilidade de fatos presentes serem disciplinados por parâmetros fixados no passado, passando a exigir a atuação prospectiva do Direito.

Neste contexto, a análise econômica do direito vem revelando que a época contemporânea rejeita o excesso de teorização pois, reduzida a um mero exercício intelectual descolado do que efetivamente acontece, fragiliza as regras jurídicas como marcos de conduta, causando paralisia e obsolescência que colocam em risco a eficácia do próprio Direito, assim demonstrando a importância de vincular a normatividade com a funcionalidade do sistema.

Destarte, a AED se apresenta como ferramenta importante para análise da realidade fática, pois detém forte matriz empírica e pragmática, no sentido de priorizar a análise dos fatos envolvidos no conflito e rejeitar a ortodoxia teórica do sistema autopoiético, que caracterizou o Direito no século XX.

Com origem nos estudos desenvolvidos por Ronald Coase a respeito dos custos de transação e por Guido Calabresi no âmbito da responsabilidade civil nos casos de acidente, a AED ganhou maior musculatura com Richard Posner, ao priorizar o Direito como experiência, no lugar da lógica formal abstrata até então prevalecente.

Nesta senda, a AED volta o olhar para os fatos da vida real, para o que efetivamente acontece, reconhecendo a existência de influências e condicionantes que a lógica formal não era capaz de captar e, muito menos, considerar na formação do marco normativo. A economia entra como uma ciência descritiva do mundo empírico, assim contribuindo para a compreensão da complexidade crescente dos novos fatos jurídicos desencadeados pelas alterações promovidas pela revolução digital.

Durante o século XX preponderou o entendimento de que a interpretação jurídica devia respaldar-se na concepção dogmática e formal do direito como um sistema autopoiético, que sequer cogitava considerar as consequências que a interpretação da norma desencadeava não só na vida das pessoas envolvidas no conflito, mas também como sinalizador para toda sociedade da distinção entre os comportamentos admitidos e os comportamentos rejeitados, ignorando-se que poderia atuar como poderoso incentivo para a eficácia do Direito como balizador de conduta.

A revolução digital, que se intensificou nas primeiras décadas do século XXI, veio demonstrar a necessidade de conferir uma amplitude maior ao método teleológico de hermenêutica, a ele agregando elementos trazidos pela AED.

Ao explicitar a importância da AED, Bruno Salama[17] oferece um exemplo interessante ao mencionar que a imputação da responsabilidade civil subjetiva, baseada na culpa, funciona como um desestímulo para que os que são tentados à prática do ato ilícito, levando-os a mudar o comportamento. Assim, a análise econômica do direito retira "as consequências do fenômeno jurídico de uma posição periférica, trazendo-as para o centro do debate", porque a interpretação deixa ater-se apenas às regras postas pelo dogmatismo formal e passa a considerar a finalidade e os efeitos desta aplicação.

---

(17) SALAMA, Bruno Meyerhof. *Estudos em direito e economia*: micro, macro e desenvolvimento. Curitiba: Virtual Gratuita – EVG, 2017. p. 23.

Richard Posner[(18)], que atuou como juiz, ressalta a importância de considerar a análise econômica do direito, pois muitos aplicadores da lei se limitam a longas discussões teóricas sobre os significados das normas, mantendo-se aprisionados aos conceitos jurídicos formais, ao invés de atentar para as condicionantes fáticas que levam à eclosão dos conflitos e as que precisam ser consideradas para garantir a eficácia dos resultados.

Assim, a teoria consequencialista tem contribuído para conferir musculatura mais forte ao critério teleológico para a interpretação da norma posta, conforme alterações promovidas pela Lei n. 12.376/2010 ao Decreto-lei n. 4.657/1942 – LINDB (Lei de Introdução às Normas do Direito Brasileiro), notadamente em seus arts. 20 e 21, incluídos pela Lei n. 13.655/2018 sob clara influência da análise econômica do direito. Confira-se:

> "Art. 20. Nas esferas administrativa, controladora e judicial, não se decidirá com base em valores jurídicos abstratos sem que sejam consideradas as consequências práticas da decisão.
>
> Parágrafo único. A motivação demonstrará a necessidade e a adequação da medida imposta ou da invalidação de ato, contrato, ajuste, processo ou norma administrativa, inclusive em face das possíveis alternativas.
>
> Art. 21. A decisão que, nas esferas administrativa, controladora ou judicial, decretar a invalidação de ato, contrato, ajuste, processo ou norma administrativa deverá indicar de modo expresso suas consequências jurídicas e administrativas.
>
> Parágrafo único. A decisão a que se refere o *caput* deste artigo deverá, quando for o caso, indicar as condições para que a regularização ocorra de modo proporcional e equânime e sem prejuízo aos interesses gerais, não se podendo impor aos sujeitos atingidos ônus ou perdas que, em função das peculiaridades do caso, sejam anormais ou excessivos.

Importante registrar que o Decreto n. 9.830/2019, que "regulamenta os arts. 20 a 30 da LINDB", em seu art. 3º faz referência ao dever de analisar as consequências da decisão, constando expressamente de seu § 2º, que deverão ser observadas as "consequências práticas que, no exercício diligente de sua atuação, consiga vislumbrar diante dos fatos e fundamentos de mérito e jurídicos".

Por sua vez, o § 1º do art. 4º, do mesmo Decreto n. 9.830/2019, estabelece que a consideração das consequências jurídicas e administrativas é "limitada aos fatos e fundamentos de mérito e jurídicos" no exercício diligente da atuação decisória.

No mesmo sentido caminhou a Lei de Liberdade Econômica (Lei n. 13.874/2019) ao acolher as premissas da AED em seu art. 1º e de-

---

(18) POSNER, Richard A. *How judges think*. Cambridge, Massachusetts and London, England: Harvard University Press, 2008. p. 248.

terminar a análise do impacto regulatório como critério para verificar a razoabilidade econômica, conforme consta de seu art. 5º. Confira-se:

> Art. 1º Fica instituída a Declaração de Direitos de Liberdade Econômica, que estabelece normas de proteção à livre-iniciativa e ao livre exercício de atividade econômica e disposições sobre a atuação do Estado como agente normativo e regulador, nos termos do inciso IV do *caput* do art. 1º, do parágrafo único do art. 170 e do *caput* do art. 174 da Constituição Federal.
>
> *§ 1º O disposto nesta Lei será observado na aplicação e na interpretação do direito civil, empresarial, econômico, urbanístico* **e do trabalho** nas relações jurídicas que se encontrem no seu âmbito de aplicação e na ordenação pública, inclusive sobre exercício das profissões, comércio, juntas comerciais, registros públicos, trânsito, transporte e proteção ao meio ambiente.
>
> *§ 2º Interpretam-se em favor da liberdade econômica, da boa-fé e do respeito aos contratos, aos investimentos e à propriedade* todas as normas de ordenação pública sobre atividades econômicas privadas.
>
> Art. 5º As propostas de edição e de alteração de atos normativos de interesse geral de agentes econômicos ou de usuários dos serviços prestados, editadas por órgão ou entidade da administração pública federal, incluídas as autarquias e as fundações públicas, serão precedidas da realização de análise de impacto regulatório, que conterá informações e dados sobre os possíveis efeitos do ato normativo para verificar a razoabilidade do seu impacto econômico.
>
> Parágrafo único. Regulamento disporá sobre a data de início da exigência de que trata o *caput* deste artigo e sobre o conteúdo, a metodologia da análise de impacto regulatório, os quesitos mínimos a serem objeto de exame, as hipóteses em que será obrigatória sua realização e as hipóteses em que poderá ser dispensada.

Importante pontuar que o princípio da eficiência, trazido pela análise econômica do direito, integrou-se ao sistema jurídico como critério de aplicação da norma posta, conforme dicção expressa do art. 8º do CPC, ao dispor:

> Art. 8º Ao aplicar o ordenamento jurídico, o juiz atenderá aos fins sociais e às exigências do bem comum, resguardando e promovendo a dignidade da pessoa humana e observando a proporcionalidade, a razoabilidade, a legalidade, a publicidade e **a eficiência**. (g.n.)

Interessante consignar que, até poucos anos atrás, o tema da análise econômica do direito não era considerado relevante, não havendo consenso sequer sobre a cientificidade dos respectivos escritos.

Porém, no Brasil, a Resolução n. 423/2021 do CNJ incluiu no programa do concurso para ingresso na Magistratura o tema descrito no item "G": "Pragmatismo. Análise Econômica do Direito e economia comportamental".

Portanto, a AED e o consequencialismo agora fazem parte do programa oficial para ingresso na carreira da magistratura, reconhecendo a importância da Lei n. 13.655/2018 que, ao inserir artigos na LINDB, introduziu fundamentos pragmatistas e consequencialistas na essência da função de julgamento, abrindo um novo horizonte.

Esta nova perspectiva também se reveste de importância quanto à elaboração da norma jurídica, revelando que em muitos casos a norma negociada pode ter mais eficácia do que a norma heterônoma estatal, quando esta desconsidera a consequência e os efeitos práticos que provoca.

Como exemplo, pode-se citar o recente estudo feito pelo DIEESE (Departamento Intersindical de Estatística e Estudos Socioeconômicos)[19], analisando os impactos da PEC 72/2013, que regulamentou o trabalho doméstico 10 anos depois de sua promulgação. Baseando-se em acurados dados estatísticos, chegou às seguintes conclusões:

> "No início desse mês, completaram-se 10 anos de vigência da Emenda Constitucional n. 72/2013 – que estendeu às trabalhadoras domésticas um conjunto de direitos válidos para os/as demais trabalhadores/as desde 1988 – e quase oito anos de vigência da Lei Complementar n. 150/2015, que a regulamentou.
>
> Esse arcabouço legal é resultado de um processo de intensa mobilização social e legislativa em favor da proposição, tramitação e aprovação da chamada PEC das Domésticas e significou a conquista de reivindicações históricas da categoria no campo dos direitos do trabalho.
>
> Mas os resultados práticos obtidos pelas trabalhadoras domésticas ao longo desses últimos 10 anos foram bastante frustrantes, ao contrário do desejado.
>
> Como se viu nesse trabalho, entre o final de 2013 e o final de 2022, houve aumento expressivo da proporção de profissionais do sexo feminino sem carteira de trabalho assinada e sem proteção previdenciária no setor, além de estagnação dos rendimentos e ampliação das desigualdades raciais na categoria. Esses resultados também foram observados para o conjunto de mulheres ocupadas, mas em menor intensidade, na maioria dos casos.
>
> Adicionalmente, percebeu-se piora da situação de pobreza e extrema pobreza das trabalhadoras domésticas, e também de forma mais intensa em relação à totalidade das mulheres ocupadas. Essa tendência ocorreu principalmente no período da pandemia da Covid-19, evidenciando os profundos impactos da crise sanitária para as mulheres. Mas como há forte viés de responsabilidade familiar entre as trabalhadoras domésticas no Brasil, muitas das famílias chefiadas por elas se encontram agora em situação de extrema vulnerabilidade econômica.

---

(19) Relatório n. 106, publicado em abril de 2023. Disponível em: https://www.dieese.org.br/estudosepesquisas/2023/estPesq106trabDomestico.pdf. Acesso em: 28 abr. 2023.

Ainda no tocante ao perfil da trabalhadora doméstica, após 2013, foram aprofundadas tendências já observadas em anos anteriores, como envelhecimento da categoria, aumento da escolaridade – inclusive com aparecimento das trabalhadoras com nível superior completo – e menor participação do emprego doméstico na estrutura ocupacional feminina, sobretudo no caso das mulheres negras.

Continuaram aumentando também tanto a proporção de trabalhadoras domésticas diaristas – que ficaram, inexplicavelmente, de fora da proteção legal trazida pelo novo estatuto da profissão –, quanto a de profissionais que passaram a se definir como cuidadoras de pessoas, apesar de o Brasil ainda não ter uma regulamentação específica para esse ofício."

B – A influência da Análise Econômica do Direito na formação de normas negociadas

Na esteira da perspectiva já traçada pelo Código Civil de 2002 nos arts. 478, 479 e 480[(20)], a Análise Econômica do Direito vem se revestindo de importância também na formação de normas consensuais trabalhistas em negociações coletivas, ambiente propício para que os atores sociais possam aferir, durante as discussões, quais as consequências práticas do que for acordado, ou seja, seu nível de eficiência não só para as partes diretamente envolvidas, mas também para o entorno social, o que implica em saber avaliar a dimensão de *trade-offs* que estão em jogo, como demonstram Robert Cooter e Thomas Ulen[(21)], que, ao destacarem como as condutas dos diferentes agentes interagem entre si, chamam atenção para a interconexão contínua que existe entre as condutas adotadas pelos atores sociais representantes do capital e do trabalho.

---

(20) Código Civil.
"Art. 478. Nos contratos de execução continuada ou diferida, se a prestação de uma das partes se tornar excessivamente onerosa, com extrema vantagem para a outra, em virtude de acontecimentos extraordinários e imprevisíveis, poderá o devedor pedir a resolução do contrato. Os efeitos da sentença que a decretar retroagirão à data da citação.
Art. 479. A resolução poderá ser evitada, oferecendo-se o réu a modificar equitativamente as condições do contrato.
Art. 480. Se no contrato as obrigações couberem a apenas uma das partes, poderá ela pleitear que a sua prestação seja reduzida, ou alterado o modo de executá-la, a fim de evitar a onerosidade excessiva."
(21) COOTER, Robert, ULEN Thomas. *Law and Economics*. Harper Collins Publishers, 1988. p. 1-13, 212-247.

Bruno Meyerhof Salama(22) explica que "a eficiência diz respeito à maximização de ganhos e minimização de custos", e tanto o "Direito quanto a Economia lidam com problemas de coordenação, estabilidade e eficiência na sociedade", sendo insustentável a visão de que a eficiência é "irrelevante para o Direito", porque "a construção normativa não pode estar isolada de suas consequências práticas".

Assim, é importante considerar os efeitos que a aplicação das regras jurídicas provocarão no comportamento dos atores sociais, retirando o estudo destas consequências da periferia "para o centro do debate".

Enfatiza que, como a "pertinência entre meios jurídicos e fins normativos traz implicações para a própria legitimidade do Direito", é necessário perquirir se as regras existentes "atingem os seus objetivos declarados".

A seguir, faz referência à guinada de John Posner para o pragmatismo jurídico, situado no "meio-termo entre o formalismo jurídico e o realismo jurídico", sendo "antitético ao conceitualismo", por rejeitar "a ideia de que o Direito esteja fundado em princípios permanentes" e, assim, posto em prática apenas por meio de "manipulação lógica", quando seu significado "é social e não imanente" e, portanto, deve ser avaliado "também por suas consequências".

Sob esta ótica pragmática, a elaboração da norma deve sopesar suas "prováveis consequências". Ressalta que a questão "não é tanto se a eficiência pode ser igualada à justiça, mas sim como a construção da justiça pode se beneficiar da discussão de prós e contras, custos e benefícios. Noções de justiça que não levem em conta as prováveis consequências de suas articulações práticas" são inócuas.

Explica que o objetivo buscado pela Escola de Direito e Economia consistiu em "congregar a ética consequencialista da Economia com a deontologia da discussão do justo", assim abrindo "uma nova janela do pensar, que integra novas metodologias", inclusive levantamentos empíricos "ao estudo das instituições jurídico-políticas", de forma que o Direito possa atuar também de maneira preditiva e prospectiva, "respondendo de modo mais eficaz às necessidades da sociedade", como "instrumento do bem-comum".

Pontua Salama que, em relação à teoria jurídica, a aplicação da análise econômica do Direito se torna necessária para demonstrar que "o formalismo jurídico não deve ser estendido a ponto de separar o direito do mundo real dos fatos", fazendo remissão ao pensamento do professor português Fernando Araújo.

---

(22) SALAMA, Bruno Meyerhof. *O que é Direito e Economia*? Disponível em: https://revistas.unifacs.br/index.php/redu/article/viewFile/2793/2033. Acesso em: 1 maio 2023.

Portanto, a revolução digital vem revelar que os reflexos desta nova perspectiva trazida pela AED se revestem de peculiar importância para o direito coletivo do trabalho, pois provocam mudanças na dinâmica da negociação, na atuação dos participantes, na maneira como as propostas são debatidas e encaminhadas para a tomada das decisões pelos atores sociais representantes do capital e do trabalho e, por isso, detém maior eficácia para a solução de conflitos, além de reduzir os custos do *enforcement*, já que o nível de cumprimento é muito maior do que as estabelecidas pelo estatuto heterônomo.

Assim, quando em negociação coletiva as partes concordam em estabelecer novas regras para diminuir e prevenir doenças e acidentes de trabalho, esta mudança de comportamento não traz benefícios apenas para a saúde dos trabalhadores, mas também reduz o absenteísmo e a quantidade de licenças médicas que têm um custo para a organização produtiva, além de contribuir para evitar o pagamento de auxílios-doença e aposentadorias precoces pela previdência estatal, cujo custo é bancado por toda sociedade. Ademais, além do custo econômico, é preciso considerar também os custos pessoais, emocionais e educacionais envolvidos. Um trabalhador jovem, que se aposenta precocemente, fica impedido de aprimorar sua atividade profissional e aumentar seu nível de renda, o que leva ao empobrecimento de seu núcleo familiar, com a retirada precoce de seus filhos da escola para trabalhar, assim alimentando um círculo vicioso de pobreza, que acarreta prejuízo para todos.

Neste contexto, a influência da AED, na dinâmica que pode ser adotada para construir normas consensuais em negociação coletiva, permite considerar outros critérios como a "eficiência de Pareto"[(23)], no sentido de que os participantes desta negociação coletiva consigam aumentar a satisfação de suas demandas por meio de um equilíbrio eficiente, ou seja, sem que o benefício de um cause prejuízo ao outro[(24)], de forma que a eficiência possa ser usada para melhorar os níveis da equidade.

Ademais, a "Curva de Pareto" (Regra 80/20), lastreada no conceito de que 80% das consequências advêm de 20% das causas, traz elementos interessantes para que as partes possam selecionar, entre as propostas apresentadas em mesa de negociação coletiva, quais as melhores para resolver as causas que desencadeiam a maior parte dos conflitos.

A alteração promovida pela Lei n. 13.467/2017, com a inserção do § 2º ao art. 611-A da CLT, chancelou esta diretriz ao considerar desnecessária a

---

(23) Eficiência de Pareto ou Otimal de Pareto foi um conceito construído pelo italiano Vilfredo Pareto em que os recursos disponíveis são alocados da forma mais eficiente possível para poder beneficiar equilibradamente todos os envolvidos.

(24) POSNER, Richard A. *The Economics of Justice*. Cambridge, MA and London, England: Harvard University Press, 1981. p. 88.

explicitação de contrapartidas recíprocas em convenção coletiva ou acordo coletivo de trabalho, assim validando a liberdade de atuação das partes na busca da satisfação de seus diferentes interesses, que pode ser obtida por meio de contrapartidas diversas, cuja oportunidade cabe às partes avaliar.

Antonio José Maristrello Porto e Nuno Garoupa[25] ponderam que as pessoas balizam seu comportamento pelos incentivos e, por isso, é preciso atentar para os resultados que as regras produzem. Como a AED é pautada por uma visão prospectiva e consequencialista, ao inserir em seu "conjunto axiomático" a avaliação dos custos e benefícios de diversas alternativas, pode contribuir muito para a eficiência do sistema.

Ressaltam que, como "o bem-estar da sociedade é afetado pelos sentimentos de justiça", o conceito de eficiência não prescinde do critério de justiça, pois é relevante para justificar a valorização das condutas de cooperação, a fim de reduzir os níveis de conflitualidade e incentivar a boa convivência social. Neste contexto, a eficiência maximiza o valor do bem-estar pelo incentivo à cooperação.

Como bem ressalta a Ministra Morgana de Almeida Richa[26], "... a reestruturação das normas, quando racionalmente aplicada, não visa ao retrocesso. Ao contrário, visa à proteção de um contexto social mais amplo, à continuidade das empresas e dos empregos, à solução da empregabilidade em crise e à superação da antinomia de classes" pela cooperação.

Assim sendo, "o conceito de eficiência está associado à maximização da fórmula do bem-estar social. Será eficiente toda medida que gerar a maior satisfação do maior número de indivíduos de uma sociedade".

Neste passo, ao invés da postura conflituosa e competitiva, o estímulo ao comportamento dialogado, marcado pela cooperação, contribui muito para reduzir os custos de transação, assim considerados aqueles que são despendidos pelas partes para realizar negociações e fazer cumprir as obrigações assumidas.

Em conformidade com o Teorema de Coase, "quando os custos de transação são suficientemente baixos, os recursos serão usados eficientemente", porque as partes "estão na melhor posição para resolver eficientemente a questão".

---

(25) PORTO, Antonio José Maristrello e GAROUPA, Nuno. *Curso de Análise Econômica do Direito*. São Paulo: Editora Atlas Ltda. p. 58-65.

(26) RICHA, Morgana de Almeida. Relações de trabalho, inovações tecnológicas e justiça social: a adaptação do Direito e da Justiça do Trabalho na era digital. *In: A jurisdição social no Brasil e o futuro do trabalho*. Guilherme Augusto Caputo Bastos, Douglas Alencar Rodrigues, Giani Gabriel Cardozo e Otávio Venturini (org.). Goiânia: ABFP Editora, 2023. p. 179.

Por outro lado, "quando os custos de transação forem altos, eles tendem a impedir que a negociação se realize" e chegue a um resultado satisfatório de bem-estar.

Em relação à negociação coletiva, a AED pode disponibilizar dados para reduzir os custos de transação e estimular o comportamento cooperativo, a fim de possibilitar a construção de normas negociadas pela interconexão entre eficiência e equidade.

Portanto, a aplicação da AED vem revelar que, nos casos de conflito coletivo de trabalho, eficiência e justiça atuam como vasos comunicantes, cuja implementação otimiza a efetividade de ambos, pois a ineficiência implica em desperdício de recursos e desperdício de recursos causa injustiça, notadamente em relação àqueles que tem menor poder de barganha.

Ademais, a aplicação da AED também aprimora a segurança jurídica pois, ao destacar a importância de aferir a consequência da norma adotada, valoriza o princípio da primazia da realidade, superando a exclusividade da lógica formal e abstrata, que pautou o dogmatismo estatutário do século XX.

Assim, a aplicação da Análise Econômica do Direito – AED vem revelar que, na era contemporânea, direito e economia vêm atuando cada vez mais como vasos comunicantes, o que fortalece a conotação jurídica que vem sendo atribuída ao conceito de eficiência, notadamente por demonstrar que a ineficiência compromete a obtenção da justiça social, o que coloca em cheque todos os paradigmas até então considerados para restringir a eficiência aos limites da economia, evidenciando que a busca da eficiência do sistema regulatório se torna cada vez mais necessária para garantir a funcionalidade do processo decisório, inclusive na formação de normas consensuais pelas negociações coletivas de trabalho.

Neste contexto, os efeitos da revolução digital vieram demonstrar ser insustentável a antiga concepção estática de que a eficiência tem uma lógica apenas econômica, pois passa a ter conexão constante e dinâmica com os princípios da solidariedade e da proteção.

Assim, transmuta seu conceito em *eficiência jurídica*, impulsionando um círculo virtuoso em benefício não só dos atores coletivos, pela proteção dos direitos dos trabalhadores e da higidez do sistema que evita a concorrência desleal, mas também de toda a sociedade, ao reduzir as externalidades negativas, aumentar os níveis de segurança e reduzir a conflitualidade que compromete o desenvolvimento sustentável.

Ademais, ao vincular o conceito de eficiência com o princípio da solidariedade e o princípio da proteção, desafiando-os a, juntos, alçar novos patamares, a autonomia privada coletiva visa conferir maior efetividade aos direitos fundamentais, ultrapassando o contorno meramente individual e abrindo a perspectiva para alcançar o entorno social que lhe é subjacente, enfoque que se revela imprescindível em uma sociedade que atua em rede, cada vez mais interconectada.

Isto porque não se trata de proteger um bem individual, mas um bem coletivo, cuja violação gera efeitos para toda a sociedade (externalidade negativa) que tem que arcar com os custos sociais e previdenciários na reparação destas lesões. Assim sendo, a aplicação do princípio da eficiência jurídica otimiza a aplicação do princípio da solidariedade e da proteção, na esteira da diretriz traçada por Robert Alexy[(27)].

Feito o diagnóstico, necessário reconhecer a importância de uma solução construída pela via da inclusão dos trabalhadores nos processos decisórios, mediante uma arquitetura equilibrada a ser obtida pela negociação coletiva, sob a perspectiva integradora dos princípios da boa-fé objetiva, função social do contrato e da propriedade, que passam a atribuir conotação jurídica tanto ao princípio da eficiência, quanto ao princípio da solidariedade, a fim de que a cultura titubeante e evasiva do conflito teórico/aporético seja substituída pela busca de soluções concertadas, que garantam concretude efetiva aos novos marcos protetivos.

Com efeito, as mudanças trazidas pela Revolução Digital no direito coletivo do trabalho vão levar à necessidade de conferir uma conotação jurídica ao princípio da eficiência, para tanto demandando um enfoque interdisciplinar entre Economia e Direito do Trabalho pelas lentes da Análise Econômica do Direito, notadamente quanto à influência dos incentivos no "processo de tomada de decisão".

Neste universo de ideias, a experiência de outros países pode contribuir, mas a formatação do novo modelo jurídico só será eficiente se considerar as especificidades e as peculiaridades da cultura e do mundo do trabalho no Brasil, o que evidentemente só será alcançado pela implementação do diálogo social, que na seara trabalhista ocorre primordialmente pela via da negociação coletiva.

2.2. A Teoria dos Jogos

A Teoria dos Jogos surge como um braço da AED e pode contribuir de maneira significativa para inserir parâmetros de eficiência na construção de normas negociadas, notadamente por estimular a interação entre cooperação e coordenação na solução dos interesses em conflito.

---

(27) ALEXY, Robert. *Teoria dos direitos fundamentais*. 2. ed. Tradução Virgílio Afonso da Silva. São Paulo: Malheiros, 2015. p. 117.

O grande desafio consistirá em obter resultados satisfatórios nos jogos de soma não-zero, assim caracterizados como aqueles em que o ganho de uma parte não implica em perda para a outra parte, sendo possível induzir a cooperação nos casos de impasse, para que a perda em um dos pleitos possa ser compensada pelo benefício em outro pleito, a fim de obter o necessário equilíbrio.

Neste contexto, ante os efeitos provocados pela revolução digital no direito coletivo do trabalho, se torna imperioso trazer o estudo da Teoria dos Jogos para a arena de debates, considerando o interesse dos atores sociais, representantes do capital e do trabalho, em atuar estrategicamente para a obtenção de resultados eficazes, o que se reveste de notória importância por se tratar de relação de natureza continuativa.

A Teoria dos Jogos foi idealizada por John Von Neumann, professor da Universidade de Princeton que, junto com o economista Oscar Morgenstern, publicou em 1944 o clássico "*The Theory of Games and Economic Behavior*", demonstrando como problemas comportamentais podem ser analisados sob uma perspectiva estratégica, que causou grande impacto no estudo das decisões econômicas.

Em 1950, John Nash aprofunda seus estudos sobre a matéria e publica "*Equilibrium Points in Person Games*" e "*Non-cooperative Games*", evidenciando o valor da "cooperação" para obter situações de equilíbrio, rompendo com o paradigma da competição considerado como base para a formulação de Neumann, voltada para os "jogos de soma zero", em que as partes eram consideradas adversárias, de sorte que, para um ganhar, o outro tinha que perder.

John Nash, que esteve no Brasil em 2010[28], trouxe a ideia inovadora de que era possível obter ganhos para todas as partes se adotassem um comportamento cooperativo, traçando os parâmetros do que ficou denominado como "**jogos de soma não zero**", em que todos podiam ser beneficiados (ganha/ganha).

Para tanto, o resultado do jogo não depende apenas da escolha estratégica de uma das partes, devendo considerar também sua reação à atuação da outra parte.

Ao traçar a distinção entre modelos cooperativos e não-cooperativos, o equilíbrio de Nash revela que a aplicação dos primeiros leva a melhores resultados, pois a priorização do interesse de apenas uma das partes pode desencadear reação contrária, que vai prejudicar a eficiência do resultado e, por consequência, também o interesse que inicialmente se buscou privilegiar.

---

(28) 2º Brazilian Workshop of the Game Theory Society. Disponível em: https://www.fea.usp.br/economia/noticias/2nd-brazilian-workshop-game-theory-society-honor-john-nash-occasion-60th. Acesso em: 5 abr. 2023.

Assim, no caso da negociação coletiva que busca solução para os conflitos trabalhistas, é adequada a dinâmica motivada pela busca do "equilíbrio de Nash", de modo que, ao escolher a melhor estratégia para atender aos seus interesses, cada parte deve considerar também a estratégia escolhida pela outra parte[29], de sorte que haverá o equilíbrio de Nash quando a estratégia adotada por cada uma for a melhor resposta para a estratégia adotada pela outra parte, resultando em benefício para ambas.

A Teoria dos Jogos tem sido cada vez mais utilizada, tendo Pedro Scuro Neto[30] explicado que, entre as variáveis mais importantes dos jogos de soma não zero, duas principais merecem ser destacadas:

I – o nível de comunicação;

II – a interação entre os participantes.

Assim, quanto melhor o nível de comunicação e maior a interação entre os participantes, melhor será o resultado. Ademais, "traços de personalidade dos atores, sua capacidade de memória, habilidade de processar dados e matizes no controle do experimento são fatores que intervêm no resultado".

Explica Pedro Scuro Neto que um dos primeiros torneios proposto em 1984 por Axelrod, no qual numerosos pesquisadores e especialistas da Teoria dos Jogos participaram, as estratégias que apresentaram melhor resultado foram aquelas em que o "primeiro lance era sempre cooperativo", reflexão que se reveste de peculiar importância quando se trata de relações de trabalho coletivas, pois a interlocução entre capital e trabalho é de natureza continuativa. Ademais, abre uma janela de oportunidades para a negociação coletiva avançar, não só na construção de normas destinadas a solucionar conflitos já existentes, como também traçar novas diretrizes para a prevenção de conflitos.

Nesta linha também segue Ronaldo Fiani[31], ao destacar que a Teoria dos Jogos "ajuda a entender teoricamente o processo de tomada de decisão de agentes que interagem entre si, a partir da compreensão da lógica da situação em que estão envolvidos", estimulando a capacidade das partes "raciocinar estrategicamente, explorando as possibilidades de interação".

Assim, ao atuar, cada parte deve levar em consideração o fato de que os participantes interagem continuadamente entre si, o que envolve raciocínios complexos, pois o que um decide "depende do que ele acha que os demais

---

(29) BAIRD, Douglas G.; GERTNER, Robert H.; PICKER, Randal C. *Game Theory and the Law*. Cambridge. Massachusetts: Harvard University Press, 1994. p. 19-28.

(30) SCURO NETO, Pedro. Gestão pública: fluxo e refluxo. São Paulo: Editora USP. *Revista de Estudos Avançados*. V. 9, n. 23. jan./abr. 1995. p. 129-160.

(31) FIANI, Ronaldo. *Teoria dos Jogos*: com aplicações em economia, administração e ciências sociais. 3. ed. Rio de Janeiro: Elsevier, 2009. p. 9 a 14.

farão em resposta às suas ações", o que "irá depender do que os demais jogadores acham que ele fará e assim por diante", de modo que a decisão de cada um não vai contemplar "apenas seus objetivos e suas possibilidades de escolha, mas também os objetivos e as possibilidades de escolha dos demais".

Neste contexto, Ronaldo Fiani(32) explica que o ótimo de Pareto é obtido quando "a situação de um agente melhora, sem que a situação de nenhum dos outros piore", enquanto o equilíbrio de Nash exige apenas que cada um "adote a melhor resposta em relação aos demais, sem investigar a natureza da interação resultante", de modo que "tudo irá depender da natureza da interação" entre as partes.

Por outro lado, se todos se comportarem de forma não cooperativa, o resultado será o pior possível, porque a elevação dos níveis de conflito poderá levar a acirradas disputas, elevando os custos de transação para todos os participantes.

Assim, com o equilíbrio de Nash, os jogos de soma não-zero maximizam os ganhos de cada parte, porque cooperar com a parte contrária não significa deixar de lado os interesses próprios, mas maximizar os ganhos para os envolvidos, de modo que todos possam ficar em uma situação melhor do que ficariam se nenhum acordo fosse alcançado.

Além disso, a utilização da Teoria dos Jogos cria um liame positivo ao estimular o diálogo constante entre as partes representantes do capital e do trabalho, o que também milita em favor da cooperação, que agrega valor às relações continuativas, como as trabalhistas, possibilitando a obtenção de resultados melhores e mais equilibrados para resolver novos conflitos de interesse ao longo do tempo.

Armando Castelar Pinheiro(33) destaca que a relevância da Teoria dos Jogos "para o estudo do direito consiste na compreensão das motivações estratégicas que inspiram os sujeitos de direito e das consequências das normas jurídicas no seu comportamento, o que não deixa de ser uma importante contribuição até agora desprezada por juristas".

Pondera que a "Teoria dos Jogos expõe a fraqueza de uma ciência jurídica demasiado centrada em preocupações formalistas e alheia ao contexto em que se desenvolvem o comportamento humano e suas motivações. Outra fraqueza exposta é a consideração do problema da informação, a que muitas vezes o direito também é alheio, pressupondo que as partes e os aplicadores do Direito dispõem de informação adequada, quando isto não corresponde à realidade".

---

(32) FIANI, Ronaldo. Obra citada. p. 102, 103.

(33) PINHEIRO, Armando Castelar; SADDI, Jairo. *Direito econômico e mercados*. 4ª reimpressão. Rio de Janeiro: Elsevier, 2005. p. 157, 191, 192 e 197.

A aplicação da Teoria dos Jogos nas relações coletivas do trabalho estimula o diálogo permanente não só na data-base, pois aumenta a transparência e o acesso a informações fidedignas, que são necessárias para estimular a atitude cooperativa das partes ao longo do tempo, o que vai possibilitar o êxito na obtenção de normas negociadas, reduzindo os custos de transação não só em benefício das partes, mas também de todo o entorno social em que estão inseridas, como destaca Jean Pierre Ponsard.[34]

Nesta linha, Ronaldo Fiani[35] ressalta ser essencial que o sistema não só desestimule o comportamento não-cooperativo, como deixe isso bem evidenciado, para evitar que os atores sociais possam achar que "vale a pena sofrer a punição, diante dos ganhos líquidos que, ainda assim, podem obter".

Portanto, é a cooperação que direciona a melhor estratégia da Teoria dos Jogos a ser observada entre os representantes do capital e do trabalho, para que a negociação coletiva se revista de eficácia.

Entretanto, para que isto ocorra, é necessário garantir a simetria das informações, assim como a atuação de cada parte considerando os *payoffs*, ou seja, o que cada uma aceita perder na interação entre as estratégias, para chegar a uma conclusão cooperativa, que redunde em benefícios para todos os participantes.

A aplicação da Teoria dos Jogos cresceu de importância, tendo sido objeto dos estudos desenvolvidos pelo americano Thomas Schelling e o israelense Robert Aumann, agraciados pelo Prêmio Nobel de 2005[36].

A aplicação da Teoria dos Jogos se reveste de peculiar importância nas negociações coletivas de trabalho, que versam sobre questões econômicas, porque enquanto o processo judicial se caracteriza como um jogo de soma zero, de natureza competitiva, em que para um vencer o outro tem que perder (relação de perde/ganha), a negociação coletiva possibilita o jogo cooperativo de soma não zero (relação de ganha/ganha), em que os participantes podem encontrar o "ponto ótimo da cooperação", para poder solucionar o conflito de interesses em benefício de ambos, utilizando as técnicas de *matching*, no dizer de Marilda Sotomayor[37].

Assim, é possível constatar que estamos vivendo a "redescoberta de padrões de negociação e de barganha na regulação e no uso de formas de implementação e garantias baseadas em *soft law*", como destacou Norbert

(34) PONSSARD, Jean Pierre. *Logique de la négociation et théorie es jeux*. Paris/França: Éditions D'organisation, 1977. p. 200 a 205.

(35) FIANI, Ronaldo. *Teoria dos Jogos*. 3. ed. Editora Campus. p. 9 a 14.

(36) Disponível em: https://revistapesquisa.fapesp.br/os-vencedores-do-nobel-2005/. Acesso em: 5 abr. 2023.

(37) Disponível em: https://www.ipea.gov.br/desafios/index.php?option=com_content&id=3050. Acesso em: 2 abr. 2023.

Reich[38]. Assevera que este tipo de regulação social "irá representar um espaço muito maior no futuro e poderá ser o próximo paradigma", apesar da existência de dificuldades, que consistem em aferir "até que ponto grupos sociais estão dispostos a se engajar em processos de barganha que não sejam apenas *mera formalidade* e em que medida tais grupos estarão dispostos a aceitar os padrões de comportamentos definidos, enquanto resultados da negociação, que condicionarão situações futuras".

Neste cenário, ante os efeitos que a assimetria da informação pode provocar, a aplicação de técnicas que assegurem o necessário equilíbrio nas negociações se reveste de inequívoca importância, como assevera Rasmusen[39], ao demonstrar as consequências de duas ocorrências distintas[40]:

A – Quando a parte que tem **menos** informação se move primeiro.

Ocorre quando a parte que tem pouca informação tenta apresentar suas propostas primeiro, para sentir a reação da outra parte e, assim, poder desenhar uma estratégia de forma a selecionar (*screening*) o que atende melhor aos seus interesses.

B – Quando a parte que tem **mais** informação se move primeiro.

Nesta modalidade, a parte que tem mais informação faz o primeiro movimento para sinalizar os pontos de sua pretensão. A partir destes sinais enviados, a outra parte poderá apresentar suas propostas como contraposição.

A adoção de uma, ou outra estratégia, vai depender muito da natureza dos interesses em conflito, mas não há dúvida que a assimetria da informação tem um peso relevante, como evidenciou Spence em 1973, ao apresentar o exemplo de um candidato ao emprego, que procura distinguir-se dos demais utilizando seu nível de educação como indicativo de melhor produtividade[41].

2.3. A Análise Econômica do Direito, a Teoria dos Jogos e a greve

A Análise Econômica do Direito pode trazer contribuições relevantes quando há o acirramento de um conflito coletivo trabalhista de natureza

---

(38) REICH, Norbert. A crise regulatória: ela existe e pode ser resolvida? *In*: *Regulação econômica e democracia*: o debate europeu. MATTOS, Paulo (coordenador). São Paulo: Singular, 2006. p. 42-43.

(39) Disponível em: https://www.rasmusen.org/GI/chapters/chap01_basics.pdf. Acesso em: 19 abr. 2023.

(40) RASMUSEN, Eric. *Games & information*. An introduction to game theory. 4. ed. Oxford: Blackwell Publishers, 2006. p. 161 e 277.

(41) *Jogos sequenciais de informação incompleta*. Prof.ª Kênia Barreiro de Souza. Disponível em: https://nedur.ufpr.br/wp-content/uploads/2021/03/8_jogos-sequenciais-de-informacao-incompleta.pdf. Acesso em: 19 abr. 2023.

econômica. O acesso a informações fidedignas, notadamente as que impactam no pagamento de benefícios aos trabalhadores, faz muita diferença no momento da negociação. As estratégias de atuação com base na Teoria dos Jogos também se revestem de relevância para a obtenção de bons resultados.

Tome-se, como exemplo, a iminência de decretação de um movimento paredista pleiteando o pagamento, aos trabalhadores, de valores referentes à participação nos lucros e resultados – PLR.

A empresa oferece um valor fixo baixo, acrescido de uma parcela variável, cujo valor depende das metas que forem atingidas.

O sindicato pretende aumentar o valor do fixo, para que o trabalhador não dependa tanto do cumprimento de metas, podendo ocorrer assimetria de informação se o sindicato desconhecer qual o limite máximo que a empresa aceita pagar pelo fixo.

Se houver um impasse entre as propostas, a greve pode funcionar como uma estratégia para provocar a empresa a revelar seus verdadeiros limites de pagamento, pois muitas informações podem surgir durante as negociações para a reversão do movimento paredista.

Assim, se o sindicato conseguir acesso a maiores informações, assim reduzindo a assimetria, as tratativas poderão avançar, levando ao encerramento da greve pela obtenção de resultado satisfatório para as partes envolvidas no conflito.

2.4. Por que a Análise Econômica do Direito e a Teoria dos Jogos se tornaram importantes para o Direito do Trabalho no século XXI?

Os efeitos que a revolução digital provoca no direito coletivo do trabalho vêm demandando um olhar mais atento para a realidade fática, em detrimento da dogmática teórica e abstrata, que pautou o modelo jurídico estatutário no século XX.

Neste passo, abre espaço para a aplicação da AED – Análise Econômica do Direito não só quanto aos critérios de decidibilidade utilizados para a aplicação da norma heterônoma já posta pelo ordenamento, mas também para a construção de normas negociadas, decorrentes do exercício mais amplo da autonomia privada coletiva, mediante a adoção de estratégias pautadas pela Teoria dos Jogos, que assim podem conferir uma nova dinâmica para a obtenção da solução consensual dos conflitos coletivos, assim contribuindo também para equalizar as condições e evitar a concorrência desleal, reduzindo os níveis de conflitualidade e aumentando a segurança jurídica.

Assim, um dos efeitos da aplicação da AED pelo direito coletivo do trabalho consiste em evidenciar a imperiosidade de oferecer incentivos para estimular o comportamento cooperativo no lugar do competitivo, porque é mediante a cooperação que os conflitos são resolvidos com menor custo, aumentando o bem-estar não só das partes diretamente envolvidas, mas de toda a sociedade.

Nesta senda, entre as alterações promovidas pela revolução digital nas relações de trabalho, merece destaque o reconhecimento de que é preciso abrir espaço para uma atuação mais assertiva dos corpos intermediários, situação em que os sindicatos são chamados a conferir maior amplitude às negociações coletivas, pois as normas negociadas passam a ter eficácia relevante na solução dos novos conflitos e, assim, as "convenções coletivas transformam-se em pequenos códigos do trabalho convencionais", como bem assevera Maria do Rosário Palma Ramalho(42).

Neste contexto, a Teoria dos Jogos apresenta estratégias que podem contribuir para a ampliação do modelo normativo consensual pela via da negociação coletiva que, ao garantir o equilíbrio cooperativo, se revela instrumento hábil para modular a busca da eficiência pela equidade e, assim, conectar o jurídico com o econômico, a fim de obter melhores repostas aos novos desafios trazidos pela revolução digital ao direito coletivo do trabalho.

---

(42) PALMA RAMALHO, Maria do Rosário. *Tratado de Direito do Trabalho*. Parte III – situações laborais colectivas. 3. ed. Portugal: Almedina, 2020. p. 197.

CAPÍTULO 3

OS NOVOS TIPOS DE RELAÇÕES DE TRABALHO E A FORMAÇÃO DE UM *TERTIUM GENUS*: UM NOVO MODELO DE IMPUTAÇÃO DE RESPONSABILIDADE NO DIREITO COLETIVO DO TRABALHO

3.1. A revolução digital e os novos tipos de relações de trabalho

A revolução digital implementou novos e diferentes tipos de relações de trabalho, trazendo grandes desafios para o sistema normativo.

Isto porque, no século XX, as normas estavam focadas na predominância de uma relação fortemente hierarquizada, em que o trabalho era prestado em um ambiente marcado por acentuada dependência e rígida subordinação.

Porém, a revolução digital, que se intensificou nas primeiras décadas do século XXI, veio revelar que este tipo de contrato ficou reduzido a apenas alguns segmentos, com o surgimento de novas e diferentes formas de trabalhar, predominantemente mediadas por plataformas (apps) que, em decorrência de suas peculiaridades, por um lado refogem ao clássico contrato de emprego, por outro lado desatendem ao modelo de *trabalhador independente*.

A complexidade da questão ficou evidenciada no estudo sobre "O trabalho controlado por plataformas digitais no Brasil: dimensões, perfis e direitos"(43), realizado pela Universidade Federal do Paraná (UFPR), que mapeou alguns elementos centrais desta nova atividade, entre os quais é possível destacar:

1. "O trabalho plataformizado se insere em diferentes realidades sócio--ocupacionais, abarcando diferentes perfis socioeconômicos. É preciso

---

(43) "O trabalho controlado por plataformas digitais no Brasil: dimensões, perfis e direitos". Universidade Federal do Paraná (UFPR). Disponível em: https://cdtufpr.com.br/o-trabalho-controlado-por-plataformas-digitais-no-brasil-dimensoes-perfis-e-direitos-baixe-o-ebook/.

olhar de perto para os diferentes tipos de trabalho e de trabalhadores. É preciso desvendar como uma mesma atividade pode ser desempenhada por trabalhadores de diferentes qualificações e trajetórias."

2. "Os processos de informalização que envolvem as plataformas se referem a um tipo contemporâneo de centralização do controle e dispersão do trabalho. Nesse sentido, a problemática do trabalho sob controle de plataformas no Brasil envolve a atenção à centralidade que a ausência de prescrições bem definidas encontra em um mundo do trabalho estruturalmente flexível como o brasileiro."

3. "Podemos então, ver de perto como a dataficação e o gerenciamento algorítmico se retroalimentam com a instabilidade e estratégias de sobrevivência, possibilitando ao mesmo tempo a dispersão do trabalho, a ausência de regras claras, a variação na remuneração, o trabalho sob demanda, que se tecem numa relação com um alto e rígido controle do trabalho."

4. "Seguimos então com a necessidade permanente do aprofundamento da compreensão sobre as especificidades de cada plataforma e cada tipo de trabalho que ela engloba e o que há de geral e comum, em especial no que se refere à dataficação e às formas contemporâneas de controle do trabalho".

5. "É preciso ainda decifrarmos os modos de subjetivação na atualidade brasileira, para compreendermos como o autogerenciamento subordinado é incorporado e experenciado, para compreendermos os dilemas frente às regulações do trabalho – que também são tecidos por baixo, a partir da experiência dos trabalhadores e trabalhadoras."

A questão, que está em aberto, tem suscitado acirradas discussões jurídicas em todo o mundo.

Importante destacar a decisão proferida pelo Tribunal Supremo de Espanha, que reconheceu existir relação de emprego dependente e subordinado, entre o "*rider*/estafeta" e a plataforma Glovo, com base nos seguintes argumentos:

A) A Glovo não é uma mera intermediária na contratação de serviços entre estabelecimentos comerciais e "estafetas" (entregadores), não se limitando a prestar um serviço eletrônico de intermediação, consistente em pôr em contato consumidores (clientes) e trabalhadores autônomos, pois realiza uma atividade de coordenação e organização do serviço produtivo;

B) A plataforma presta serviços de transporte e entrega de mercadorias, fixa o preço e as condições de pagamento do serviço, bem como as condições essenciais para a prestação de tais serviços;

retribuição certa, são indícios clássicos de subordinação jurídica, mas são indícios escassamente operacionais para enfrentar os novos tipos de dependência resultantes da prestação de serviços para uma determinada empresa, via plataformas".

Por isso, é necessário "que o Direito do Trabalho acolha estes novos prestadores de serviços via plataformas, construindo um regime laboral próprio e ajustado às características destas novas formas de prestar serviços", contexto que foi devidamente considerado no Livro Verde sobre o Futuro do Trabalho 2021 ao traçar uma "linha de rumo" quanto à "presunção de laboralidade adaptada ao trabalho nas plataformas digitais, para tornar mais clara e efetiva a distinção entre trabalhador por conta de outrem e trabalhador por conta própria".

Em Portugal, a primeira decisão sobre a matéria foi proferida em 1º.02.2024 pelo Juízo do Trabalho 8, do Tribunal Judicial da Comarca de Lisboa, no Processo 29.354/23.9T8LSB(47) que, ante a presunção de laboralidade pelo preenchimento de cinco dos requisitos previstos no art. 12-A do Código de Trabalho, julgou procedente a ação ajuizada pelo Ministério Público contra a Uber Eats Portugal, reconhecendo a existência de contrato de trabalho por tempo indeterminado.

Conforme disposto no art. 12-A do Código do Trabalho de Portugal, a presunção de laboralidade é aferida pela existência dos seguintes indícios: (i) a retribuição é fixada pelo operador da plataforma, (ii) o operador dirige a forma de atuação e apresentação do prestador; (iii) o operador controla a atividade prestada, nomeadamente através de meios eletrónicos ou gestão algorítmica; (iv) o operador restringe a autonomia do prestador de atividade quanto à organização do trabalho, à possibilidade de aceitar ou recusar tarefas, à utilização de subcontratados, à escolha dos clientes ou a prestar atividade a terceiros via plataforma; (v) o operador da plataforma exerce poderes laborais sobre o prestador de atividade, nomeadamente, através da desativação da conta; e, (vi) os equipamentos e instrumentos de trabalho utilizados pertencem ao operador da plataforma digital ou são por este explorados através de contrato de locação.

2 – A extensão desta presunção de laboralidade tanto às plataformas de *crowdwork online*, quanto de *crowdwork offline*

Explica Teresa Moreira que, ao aprovar esta redação em termos mais gerais, como conta do n. 2 do art. 12-A, a nova legislação "tornou Portugal o primeiro ordenamento jurídico a ter uma presunção tão ampla", abrangendo tanto as plataformas *de crowdwork online*, quanto de *crowdwork offline*, o

(47) Disponível em: https://cnnportugal.iol.pt.

que se revela positivo pois "não temos nas plataformas digitais um trabalhador do século XIX, ou até do século XX, mas com toda a certeza que, em inúmeras situações, temos um trabalhador do século XXI".

3 – A aplicação das novas regras desde que compatíveis com a natureza da atividade desempenhada

Esclarece Teresa Moreira que o n. 9, do art. 12-A do Código do Trabalho de Portugal, estabelece que serão aplicadas as normas ali previstas "que sejam compatíveis com a natureza da atividade desempenhada", tendo acrescentado "nomeadamente o disposto em matéria de acidentes de trabalho, cessação do contrato, proibição do despedimento sem justa causa, remuneração mínima, férias, limites do período normal de trabalho, igualdade e não discriminação".

Assim, o referido preceito reconhece a importância de um dos princípios fundantes do Direito do Trabalho, que consiste na "primazia da realidade fática".

4 – O dever de informação dos critérios utilizados pelos algoritmos e inteligência artificial

Entre as alterações inseridas no Código do Trabalho de Portugal, imperioso destacar o constante da alínea "o" do n. 3 do art. 3º, ao prever que os instrumentos de regulamentação coletiva podem regulamentar o uso de algoritmos, inteligência artificial e matérias conexas em sentido mais favorável para os trabalhadores.

Em relação à matéria, explica Teresa Moreira[48] a importância do "princípio da responsabilização, sobretudo o subprincípio da auditabilidade, pois significa a defesa da avaliação de algoritmos, dos dados", a fim de evitar as situações de "discriminação, violência, muitas vezes psicológica, racismo, xenofobia e assédio."

Reconhece o direito ao "sigilo de certos negócios e, por isso, nem sempre as informações sobre os modelos de negócios e a propriedade intelectual relacionadas com o sistema de IA tem de estar publicamente disponíveis. Contudo, a avaliação por auditores internos e externos, assim como a disponibilidade dos relatórios de avaliação, podem contribuir para a fiabilidade da tecnologia", pois os processos decisionais algorítmicos precisam ser transparentes, "devendo ser precedidos de avaliação de impacto e sujeitos a escrutínio humano".

---

(48) MOREIRA, Teresa Coelho. *Direito do Trabalho na era digital*. Coimbra: Editora Almedina, 2021. p. 150-153.

Neste passo, as normas legais em matéria de igualdade e não discriminação passam a ser aplicadas em relação à tomada de decisões baseadas em algoritmos ou outros sistemas de inteligência artificial, como prevê o item 3 do art. 24º do código de Trabalho de Portugal.

5 – Ampliação da proteção contra práticas discriminatórias

A nova lei amplia a proteção contra práticas discriminatórias no acesso ao trabalho, à formação profissional ou quanto às condições de trabalho, notadamente no que se refere aos direitos previstos no âmbito da conciliação da atividade profissional com a vida familiar e pessoal, conforme prevê o art. 25º do Código de Trabalho de Portugal.

Teresa Moreira destaca a importância da abordagem deste tema porque há um desaparecimento "das fronteiras da vida profissional e da vida pessoal, com um controle cada vez maior associado à ubiquidade destas tecnologias e ao trabalho nas plataformas digitais". Assim, o aumento da intensidade do controle sobre os trabalhadores, a necessidade de "estar constantemente *online* e disponível, a mudança frequente de atividades e de trabalhos, e o controle através de algoritmos, aumenta, e muito, os níveis de stress dos trabalhadores", que leva à crescente desatenção e falta de foco (*blurring*), que realimenta este "tecnostress".

Neste cenário, cabe ao Direito do Trabalho proteger os trabalhadores, garantindo-lhes o necessário direito à desconexão, o que pode ser operacionalizado também por convenções coletivas.

Mas não é só.

A vedação de práticas discriminatórias envolve também a proteção de dados pessoais e do direito à privacidade.

Teresa Moreira destaca[49] que o "Regulamento Geral de Proteção de Dados Pessoais 2016/679", aprovado pela Comissão Europeia[50], traz novos paradigmas como o princípio da responsabilidade (*accountability principle*), "cabendo às empresas assegurar *a priori* a *compliance* com as regras estabelecidas".

No Brasil, o Decreto n. 8.420/2015, que regulamentou a Lei n. 12.846/2013, fez referência a "Programas de Integridade ou de *Compliance*", abrindo as portas para a inserção também das questões trabalhistas, como ferramenta eficaz para a prevenção de conflitos, cabendo aos sindicatos atuar neste sentido, visando a defesa dos interesses dos trabalhadores.

---

(49) MOREIRA, Teresa Coelho. *Direito do Trabalho na era digital*. Coimbra: Editora Almedina, 2021. p. 157, 158, 161, 162 e 194.
(50) Disponível em: https://commission.europa.eu/law/law-topic/data-protection/data-protection-eu_pt#:.

3.2. A revolução digital e as regras da União Europeia em relação ao trabalho nas plataformas digitais

Em decorrência das novas formas de viver e trabalhar, trazidas pela revolução tecnológica que se acentuou nas primeiras décadas do século XXI, o trabalho prestado em plataformas digitais vem se acentuando na União Europeia(51), apresentando crescentes desafios para garantir proteção a estes novos trabalhadores, que desempenham uma grande variedade de tarefas, tanto *in loco* como à distância, em que a realidade fática apresenta muitas variáveis.

Com efeito, ao lado dos que se dedicam de forma pessoal e exclusiva, há um número expressivo de casos em que o trabalho nas plataformas não é prestado apenas pelo cadastrado, mas por ele compartilhado com pessoas próximas, constituindo uma fonte secundária de rendimentos, complementar ao trabalho principal, o que aumenta as arestas da controvérsia a respeito da natureza jurídica do vínculo existente entre os trabalhadores e as plataformas.

Os Estados-membros da União Europeia têm **abordagens diferentes no que se refere à regulamentação do trabalho prestado mediante plataformas digitais**. Alguns países como Espanha e Portugal passaram a adotar uma legislação nacional para disciplinar este tipo de trabalho, sobretudo em setores específicos, como os serviços de transporte privado de passageiros e serviços de entrega de produtos.

A organização do trabalho por plataformas vem crescendo muito, ante o aumento de demanda dos consumidores, ampliando o número de trabalhadores que se encontram em uma zona cinzenta no que se refere ao seu estatuto profissional.

Além disso, a utilização de algoritmos no trabalho nas plataformas suscitou questões sobre o tratamento dos dados dos trabalhadores e a transparência e responsabilização da tomada de decisões.

Em 9 de dezembro de 2021(52), a Comissão apresentou ao Conselho Europeu uma Proposta de Diretiva sobre novas regras relativas ao trabalho nas plataformas(53), indicando os seguintes objetivos:

---

(51) Disponível em: https://www.consilium.europa.eu/pt/policies/platform-work-eu/. Acesso em: 20 abr. 2023.

(52) Proposta de diretiva relativa à melhoria das condições de trabalho nas plataformas digitais (Comissão Europeia, 9 de dezembro de 2021).

(53) Dossiê interinstitucional: 2021/0414(COD). Proposta de Diretiva relativa à melhoria das condições de trabalho nas plataformas digitais – Orientação geral.
A Comissão apresentou uma Proposta de Diretiva relativa à melhoria das condições de trabalho nas plataformas digitais, com os seguintes objetivos:

• garantir que as pessoas que trabalham nas plataformas tenham – ou possam obter – um estatuto profissional correto, com base na sua relação efetiva com a plataforma, e que tenham acesso aos direitos laborais e de proteção social pertinentes.

• assegurar a equidade, a transparência e a responsabilização na gestão por meio de algoritmos no contexto do trabalho nas plataformas.

• melhorar a transparência, a rastreabilidade e o conhecimento dos desenvolvimentos do trabalho nas plataformas digitais, bem como o cumprimento das regras pertinentes, para todas as pessoas que trabalham em plataformas, inclusive além-fronteiras.

1 – Quanto ao Estatuto profissional

A proposta constante da Diretiva visa facilitar o acesso das pessoas que trabalham por meio de **plataformas** a um estatuto profissional legal, que corresponde à modalidade do trabalho executado.

Estabelece que é presumida a existência de um contrato de trabalho **se estiverem presentes três dos sete critérios a seguir enumerados**, ou seja, se a plataforma:

• fixa os critérios de remuneração;

• exige que o trabalhador respeite determinadas regras relativas à aparência, à conduta em relação ao destinatário do serviço ou à execução do trabalho;

• supervisiona a execução do trabalho, inclusive por meios eletrônicos;

• restringe a liberdade de escolher o horário de trabalho ou os períodos de ausência;

• restringe a liberdade de aceitar ou recusar tarefas;

• restringe a liberdade de recorrer a subcontratantes ou substitutos;

• restringe a possibilidade de desenvolver uma carteira de clientes ou de executar trabalho para terceiros.

A aplicação da presunção legal implica em transferir para a plataforma o ônus de provar a falta destes requisitos para afastar a configuração de um contrato de trabalho.

---

1) melhorar as condições de trabalho dos trabalhadores das plataformas, facilitando a correta determinação do seu estatuto profissional através de uma presunção legal ilidível (capítulo II), 2) melhorar a proteção dos dados pessoais das pessoas que trabalham nas plataformas digitais, melhorando a transparência, a equidade e a responsabilização na utilização de sistemas automatizados de monitorização ou tomada de decisões (capítulo III), 3) melhorar a transparência do trabalho nas plataformas digitais (capítulo IV) e aplicar determinadas vias de recurso e medidas de execução (capítulo V).

Se esta prova não for feita pela plataforma, estará configurada a existência de um contrato de trabalho, com o obrigatório cumprimento dos direitos laborais estabelecidos no ordenamento de cada um dos países-membros, tais como:

- um salário mínimo;
- negociação coletiva;
- horário de trabalho e proteção da saúde;
- férias remuneradas;
- maior acesso à proteção contra acidentes de trabalho;
- benefícios protetivos em caso de desemprego e doença;
- pagamento de pensões por velhice.

2 – Quanto à utilização da inteligência artificial – IA

A inteligência artificial (IA) tem sido cada vez mais utilizada nas relações de trabalho, notadamente em relação aos seguintes aspectos:

3 – Quanto à gestão algorítmica

As plataformas vêm utilizando a inteligência artificial (IA) na formação de algoritmos destinados à sua gestão organizacional. Porém, as pessoas que trabalham por meio de plataformas não dispõem de informações sobre os dados utilizados para a formação dos algoritmos, nem quanto à forma como as decisões são tomadas na fixação dos critérios que vão reger a atividade dos trabalhadores, o que suscita questionamentos importantes quanto ao tratamento de dados pessoais dos trabalhadores.

Ademais, há dificuldade de acesso aos dados operados pelas plataformas, o que dificulta a transparência e compromete a rastreabilidade dos critérios que são utilizados para aferição, tanto do tempo de trabalho quanto dos valores devidos pelo pagamento.

A apresentação da Proposta de Diretiva ficou centrada nas seguintes matérias:

- **aumentar a transparência** quanto à utilização de algoritmos pelas plataformas de trabalho digitais;
- assegurar a **supervisão humana** das condições de trabalho;
- conceder (tanto aos trabalhadores assalariados como aos trabalhadores por conta própria) **o direito de contestarem decisões automatizadas;**
- garantir condições de rastreabilidade.

Durante o ano de 2022, a Proposta sugerida pela Comissão Europeia foi analisada pelo Comitê Econômico e Social Europeu, pelo Comitê das Regiões, pela Autoridade Europeia para a Proteção de Dados, tendo o Conselho Europeu confirmado a decisão da Comissão do Emprego e dos Assuntos Sociais (EMPL), no sentido de encetar negociações com base no relatório de Elisabetta Gualmini[(54)], elaborado com o objetivo de melhorar as condições dos trabalhadores das plataformas digitais, focando duas questões principais:

1 – indicar critérios para formalizar o **estatuto profissional** das pessoas que trabalham nas plataformas digitais, acolhendo a proposta apresentada quanto à presunção da existência de vínculo de emprego se forem preenchidos pelo menos **três dos sete critérios** indicados na proposta. Nestes casos em que se aplica a presunção legal, caberá à plataforma digital demonstrar que não existe qualquer relação de trabalho de acordo com a legislação e a prática nacionais.

2 – estabelecer as principais regras da UE sobre a utilização de **inteligência artificial nas relações de trabalho**, exigindo maior transparência nos critérios dos algoritmos.

Assim, pretende assegurar que os **trabalhadores sejam informados** sobre a utilização de sistemas automatizados de monitorização e tomada de decisões. Ao abrigo das novas regras, estes sistemas serão monitorizados por pessoal qualificado, com o objetivo de garantir proteção especial contra tratamentos desfavoráveis. A supervisão humana é igualmente garantida em relação a determinadas decisões significativas, como a suspensão de contas.

Entre as matérias consignadas para a elaboração de uma nova Diretiva Europeia, merece destaque o constante dos itens 6, 8, 9, 13, 18-A, 20, 21, 23, 24 (A e B), 25, 28 (28-A), 29, 32, 33, 36, 38, 45, a saber:[(55)]

ITEM 6

"O trabalho nas plataformas digitais pode criar oportunidades para aceder mais facilmente ao mercado de trabalho, obter rendimentos adicionais através de uma atividade secundária ou beneficiar de alguma flexibilidade na organização do tempo de trabalho. Ao mesmo tempo, o trabalho nas plataformas digitais está em rápida evolução, resultando em novos modelos de negócio e formas de emprego que, por vezes, saem dos paradigmas existentes. Encontram-se exemplos dessas novidades no domínio do direito

---

(54) Disponível em: https://www.consilium.europa.eu>press>2023/06/12. Direitos dos trabalhadores das plataformas: Conselho define posição (comunicado de imprensa, 12 de junho de 2023). Bruxelas, junho de 2023 (OR. en) 10107/23 EMPL 294 SOC 422 CODEC 1011.

(55) Disponível em: https://data.consilium.europa.eu/doc/document/ST-10107-2023-INIT/pt/pdf. Acesso em: 23 abr. 2023.

da concorrência da União, em que a Comissão adotou orientações sobre a sua aplicação às convenções coletivas relativas às condições de trabalho dos trabalhadores independentes sem empregados. Por estas razões, é importante acompanhar este processo com salvaguardas adequadas para as pessoas que trabalham nas plataformas digitais, independentemente da natureza da relação contratual, evitando a discriminação e promovendo novas oportunidades. Designadamente, o trabalho nas plataformas digitais pode dificultar a distinção entre "relação de trabalho" e "atividade independente", e a separação de responsabilidades entre empregadores e trabalhadores. A classificação incorreta do estatuto profissional tem consequências para as pessoas afetadas, na medida em que pode restringir o acesso aos direitos laborais existentes. Além disso, gera condições injustas de concorrência para as empresas que classificam corretamente os seus trabalhadores e tem implicações nos sistemas de relações laborais dos Estados-membros, na sua base tributável e na cobertura e sustentabilidade dos seus sistemas de proteção social. Embora excedam o contexto do trabalho nas plataformas digitais, estes desafios são especialmente significativos e prementes na economia das plataformas digitais."

ITEM 8

"Os sistemas automatizados de monitorização ou tomada de decisões que utilizam algoritmos substituem cada vez mais as funções que os gestores normalmente desempenham nas empresas, como a atribuição de tarefas, a comunicação de instruções, a avaliação do trabalho realizado, a concessão de incentivos ou a imposição de sanções. As plataformas de trabalho digitais utilizam esses sistemas algorítmicos como prática normal de organização e gestão do trabalho realizado nas plataformas, através das suas infraestruturas. As pessoas que trabalham nas plataformas digitais e que estão sujeitas a essa gestão algorítmica carecem, muitas vezes, de informações sobre o funcionamento dos algoritmos, os dados pessoais utilizados e a forma como o seu comportamento afeta as decisões tomadas pelos sistemas automatizados. Os representantes dos trabalhadores e os serviços de inspeção do trabalho também não têm acesso a estas informações. As pessoas que trabalham nas plataformas digitais também não conhecem muitas vezes os motivos das decisões tomadas ou apoiadas pelos sistemas automatizados nem têm a possibilidade de analisar essas decisões com uma pessoa de contacto ou de as contestar."

ITEM 9

"Quando as plataformas operam em vários Estados-membros ou além-fronteiras, muitas vezes não é claro em que local é realizado o trabalho da plataforma e por quem. Além disso, as autoridades nacionais não podem aceder facilmente aos dados sobre as plataformas de trabalho digitais, incluindo o número de pessoas que trabalham nas plataformas, o seu estatuto profissional e as condições de trabalho, o que dificulta o controlo da aplicação das regras em vigor."

ITEM 13

"Embora os atos jurídicos da União em vigor incluam certas salvaguardas gerais, os desafios suscitados pelo trabalho nas plataformas digitais exigem medidas específicas adicionais. A fim de enquadrar adequadamente, e de forma sustentável, o desenvolvimento do trabalho nas plataformas digitais, a União deverá estabelecer normas mínimas que respondam aos desafios do trabalho nas plataformas digitais. Deverão ser introduzidas medidas que facilitem a correta determinação do estatuto profissional das pessoas que trabalhem nas plataformas digitais na União, e a transparência do trabalho nas plataformas digitais deverá ser melhorada, inclusive em situações transfronteiriças. Além disso, as pessoas que trabalham nas plataformas digitais deverão beneficiar de um certo número de direitos que visem promover a transparência, a equidade e a responsabilização na gestão algorítmica. Importa salvaguardar esses direitos para melhorar a segurança jurídica e procurar alcançar condições justas de concorrência entre as plataformas de trabalho digitais e os prestadores de serviços fora de linha e promover um crescimento sustentável das plataformas de trabalho digitais na União."

ITEM 18-A

"Em alguns casos, as pessoas que trabalham nas plataformas digitais não têm uma relação contratual direta com a plataforma de trabalho digital, mas têm uma relação com um intermediário através do qual trabalham nas plataformas de trabalho digitais. Esta forma de organizar o trabalho nas plataformas digitais resulta frequentemente numa vasta série de relações triangulares diferentes e complexas, bem como em responsabilidades pouco definidas entre a plataforma de trabalho digital e os intermediários no que respeita ao trabalho nas plataformas digitais. As pessoas que trabalham nas plataformas digitais através de intermediários estão expostas aos mesmos riscos em termos de classificação incorreta do seu estatuto profissional e de sistemas automatizados de monitorização ou tomada de decisões como pessoas que trabalham diretamente para a plataforma de trabalho digital. Os Estados-membros deverão, por conseguinte, fixar medidas adequadas, nomeadamente através do estabelecimento de sistemas de responsabilidade conjunta, se for caso disso, a fim de assegurar que, ao abrigo da presente diretiva, essas pessoas beneficiam do mesmo nível de proteção que as pessoas que trabalham nas plataformas digitais e que têm uma relação contratual direta com a plataforma de trabalho digital."

ITEM 20

"Na sua jurisprudência, o TJUE definiu critérios para determinar o estatuto de um trabalhador. A interpretação desses critérios pelo TJUE deverá ser tida em conta na aplicação da presente diretiva. O abuso do estatuto de trabalhador por conta própria, tanto à escala nacional como em situações transfronteiriças, constitui uma forma de trabalho falsamente declarado frequentemente associada ao trabalho não declarado. A situação de falso trabalho por conta própria ocorre quando uma pessoa preenche as condições típicas de uma relação de trabalho, mas está declarada como trabalhador por conta própria. Nesta perspetiva, o TJUE deliberou que a qualificação de "trabalhador independente", à luz do direito nacional, não exclui que uma pessoa deva ser qualificada de "trabalhador", na aceção do direito da União, se a sua independência for meramente fictícia, ou seja, quando oculte uma relação de trabalho."

ITEM 21

"O princípio do primado dos factos, segundo o qual a determinação da existência de uma relação de trabalho se deverá basear principalmente nos factos relacionados com a execução efetiva do trabalho, incluindo a sua remuneração, e não na descrição da relação de trabalho pelas partes, em conformidade com a Recomendação n. 198 sobre a Relação de Trabalho, de 2006, da Organização Internacional do Trabalho, é particularmente relevante para o trabalho nas plataformas digitais, em que as condições contratuais são frequentemente determinadas unilateralmente por uma das partes."

ITEM 23

"A correta determinação do estatuto profissional não deverá impedir a melhoria das condições dos verdadeiros trabalhadores por conta própria que trabalham nas plataformas. Caso uma plataforma de trabalho digital decida — numa base puramente voluntária ou de acordo com as pessoas em causa — pagar a proteção social, o seguro contra acidentes ou outras formas de seguro, medidas de formação ou prestações similares a trabalhadores por conta própria que trabalhem na plataforma, essas prestações em si mesmas não devem ser consideradas um elemento determinante indiciador da existência de uma relação de trabalho."

ITEM 24

"A direção e o controlo, ou a subordinação jurídica, constituem um elemento essencial da definição de uma relação de trabalho nos Estados-membros e na jurisprudência do TJUE. O controlo e a direção podem ser exercidos sobre pessoas que trabalham nas plataformas através de diversos meios e em diferentes circunstâncias, tal como foi verificado pelos tribunais nacionais e pelo TJUE. Quando as plataformas de trabalho digitais controlam a execução do trabalho, atuam enquanto empregadores numa relação de trabalho. Além disso, alguns termos e condições aplicáveis às pessoas que trabalham nas plataformas são normalmente determinados e impostos unilateralmente na prática pela plataforma de trabalho digital, não deixando à pessoa que trabalha na plataforma a possibilidade de influenciar a substância desses termos e condições. Por conseguinte, com base numa presunção legal, deverá considerar-se que qualquer relação contratual deste tipo constitui uma relação de trabalho entre a plataforma e a pessoa que trabalha na plataforma, sempre que a plataforma de trabalho digital exerça, através dos seus termos e condições aplicáveis à relação contratual em causa ou da sua atuação na prática, um certo nível de direção e controlo, expresso pelo cumprimento de, pelo menos, três dos critérios para desencadear a presunção."(56)

ITEM 24-A

"Quando a plataforma de trabalho digital cumpre as medidas ou regras exigidas por lei ou por convenções coletivas, aplicáveis a verdadeiros trabalhadores independentes sem empregados, tal não deve, em si mesmo, ser entendido como cumprindo um ou mais critérios para desencadear a presunção legal ao abrigo da presente diretiva."

ITEM 24-B

"Nas suas Orientações sobre a aplicação do direito da concorrência da União às convenções coletivas relativas às condições de trabalho dos trabalhadores independentes individuais, a Comissão esclarece que, na sua opinião, as convenções coletivas de trabalhadores independentes sem empregados que se encontram numa situação comparável à dos trabalhadores por conta de outrem não se encontram abrangidas pelo art. 101º do TFUE. É importante que os Estados-membros tenham em conta as oportunidades definidas nas referidas orientações publicadas pela Comissão Europeia. Segundo a Comissão, as convenções coletivas relativas às condições de trabalho entre trabalhadores independentes sem empregados e plataformas de trabalho digitais relativas às condições de trabalho não são abrangidas pelo âmbito de aplicação do art. 101º do TFUE, oferecendo a oportunidade de melhorar as condições de trabalho desses trabalhadores independentes sem empregados, em particular dos que trabalham nas plataformas digitais. No entanto, estas convenções coletivas não deverão comprometer os objetivos prosseguidos pela presente diretiva, em especial a correta classificação das pessoas que trabalham nas plataformas no que diz respeito ao seu estatuto profissional."

---

(56) 10107/23 fmm/MB/le 21 ANEXO LIFE.4 PT.

ITEM 25

"Deverão ser incluídos na diretiva critérios para determinar os casos em que as plataformas de trabalho digitais controlam a execução do trabalho e em que uma pessoa que trabalha na plataforma é suscetível de ter uma relação de trabalho, **para que a presunção legal se torne operacional** e facilitar a aplicação dos direitos dos trabalhadores. Esses critérios deverão inspirar-se na jurisprudência nacional e da União. Os critérios deverão incluir elementos concretos que demonstrem que a plataforma de trabalho digital determina os limites superiores do nível da remuneração ou da sua margem, exige o respeito das regras e fornece instruções relativas ao comparecimento e à conduta em relação ao receptor do serviço ou ao desempenho do trabalho, **restringe a possibilidade de escolher o horário de trabalho ou os períodos de ausência, de recusar tarefas, de recorrer a subcontratantes ou substitutos, ou impede as pessoas que trabalham na plataforma de desenvolver contactos comerciais com potenciais clientes, nomeadamente através da imposição de um certo número de condições ou de um sistema de sanções**. Os critérios deverão também incluir elementos concretos que demonstrem que a plataforma de trabalho digital supervisiona atentamente a execução do trabalho, verificando também exaustivamente a qualidade dos resultados do trabalho das pessoas que trabalham nas plataformas. **Tal inclui a avaliação ou o balanço regular do desempenho ou do progresso do trabalho, que também podem ser realizados por meios eletrónicos, como a videovigilância, o rastreio da localização, a contagem das teclas premidas, capturas de ecrã ou a utilização de outras funções em computadores ou telemóveis inteligentes.** Pelo contrário, a supervisão não inclui a utilização de ferramentas eletrónicas para estabelecer a correspondência entre a pessoa que trabalha na plataforma e o destinatário do serviço. **Simultaneamente, os critérios não deverão abranger as situações em que as pessoas que trabalham nas plataformas são genuinamente trabalhadores por conta própria. Numa situação de verdadeiro trabalho por conta própria, os próprios trabalhadores são responsáveis perante os seus clientes pela forma como executam o trabalho e pela qualidade dos resultados. A liberdade, nomeadamente, de escolher o horário de trabalho ou os períodos de ausência, de recusar tarefas, de recorrer a subcontratantes ou substitutos ou de não estar limitado relativamente às possibilidades de trabalhar para terceiros deverá ser considerada uma das características do verdadeiro trabalho por conta própria.** A restrição dessa liberdade pode assumir diferentes formas, tendo em conta que o modelo de economia das plataformas está em constante evolução."

ITEM 28

"A relação entre a pessoa que trabalha nas plataformas e a plataforma de trabalho digital pode não satisfazer os requisitos de uma relação de trabalho em conformidade com a definição estabelecida pela legislação, por convenções coletivas ou pelas práticas em vigor no respetivo Estado-membro, tendo em conta a jurisprudência do TJUE, apesar de os critérios indicarem que a pessoa que trabalha na plataforma é suscetível de ter uma relação de trabalho. Nos processos judiciais ou administrativos em que se aplique a presunção legal, os Estados-membros deverão assegurar a possibilidade de ilidir a presunção legal, provando, com base na definição acima referida, que a relação em causa não constitui uma relação de trabalho. As plataformas de trabalho digitais têm uma visão completa de todos os elementos factuais que determinam a natureza jurídica da relação, em especial os algoritmos através dos quais gerem as suas operações. Por conseguinte, deverão ter o ónus da prova quando alegam que a relação contratual em causa não é uma relação de trabalho. Além disso, quando a pessoa que trabalha na plataforma, que é objeto da presunção, pretende refutar a presunção legal, a plataforma de trabalho digital deverá prestar-lhe assistência, nomeadamente disponibilizando todas as informações pertinentes na sua posse sobre a pessoa em causa. O facto de se obter a ilisão de uma presunção num processo judicial ou administrativo não deverá obstar à aplicação da presunção num processo judicial ou recurso subsequente, de acordo com o direito processual nacional."

ITEM 28-A

"Embora a presunção legal deva aplicar-se aos processos iniciados por uma pessoa que trabalha na plataforma nos quais esteja em causa o estatuto profissional, os Estados-membros poderão conceder às autoridades administrativas nacionais competentes responsáveis pela verificação do cumprimento ou execução da legislação pertinente, como os serviços de inspeção do trabalho, o poder discricionário de não aplicar essa presunção, se agirem por iniciativa própria e se for evidente que a pessoa que trabalha na plataforma digital não é um trabalhador conforme definido no direito, nas convenções coletivas ou na prática em vigor no Estado-membro em causa, tendo em consideração a jurisprudência do Tribunal de Justiça. É importante dispor de um quadro nacional para reduzir os litígios e melhorar a segurança jurídica."

ITEM 29

"No contexto do trabalho nas plataformas digitais, as pessoas que trabalham nas plataformas estão frequentemente sujeitas a decisões tomadas através, ou com o apoio, de sistemas automatizados de monitorização ou tomada de decisões. O consentimento das pessoas que trabalham nas plataformas digitais para o tratamento de dados pessoais nem sempre é dado livremente, uma vez que as pessoas que trabalham nas plataformas não têm sistematicamente uma verdadeira liberdade de escolha ou podem recusar ou retirar o consentimento sem prejudicar a sua relação contratual, apesar de esse consentimento não ser necessário para realizar o trabalho na plataforma, e existe um desequilíbrio entre as pessoas que trabalham na plataforma e a gestão dos sistemas automatizados de monitorização ou tomada de decisões pela plataforma de trabalho digital. Embora o Regulamento (UE) 2016/679 estabeleça um quadro geral para a proteção das pessoas singulares no que diz respeito ao tratamento de dados pessoais, é necessário estabelecer regras específicas que respondam às preocupações relacionadas com o tratamento de dados pessoais por meio de sistemas automatizados de monitorização ou tomada de decisões no contexto do trabalho nas plataformas digitais. Em particular, as plataformas de trabalho digitais não deverão tratar quaisquer dados pessoais sobre o estado emocional ou psicológico da pessoa que trabalha na plataforma, nem tratar quaisquer dados pessoais relacionados com as suas conversas privadas, e não deverão recolher quaisquer dados pessoais enquanto a pessoa que trabalha na plataforma não estiver a executar um trabalho na plataforma. Neste contexto, os termos relativos à proteção de dados pessoais na presente diretiva devem ser entendidos à luz das definições constantes do Regulamento (UE) 2016/679."

TEMA 32

"Sem afetar os direitos e obrigações decorrentes do Regulamento (UE) 2016/679, a presente diretiva prevê salvaguardas adicionais no que toca à utilização de sistemas automatizados de monitorização ou tomada de decisões no contexto do trabalho nas plataformas digitais. As plataformas de trabalho digitais deverão estar sujeitas a obrigações de transparência no que diz respeito aos sistemas automatizados de monitorização ou tomada de decisões utilizados para recolher dados, supervisionar ou avaliar a execução do trabalho através de meios eletrónicos; e os sistemas automatizados de tomada de decisões utilizados para tomar ou apoiar decisões que afetem significativamente as condições de trabalho das pessoas que trabalham nas plataformas, nomeadamente a atribuição de tarefas, a remuneração, a segurança e saúde, o tempo de trabalho, as decisões de promoção e a situação contratual, incluindo a restrição, suspensão ou encerramento de contas pessoais. Além das obrigações previstas no Regulamento (UE) 2016/679, deverão também ser fornecidas informações sobre esses sistemas sempre que as decisões não se baseiem exclusivamente no tratamento automatizado, mas sejam apoiadas por sistemas automatizados. Importa igualmente especificar o tipo de informações sobre os sistemas automatizados que devem ser fornecidas às pessoas que trabalham nas plataformas, bem como a forma e o momento dessa informação. Deverão também ser fornecidas informações sobre os sistemas automatizados de monitorização ou tomada de decisões aos representantes dos trabalhadores das plataformas e às autoridades nacionais do trabalho, a fim de lhes permitir exercer as suas funções."

TEMA 33

"Essas informações não deverão obrigar as plataformas de trabalho digitais a divulgar o funcionamento detalhado dos seus sistemas automatizados de monitorização ou tomada de decisões, incluindo os algoritmos, ou outros dados pormenorizados que contenham segredos comerciais ou estejam protegidos por direitos de propriedade intelectual. Todavia, tais considerações não devem resultar na recusa de fornecer todas as informações exigidas pela presente diretiva."

TEMA 36

"O Regulamento (UE) 2016/679 exige que os responsáveis pelo tratamento dos dados apliquem medidas adequadas para salvaguardar os direitos, liberdades e interesses legítimos dos titulares dos dados, quando estes sejam objeto de decisões baseadas exclusivamente no tratamento automatizado. Esta disposição exige, no mínimo, que a pessoa em causa tenha direito à intervenção humana do responsável pelo tratamento dos dados, para poder expressar o seu ponto de vista e contestar a decisão."

ITEM 38

"A Diretiva 89/391/CEE do Conselho introduz medidas destinadas a promover a melhoria da segurança e da saúde dos trabalhadores no trabalho, incluindo a obrigação de as entidades patronais minimizarem os riscos e avaliarem os riscos profissionais para a saúde e a segurança. Uma vez que os sistemas automatizados de monitorização ou tomada de decisões podem ter um impacto significativo na saúde física e mental dos trabalhadores das plataformas, as plataformas de trabalho digitais deverão avaliar esses riscos, analisar se as salvaguardas previstas pelos sistemas são adequadas para eliminar os riscos e adotar medidas de prevenção e proteção adequadas. Deverão evitar que a utilização de tais sistemas resulte numa pressão indevida sobre os trabalhadores ou ponha em risco a sua saúde. A fim de reforçar a eficácia destas disposições, a plataforma de trabalho digital deverá disponibilizar a sua avaliação dos riscos e a sua avaliação das medidas de atenuação aos trabalhadores das plataformas, aos seus representantes e às autoridades competentes."

ITEM 45

"O trabalho nas plataformas digitais caracteriza-se pela inexistência de um local comum de trabalho onde os trabalhadores se possam conhecer e possam comunicar entre si e com os seus representantes, também com vista a defender os seus interesses perante a plataforma de trabalho digital. É, pois, necessário estabelecer canais de comunicação digitais que sejam adequados à organização do trabalho nas plataformas digitais, e que permitam às pessoas que trabalham nas plataformas comunicar entre si e ser contactadas pelos representantes dos trabalhadores das plataformas. As plataformas de trabalho digitais devem criar esses canais de comunicação através da sua própria infraestrutura digital ou outros meios igualmente eficazes, respeitando, simultaneamente, a proteção dos dados pessoais e abstendo-se de aceder ou monitorizar essas comunicações."

O texto aprovado pelo Conselho em junho de 2023 seguiu para análise do Parlamento, cuja aprovação é necessária para que se torne uma DIRETIVA.

Porém, como na sessão realizada em 22 de dezembro de 2023 constatou-se que havia resistência de alguns países e a impossibilidade de obter a maioria necessária para a aprovação, o texto não foi submetido à votação formal dos representantes dos Estados-membros da União Europeia (COREPER), tendo sido deliberada a continuidade das negociações com o Parlamento Europeu, a fim de chegar a um acordo final que possibilitasse a aprovação da Diretiva.(57)

3.3. A diversidade das relações de trabalho e a formação de um novo tipo de responsabilidade em rede

As novas modalidades de trabalho trazidas pela revolução digital vieram suscitar várias controvérsias quanto aos critérios estabelecidos pelo ordenamento jurídico para a imputação de responsabilidade.

Ao discorrer sobre o conceito jurídico da responsabilidade e seus desafios na sociedade contemporânea, Mafalda Miranda Barbosa(58) ressalta a necessidade de uma "nova visão acerca da causalidade", notadamente quanto à sua natureza binária, pois lado a lado "concorrem a causalidade fundamentadora da responsabilidade e a causalidade preenchedora da responsabilidade". A primeira liga o comportamento do agente à lesão do direito ou interesse protegido, a segunda liga a lesão do direito ou interesse protegido aos danos consequenciais (segundo dano) verificado.

Ao asseverar que para a compreensão da ampliação do conceito de causalidade, como nexo de imputação, a responsabilidade deixa de "ser entendida exclusivamente do ponto de vista dogmático", para ser "compreendida

---

(57) Disponível em: https://www.consilium.europa.eu/pt/press/press-releases/2023/12/13/rights-for-platform-workers-council-and-parliament-strike-deal/; https://www.euronews.com/myeurope/2023/12/22/eu.deal.

(58) BARBOSA, Mafalda Miranda. *Causalidade, imputação e responsabilidade por informações. In: Responsabilidade civil e comunicação.* IV Jornadas Luso-Brasileiras de Responsabilidade Civil. David Magalhaes *et al.* Indaiatuba, São Paulo: Editora Foco Jurídico Ltda., 2021. p. 294-299.

do ponto de vista ético-axiológico", Mafalda oferece valiosa reflexão para a construção de um novo modelo de responsabilidade, nas relações de trabalho prestado por plataforma.

Neste passo, afirmando ser insustentável a manutenção de uma perspectiva "individualista", que até agora tem marcado a apuração da responsabilidade na sociedade atual, Daniel Ustárroz[59] ressalta que o momento desafia uma leitura "mais ampla (e contemporânea) do princípio da reparação integral do dano", que considere a situação das pessoas que, "embora não estejam diretamente envolvidas", certamente "serão impactadas", o que implica em atribuir aos causadores do dano a obrigação de "atenuar ou eliminar as consequências danosas de um evento que lhes é imputável".

Para tanto, é preciso levar em conta que deve haver, "no juízo imputacional, uma ideia de controlabilidade do dado real pelo agente", considerando que está em causa "a distinção entre uma autoria mediata e um verdadeiro concurso de esferas de risco e responsabilidade".

Com efeito, as pessoas que trabalham nas plataformas digitais atuam, ao mesmo tempo, em inter-relação constante com diferentes agentes (plataformas, consumidores, intermediários), de sorte que esta nova forma de organização produtiva funciona como uma teia de conexões, o que torna necessária a construção de um novo modelo de responsabilidade em rede, vinculando tanto os agentes imediatos, quanto os mediatos que participam desta atividade, ante a configuração de um inequívoco concurso das esferas de risco, tanto na perspectiva reparatória, quanto preventiva.

Ao discorrer sobre a análise econômica da responsabilidade civil, Thaís Venturi[60] destaca que um de seus efeitos consiste no "deslocamento da função reparatória para a função preventiva", visando "dissuadir condutas que possam causar acidentes", o que se revela pertinente e adequando quando se trata da formação de um novo modelo de imputação de responsabilidade nas relações de trabalho prestadas por plataformas.

Assim, este novo modelo de responsabilidade "deve estar ligado à criação de incentivos para a redução dos riscos", o que encontra ressonância na diretriz traçada por Guido Calabresi, ao preconizar a importância da "adoção de regras simples e diretas, concebidas a partir da ideia" de que, por ser

---

(59) USTÁRROZ, Daniel. Responsabilidade civil: questões atuais. *In*: *Responsabilidade civil*: novas tendências. Nelson Rosenvald *et al.* Nelson Rosenvald e Marcelo Milagres (org.). Indaiatuba, São Paulo: Editora Foco Jurídico Ltda., 2018. p. 31-33.

(60) VENTURI, Thaís G. Pascoaloto. Breves notas sobre a análise econômica da responsabilidade civil. *In*: *Responsabilidade civil*: novas tendências. Nelson Rosenvald *et al.* Nelson Rosenvald e Marcelo Milagres (org.). Indaiatuba, São Paulo: Editora FOCO Jurídico Ltda., 2018. p. 75-82.

menor o custo da prevenção do que o custo da reparação, "*cheapest cost avoider*", alcança todos que poderiam ter evitado a conduta lesiva.

Neste contexto, a conotação simplista, que até então restringia a ideia de eficiência apenas à esfera econômica, deixou de ser sustentável quando o paradigma anteriormente focado apenas na reparação dos danos já ocorridos deixou de oferecer respostas satisfatórias às novas modalidades de relações de trabalho, que apresentam crescente demanda quanto à implementação das condutas de precaução e prevenção para evitar a ocorrência de lesões, assim exigindo que seja atribuída configuração jurídica ao conceito de "eficiência social", de sorte que a imputação da responsabilidade passa a ser operada *em rede*, vinculando todos os que participam destas novas relações de trabalho prestadas por plataforma.

O princípio da socialidade contribui para que a formação deste conceito de "eficiência social" agregue valores éticos e morais, nos parâmetros construídos para evitar lesões e violações de direitos, ante a inequívoca constatação de que a ineficiência compromete a eficácia da justiça social, o que se reveste de inequívoca importância quando ocorre um constante entrelaçamento das esferas de risco, demandando a "refundamentação da responsabilidade", na feliz expressão de Thais Venturi que, trazida para a esfera trabalhista, vai respaldar a formação de um novo modelo de responsabilidade *em rede*, envolvendo todos que integram a mesma cadeia produtiva.

Na obra "*Futuro do trabalho no Brasil: perspectivas e diálogos tripartites*"(61) constatou-se que, a partir do "final do século XX, os avanços na tecnologia, nos métodos de gestão, nas comunicações e na logística permitiram que as empresas coordenassem a produção não mais em estruturas verticais, mas em cadeias produtivas horizontais e globais. As empresas se *virtualizaram* e se tornaram muito parecidas. O conhecimento geral, utilizado em todas as firmas se tornou predominante", reduzindo os custos de transação ligados à "coordenação da produção".

Destarte, os novos tipos de organização produtiva passam a demandar a formatação de um novo modelo de imputação da responsabilidade trabalhista, diferente daquele que até agora foi aplicado nas relações com vínculo empregatício celetista, ante a necessidade de construir novos parâmetros de proteção dos trabalhadores, para tanto considerando também a função social dos contratos, não só para interpretar a norma posta, mas também para nortear a edificação de um novo padrão normativo, que passa pela valorização da negociação coletiva, pois nos novos tipos de cadeias produtivas

---

(61) *Futuro do trabalho no Brasil*: perspectivas e diálogos tripartites. Disponível em: https://www.ilo.org/brasilia/publicacoes/WCMS_626908/lang--pt/index.htm. Acesso em: 16 mar. 2023. p. 39.

as relações trabalhistas não são mais atomizadas e estáticas, como anteriormente ocorria, mas dinâmicas e inter-relacionais, gerando constantes externalidades *ultra partes*, que assim demandam a análise também sob a perspectiva da função social da propriedade (patrimonial e extrapatrimonial), conceitos que atuam como vasos comunicantes, em movimento constante de pressão e contra pressão.

Nesta senda, ao lado da inserção do princípio da socialidade civil na esfera trabalhista, a formatação do conceito de eficiência social, que vai respaldar a edificação de um novo modelo de imputação de responsabilidade *em rede*, exige que seja conferida uma nova estatura ao princípio da solidariedade, o que vai exigir novos modelos de atuação sindical para a defesa dos direitos dos trabalhadores, além de impactar na formação de outros critérios de justiça distributiva para nortear a atividade negocial no direito coletivo do trabalho, assim abrangendo as "relações contratuais de fato ou paracontratuais" que, embora não estejam tipificadas no sistema, criam obrigações, como reconhece Menezes Cordeiro(62).

3.4. O abuso de direito e a responsabilidade trabalhista *em rede*

A alteração dos critérios, para imputação de um novo modelo de responsabilidade *em rede*, vai implicar em reconhecer as peculiaridades da conotação contratual trabalhista ao conceito civilista de abuso de direito(63), tendo como norte o disposto no art. 170 da Constituição Federal de 1988(64).

---

(62) MENEZES CORDEIRO, Antonio Manuel da Rocha. *Da boa-fé no direito civil.* Coimbra: Almedina, 2007. p. 643.

(63) Código Civil. "Art. 187. Também comete ato ilícito o titular de um direito que, ao exercê-lo, excede manifestamente os limites impostos pelo seu fim econômico ou social, pela boa-fé ou pelos bons costumes."

(64) Constituição Federal/1988.
"Art. 170. A ordem econômica, fundada na valorização do trabalho humano e na livre-iniciativa, tem por fim assegurar a todos existência digna, conforme os ditames da justiça social, observados os seguintes princípios:
I – soberania nacional;
II – propriedade privada;
III – função social da propriedade;
IV – livre concorrência;
V – defesa do consumidor;
VI – defesa do meio ambiente, inclusive mediante tratamento diferenciado conforme o impacto ambiental dos produtos e serviços e de seus processos de elaboração e prestação;
VII – redução das desigualdades regionais e sociais;
VIII – busca do pleno emprego;
IX – tratamento favorecido para as empresas de pequeno porte constituídas sob as leis brasileiras e que tenham sua sede e administração no País.
Parágrafo único. É assegurado a todos o livre exercício de qualquer atividade econômica, independentemente de autorização de órgãos públicos, salvo nos casos previstos em lei."

Figura até então pouco presente nos debates jurídicos trabalhistas, o estudo sobre o abuso de direito ressurge quando fica evidente a importância de combater os abusos das práticas de gestão automatizada trazidas pela revolução tecnológica.

Com efeito, se antes a organização produtiva ocorria predominantemente de forma dual e direta, em tempo determinado e espaço fixo delimitado, passou a ser esquematizada *online* (*web-based*), ou seja, de forma dispersa, desterritorializada, sem tempo e espaço definidos, com a participação de diferentes agentes ao mesmo tempo, o que vem exigindo uma ressignificação do conceito de abuso de direito na esfera contratual trabalhista.

Neste contexto, tanto a boa-fé objetiva como os bons costumes, que vigoram no entorno social em que a atividade é desenvolvida, vão contribuir para calibrar o conceito da função social da propriedade, que deixa de ser estática e se torna dinâmica para incluir todos os participantes das novas relações de trabalho, assim justificando a formatação de um novo modelo de responsabilidade *em rede.*

Ademais, a vedação do abuso de direito nas novas organizações produtivas respalda também o combate à concorrência desleal, evitando que as grandes empresas de tecnologia (*big techs*) detenham o controle econômico sobre as regras que regem as relações de trabalho, no momento marcado por intensa inovação tecnológica.

A questão afeta à concorrência desleal também foi objeto de análise na Proposta de Diretiva da União Europeia:

> Item 6
>
> "... a classificação incorreta do estatuto profissional tem consequências para as pessoas afetadas, na medida em que pode restringir o acesso aos direitos laborais existentes. Além disso, gera condições injustas de concorrência para as empresas que classificam corretamente os seus trabalhadores e tem implicações nos sistemas de relações laborais dos Estados-membros, na sua base tributável e na cobertura e sustentabilidade dos seus sistemas de proteção social."
>
> Item 13
>
> "Além disso, as pessoas que trabalham nas plataformas digitais deverão se beneficiar de um certo número de direitos, que visem promover a transparência, a equidade e a responsabilização na gestão algorítmica. Importa salvaguardar esses direitos para melhorar a segurança jurídica e procurar alcançar condições justas de concorrência entre as plataformas digitais e os prestadores de serviços."

Assim, o combate ao abuso de direito contribui para assegurar que os princípios da socialidade e da solidariedade fixem as balizas do conceito de "eficiência social", para possibilitar a construção de um novo modelo de imputação de responsabilidade *em rede*.

Em relação ao abuso de direito, o art. 334 do Código Civil português estabelece que é "*ilegítimo o exercício de um direito, quando o titular exceda manifestamente os limites impostos pela boa-fé, pelos bons costumes ou pelo fim social ou econômico desse direito*".

No Brasil, a matéria é disciplinada no art. 187 do Código Civil, ao prever que "*comete ato ilícito o titular de um direito que, ao exercê-lo, excede manifestamente os limites impostos pelo seu fim econômico ou social, pela boa-fé ou pelos bons costumes*".

O cotejo entre os dois preceitos leva à constatação de três elementos comuns, quais sejam: a referência aos limites impostos pelo fim econômico ou social, boa-fé e bons costumes.

Nesta senda, o art. 421 do Código Civil também contribui para a construção deste novo conceito de responsabilidade *em rede*, ao dispor que a "liberdade contratual será exercida nos limites da função social do contrato", refinando ainda mais o preceito ao prever que a função social do contrato impede sua utilização para atividades abusivas, o que está em consonância com a diretriz traçada nos §§ 4º e 5º do art. 173 da CF/88:

> Art. 173. Ressalvados os casos previstos nesta Constituição, a exploração direta de atividade econômica pelo Estado só será permitida quando necessária aos imperativos da segurança nacional ou a relevante interesse coletivo, conforme definidos em lei.
>
> *§ 4º A lei reprimirá o abuso do poder econômico que vise à dominação dos mercados, à eliminação da concorrência e ao aumento arbitrário dos lucros.*
>
> *§ 5º A lei, sem prejuízo da responsabilidade individual dos dirigentes da pessoa jurídica, estabelecerá a responsabilidade desta, sujeitando-a às punições compatíveis com sua natureza, nos atos praticados contra a ordem econômica e financeira e contra a economia popular.*

Alexandre Dartanhan de Mello Guerra explica[(65)] que é preciso abandonar a visão tradicional "para uma melhor compreensão do abuso do direito" e do modelo de responsabilidade que dele decorre, a fim de "cumprir o papel de permanente oxigenação desse relevante instituto", pois o "exercício

---

(65) MELLO GUERRA, Alexandre Dartanhan. Responsabilidade civil por abuso de direito: ensaio por uma compreensão contemporânea do exercício disfuncional do direito. Breves notas sobre a análise econômica da responsabilidade civil. *In: Responsabilidade civil*: novas tendências. Nelson Rosenvald *et al.* Nelson Rosenvald e Marcelo Milagres (org.). Indaiatuba, São Paulo: Editora Foco Jurídico Ltda., 2018. p. 111, 119 e 125.

disfuncional do direito é, assim, a perda do sentido de proporcionalidade e de moderação, que são próprios de qualquer comportamento humano, o que se mostra nocivo para toda ordem sociojurídica".

As novas formas de organização produtiva, trazidas pela revolução digital, revelam a crescente insuficiência do modelo de responsabilidade trabalhista, até hoje adotado com base dual civilista (subjetiva/objetiva), exigindo a construção de um *tertium genus* que respalde a imputação de uma responsabilidade *em rede*, assim atingindo a todos os integrantes das novas cadeias produtivas, inclusive pelos custos previdenciários, que até agora têm sido bancados por toda a sociedade.

A questão se torna complexa porque, na grande maioria dos casos, o trabalhador não presta serviços apenas para uma plataforma, mas para várias plataformas ao mesmo tempo, o que vai exigir a configuração de um novo modelo de recolhimento da contribuição previdenciária.

Trata-se, portanto, de agregar ao Direito do Trabalho o conceito de *LIABILITY*, para respaldar a imputação de responsabilidade *em rede*, assim atingindo a todos que participam da cadeia produtiva, tanto na modalidade contratual, quanto extracontratual.

A – A responsabilidade contratual

A prestação de serviços pela utilização de plataformas cria entre os integrantes da cadeia produtiva um nexo inter-relacional de diferentes contratos, entre a plataforma, o trabalhador e o cliente, que se interconectam de forma constante e dinâmica.

Esse emaranhado de contratos passa a exigir uma ampliação do significado da função social, de tal sorte que a previsão legal contida no art. 421 do Código Civil[(66)] deve ser aplicada em conformidade com a diretriz prevista nos incisos III e IV dos arts. 1º e 179, ambos da Constituição Federal de 1988[(67)].

---

(66) Código Civil. "Art. 421. A liberdade contratual será exercida nos limites da função social do contrato."

(67) Constituição Federal.

"Art. 1º A República Federativa do Brasil, formada pela união indissolúvel dos Estados e Municípios e do Distrito Federal, constitui-se em Estado Democrático de Direito e tem como fundamentos: (...)

III – a dignidade da pessoa humana;

IV – os valores sociais do trabalho e da livre-iniciativa;"

"Art. 170. A ordem econômica, fundada na valorização do trabalho humano e na livre iniciativa, tem por fim assegurar a todos existência digna, conforme os ditames da justiça social, observados os seguintes princípios: (...)

III – função social da propriedade;

IV – livre concorrência;"

Destarte, ante as especificidades de que se reveste a *gig economy*, muitas variáveis devem ser consideradas, notadamente quanto à:

1 – natureza do trabalho;

2 – grau de qualificação requerido;

3 – dimensão de fragmentação das tarefas;

4 – forma de remuneração estabelecida;

5 – risco de adoecimento físico e mental da atividade desenvolvida;

6 – possibilidade de acesso à "*big data*", formada por dados pessoais, comerciais, geográficos e comportamentais passíveis de serem explorados como matéria-prima a partir dos algoritmos;

7 – redimensionamento das possibilidades de trabalhar, em diferentes tempos e diversos espaços, muitas vezes de maneira concomitante.

Neste contexto, a alegação de que as plataformas atuam apenas como intermediárias, fazendo a conexão entre duas partes independentes, ou seja, os clientes de um lado e os "microempreendedores" de outro lado, que pretensamente gozam de plena independência e flexibilidade, se revela dissonante da realidade fática e, portanto, insustentável para afastar a responsabilidade a que estão sujeitas em decorrência da função social que se aplica a todos os tipos de contrato.

B – A responsabilidade extracontratual

Os novos tipos de cadeias produtivas, trazidos pela revolução digital, formam um "nexo de propriedades" de bens materiais e imateriais, assim exigindo o cumprimento da função social da propriedade por todos os seus integrantes, notadamente quanto às obrigações legais e previdenciárias, que geram efeitos a toda a sociedade.

Assim sendo, em cumprimento ao disposto como direito fundamental no inciso XXIII do art. 5º da Constituição Federal[(68)], reiterado nos princípios gerais que fixam balizas para a atividade econômica[(69)], o conceito de eficiência deixa de ter conotação meramente econômica para configurar-se como "eficiência social", o que resulta na ampliação da responsabilidade

(68) Constituição Federal 1988. "Art. 5º. XXIII – a propriedade atenderá a sua função social;"

(69) Constituição Federal.

"Art. 170. A ordem econômica, fundada na valorização do trabalho humano e na livre iniciativa, tem por fim assegurar a todos existência digna, conforme os ditames da justiça social, observados os seguintes princípios: (...)

III – função social da propriedade;"

extracontratual de todas as empresas que integram estas novas organizações econômicas, monitoradas por plataformas, respaldando a formatação de um novo modelo de imputação de responsabilidade *em rede*.

A construção de um novo modelo de imputação de responsabilidade *em rede* se torna relevante, porque as plataformas monitoram os sistemas que de um lado contratam trabalhadores, onde estão os custos, e, de outro lado, estabelecem relações contratuais com clientes que disponibilizam os pagamentos, controlando toda a organização produtiva.

Destarte, como a própria arquitetura digital da plataforma é plasmada pela assimetria, que favorece seu posicionamento privilegiado, tal situação justifica a imputação de sua responsabilidade contratual e extracontratual, por ter notório domínio e efetivo controle da atividade econômica explorada.

Assim sendo, pondera Veena B. Dubal(70), em uma "reviravolta irônica, a chamada *gig economy* pode ser um catalisador político tanto para a organização conduzida pelos trabalhadores, quanto para a revitalização do Direito do Trabalho", podendo provocar a retomada de sua atuação emancipatória.

3.5. Os efeitos da revolução tecnológica na formação de um novo modelo de responsabilidade trabalhista

Com efeito, a realidade fática demonstra que não há como considerar que a plataforma desconheça as condições em que o serviço é prestado, assim como os efeitos que a exclusão do sistema previdenciário, a falta de proteção da saúde e segurança podem provocar, causando lesão não só ao trabalhador, mas a toda sociedade, que é chamada a arcar com os respectivos custos.

Esse nexo inter-relacional concomitante, que ocorre tanto no mundo físico como no ambiente virtual, entre diferentes contratos e diversos tipos de propriedade (inclusive intelectual), passa a exigir a formatação de um novo modelo de responsabilidade *em rede*, abrangendo todos os integrantes desta cadeia produtiva.

Como exemplo, é possível citar o serviço prestado mediante plataforma de entrega de refeições. Como a atividade econômica explorada pelos restaurantes inclui a respectiva entrega do produto, inafastável a conclusão de que também detém o domínio dos fatos que ocorrem quanto às condições

---

(70) DUBAL, Veena B. AB5 para democracia: segurança econômica e a regulação do trabalho de bico na Califórnia. Tradução: Rodrigo de Lacerda Carelli. *In*: *Futuro do trabalho*: os efeitos da revolução digital na sociedade. Rodrigo de Lacerda Carelli *et al*. Brasília: ESMPU, 2020. p. 384.

em que o trabalho é prestado e por elas devem ser responsabilizados, até porque, se a plataforma não existisse, caberia aos restaurantes a contratação e remuneração deste serviço.

Assim sendo, a "teoria do domínio do fato" respalda a configuração do instituto da responsabilidade *em rede* na seara trabalhista, para abranger todos os integrantes das novas cadeias organizacionais/produtivas.

Para operacionalização deste novo instituto, devem ser considerados os seguintes elementos:

a) Grau de assimetria quanto à aferição de benefícios:

Avaliar em que grau e medida os benefícios fluem mais para as plataformas, depois para os clientes e menos para os trabalhadores, reforçando as desigualdades entre capital e trabalho e, em muitos casos, violando as regras que impedem a concorrência desleal, dado que são as plataformas que detêm o poder de estabelecer preços e controlar a transferência de recursos.

b) Grau da assimetria de risco:

Avaliar em que grau e medida os custos são transferidos em larga medida aos trabalhadores, pois são eles que colocam os meios (carro, moto, bicicleta) e disponibilizam sua força de trabalho, enquanto a plataforma não corre nenhum risco e os clientes também se beneficiam, pois subcontratam trabalho sem arcar com nenhum tipo de obrigação correspondente, a não ser o pagamento (em pequeno valor) pelo serviço prestado.

c) Grau da assimetria de informação:

Enquanto evitam a todo custo revelar detalhes operacionais internos, critérios de pagamento e informações a respeito de como é organizado seu sistema de algoritmos em relação aos clientes e trabalhadores, as plataformas mantêm total controle dos dados dos trabalhadores e clientes, além de registro de todas as movimentações, deslocamentos geográficos e horários

d) Grau de assimetria de poder:

A elevada oferta da mão de obra, acrescida de todas as assimetrias anteriormente referidas, contribui para aumentar a precarização das condições de trabalho e gerar insegurança, assim justificando a configuração de um novo tipo de responsabilidade trabalhista.

Neste contexto, imperioso ressaltar que a atividade dos integrantes destas novas cadeias produtivas pode gerar riscos e causar danos ao patrimônio material e extrapatrimonial dos trabalhadores e de terceiros, situação cuja ocorrência é ampliada pelo potencial das novas ferramentas tecnológicas, o que vai exigir um novo enfoque na imputação de responsabilidade contratual e extracontratual pois, no dizer de Orlando Gomes[(71)], para tanto basta que haja "coincidência de interesses, para cuja satisfação se correlacionam os vínculos constituídos"

Portanto[(72)], quem cria o risco deve suportar as consequências, por infração do "dever de controle", o que confere um protagonismo maior à "teoria do risco" na construção de novos parâmetros para imputação da responsabilidade *em rede*, que inclui também as plataformas em relação não só aos empregados, mas a todos os trabalhadores.

Antonio Junqueira de Azevedo[(73)] faz uma reflexão interessante quanto aos efeitos decorrentes da imputação de responsabilidade, ao destacar que, a par dos critérios estabelecidos pelo art. 944 do Código Civil, a indenização também deve atuar como um desestímulo ao comportamento futuro, não só daquele que causou diretamente a lesão, mas também de todos os demais, para que não "fiquem tentados a repetir o mesmo ato lesivo", pois a "indenização dissuasória" tem efeito didático.

Ademais, necessário destacar a importância da finalidade dissuasória quando o ato produz externalidade negativa, ou seja, prejuízos que atingem a sociedade como um todo, causando inequívoco dano social. Tal ocorre, por exemplo, com os entregadores de comida que trabalham por plataformas que, para atender às exigências do trabalho, deslocam-se em grande número e com muita velocidade, congestionando o trânsito e aumentando a possibilidade de causar acidentes envolvendo terceiros, o que compromete a qualidade de vida de todos que integram a sociedade.

Por isso, repristinando os preceitos contidos na proibição do *neminem laedere* e o dever do *suum cuique tribuere*, é importante atentar para a finalidade dissuasória/didática que deve pautar o *tertium genus*, o novo modelo de responsabilidade trabalhista.

Ademais, no novo modelo de responsabilidade, que ora se desenha, os limites podem ser proporcionalmente estabelecidos tanto nas relações contratuais, quanto nas relações extracontratuais, em conformidade com a participação de cada um na cadeia produtiva, notadamente quanto aos riscos que a respectiva atividade provoca, inclusive quanto às externalidades que desencadeia.

Assim sendo, o novo modelo de imputação de responsabilidade a todos os integrantes da cadeia produtiva tem o escopo de resguardar os direitos

---

(71) GOMES, Orlando. *Obrigações*. Obra citada. p. 74 e seguintes.

(72) GOMES, Orlando. *Responsabilidade civil*. p. 86, 111 e 113.

(73) AZEVEDO, Antonio Junqueira. Por uma nova categoria de dano na responsabilidade civil: o dano social. *In*: *Novos estudos e pareceres de direito privado*. São Paulo: Saraiva, 2009. p. 377-382.

fundamentais dos trabalhadores, que "expressam valores que são irradiados por todo o ordenamento jurídico", como explica Virgílio Afonso da Silva[74], concepção que se torna ainda mais necessária em decorrência dos efeitos provocados pela revolução digital:

> "Além disso, a constatação de que entes privados podem ser uma ameaça tão grande ou ainda maior aos direitos fundamentais do que o Estado – constatação antiga, mas cada dia mais atual, diante do desenvolvimento de novas tecnologias de informação e comunicação e o agigantamento de algumas poucas corporações privadas que estão mais presentes na vida das pessoas do que o próprio Estado – sedimentou definitivamente a concepção de que os direitos fundamentais devem vincular também as pessoas físicas ou jurídicas nas suas relações entre si."

Mas não é só.

Os efeitos que a atuação destas novas cadeias organizacionais provoca em todo o entorno social demonstram que vivemos uma nova realidade, diversa daquela até hoje existente nas relações trabalhistas, que passam a ser revestidas de crescente complexidade, assim exigindo o reconhecimento de um acentuado movimento de imbricamento da responsabilidade contratual, com a responsabilidade extracontratual.

Neste modelo de responsabilidade *em rede*, que ora se desenha, os limites devem ser proporcionalmente estabelecidos tanto nas relações contratuais, quanto nas relações extracontratuais, em conformidade com a participação de cada um na cadeia produtiva, notadamente quanto aos riscos que a respectiva atividade provoca, inclusive quanto às externalidades que desencadeia.

3.6. *Tertium Genus* – um modelo próprio de imputação de responsabilidade trabalhista

As novas formas de trabalhar e organizar a atividade produtiva, trazidas pela revolução digital, ampliaram as situações de risco à integridade física e mental dos trabalhadores (não apenas dos empregados), demandando um patamar maior de proteção jurídica, mediante a formatação de um modelo próprio de responsabilidade trabalhista.

Com efeito, a aplicação do modelo dual civilista (objetiva/subjetiva) tem se revelado insuficiente para oferecer respostas aos novos conflitos trabalhistas provocados pela revolução tecnológica, demandando a construção de

---

(74) SILVA, Virgílio Afonso da. *Direito Constitucional Brasileiro*. 1. ed. São Paulo: Editora da Universidade de São Paulo, 2021. p. 113.

um *tertium genus*, em que o risco surge como fundamento nuclear da *obligatio*, respaldando a imputação de responsabilidade não só ao devedor direto, mas também a todos que participam da cadeia produtiva e, assim, figuram como coobrigados.

Com respaldo neste *tertium genus*, cuja importância vem crescendo ante os efeitos provocados pela revolução digital no direito coletivo do trabalho, é possível a imputação da responsabilidade trabalhista em duas situações principais:

A – Quando o ato praticado, mesmo de natureza lícita, provoca dano.

B – Quando não há dano, mas o ato praticado é ilícito.

O desafio se reveste de inequívoca complexidade.

Com efeito, no novo cenário trazido pela revolução digital, é preciso reconhecer que a acepção "local de trabalho" se tornou muito mais aberta e abrangente pois, se antes o trabalho era prestado em um determinado espaço físico, diretamente organizado e gerido pela empresa, hoje pode ocorrer em qualquer tempo e lugar. Neste contexto, as novas condições de tempo e espaço, com amparo no princípio da primazia da realidade, devem ser computadas para justificar a ampliação dos critérios de imputação da responsabilidade trabalhista porque, ao prestar serviços em benefício de diferentes empresas que integram uma cadeia produtiva, os trabalhadores são expostos a maiores riscos e condições mais gravosas.

Ademais, o que antes ocorria por vínculo direto entre um contratante e o trabalhador, com a revolução tecnológica se diluiu em múltiplas relações que envolvem diversos contratantes, que se interconectam em diferentes momentos da prestação laboral, criando uma teia, que até aqui tem servido para, indevidamente, excluir obrigações quanto ao respeito e garantia dos direitos fundamentais aos trabalhadores, o que é insustentável.

Se a revolução digital trouxe tipos mais complexos de organizações produtivas, que desencadeiam maiores riscos aos direitos dos trabalhadores, isto respalda a ampliação da imputação de responsabilidade a todos os que exploram a atividade econômica como participantes desta estrutura produtiva, na esteira da diretriz posta pelo parágrafo único do art. 927 do Código Civil nos seguintes termos:

> Art. 927.
>
> Parágrafo único. Haverá obrigação de reparar o dano, independentemente de culpa, nos casos especificados em lei, ou **quando a atividade normalmente desenvolvida pelo autor do dano implicar, por sua natureza, risco para os direitos de outrem.**

Ao trazer para a seara jurídica o conceito de eficiência, anteriormente restrito à economia, a Análise Econômica do Direito vai contribuir para construir este *tertium genus* específico de imputação da responsabilidade trabalhista, por desnudar os riscos decorrentes da atuação dos novos tipos de organização produtiva, em decorrência das tecnologias trazidas pela revolução digital.

Interessante pontuar que, no Código Civil de 2002, o parágrafo único do art. 927[(75)] respalda a teoria do "risco criado", como ressalta Caio Mário da Silva Pereira[(76)], por reconhecer, como enfatiza Serpa Lopes[(77)], que "pelo próprio fato de agir, o homem frui todas as vantagens de sua atividade, criando riscos de prejuízos para os outros, de que resulta o justo ônus dos encargos".

Conferindo efetividade ao secular princípio romano *neminem laedere*, a responsabilidade é atribuída mesmo quando se tratar da prática de atividade lícita, desde que gere risco de dano para o outro contratante ou para terceiros, assim ensejando o dever de reparação, tanto na modalidade contratual, como extracontratual.

Ademais, a palavra "atividade", referida no parágrafo único do art. 927 do Código Civil brasileiro, deve ser interpretada de forma ampliativa, assim abrangendo a que é desenvolvida por todos os participantes da cadeia produtiva, notadamente quando, por sua própria natureza, gerem riscos para outrem, independente da obtenção de lucro ou benefício. Neste passo, o preconizado pelo Código de Defesa do Consumidor brasileiro em seus arts. 9º, 12 e 14[(78)], que, ao atrelar a configuração da responsabilidade por risco ao decorrente do "fato do produto ou do serviço", avançou ao adotar a teoria do risco do empreendimento ao invés da teoria do risco do consumo, outrora vigente, de sorte que o empreendedor passa a responder pelos danos oriundos de sua atividade.

---

(75) Código Civil 2002. "Art. 927. Parágrafo único. Haverá obrigação de reparar o dano, independentemente de culpa, nos casos especificados em lei, ou quando a atividade normalmente desenvolvida pelo autor do dano implicar, por sua natureza, risco para os direitos de outrem."

(76) PEREIRA, Caio Mário da Silva. *Responsabilidade civil*. 9. ed. Rio de Janeiro: Forense, 2002. p. 23, n. 24.

(77) SERPA LOPES. *Curso de direito civil*. V. V. p. 155.

(78) Código de Defesa do Consumidor – Lei n. 8.078/1990.

"Art. 9º O fornecedor de produtos e serviços potencialmente nocivos ou perigosos à saúde ou segurança deverá informar, de maneira ostensiva e adequada, a respeito da sua nocividade ou periculosidade, sem prejuízo da adoção de outras medidas cabíveis em cada caso concreto."

"Art. 12. O fabricante, o produtor, o construtor, nacional ou estrangeiro, e o importador respondem, independentemente da existência de culpa, pela reparação dos danos causados aos consumidores por defeitos decorrentes de projeto, fabricação, construção, montagem, fórmulas, manipulação, apresentação ou acondicionamento de seus produtos, bem como por informações insuficientes ou inadequadas sobre sua utilização e riscos."

"Art. 14. O fornecedor de serviços responde, independentemente da existência de culpa, pela reparação dos danos causados aos consumidores por defeitos relativos à prestação dos serviços, bem como por informações insuficientes ou inadequadas sobre sua fruição e riscos."

Estas vertentes traçadas pelo Código Civil e pelo Código de Defesa do Consumidor oferecem subsídios importantes para respaldar um novo tipo de imputação de responsabilidade no direito coletivo do trabalho, em decorrência dos efeitos provocados pela revolução digital, um *tertium genus* que está em construção.

Neste contexto, valiosas as reflexões de Bianca Massimo(79), ao destacar que é preciso considerar a conduta daquele que pratica um ato que, embora lícito, lhe traz benefícios enquanto imputa ônus e encargos a outrem, assim atraindo sua responsabilidade não só em adotar condutas que possam prevenir estes efeitos, mas também arcar com a indenização dos danos que provocou em relação a outra parte contratante ou terceiros.

Nesta perspectiva, pondera Mafalda Miranda Barbosa(80), a imputação de responsabilidade deixa "de ser entendida exclusivamente do ponto de vista dogmático", para ser "compreendida do ponto de vista ético-axiológico", notadamente nos casos em que se verifica um "aumento do risco".

Neste passo, a acepção "por sua natureza", prevista no parágrafo único do art. 927 do Código Civil, em relação ao direito coletivo do trabalho, deve ser considerada quando a entidade produtiva, por suas regras de gestão e organização da atividade econômica explorada, inclusive *em rede*, criar riscos para a segurança, saúde e integridade física/psíquica do trabalhador, que ostenta condições de vulnerabilidade, ou seja, independentemente da existência de uma relação de subordinação.

Assim sendo, o conceito nuclear de imputação da responsabilidade *em rede* deve considerar a condição de vulnerabilidade daquele que suporta maior ônus por ficar exposto a mais riscos, em decorrência das condições estabelecidas pelos demais contratantes, que nesta correlação auferem maior bônus, por deter o controle dos efeitos provocados pela atividade desenvolvida no atendimento de seus interesses.

Portanto, este novo modelo que opera *em rede* respalda a construção de um *tertium genus*, segundo o qual o risco de danos conexos a uma atividade deve ser suportado por quem controla esta atividade, no que se refere à imputação de responsabilidade no direito coletivo do trabalho

Assim sendo, o argumento justifica sua aplicação na seara trabalhista, pois cabe aos integrantes das novas cadeias produtivas, que exploram a

---

(79) MASSIMO, Bianca Cesare. *Responsabilitá civile*. Milano: A. Giuffrè, 1994. p. 686 e seguintes.

(80) BARBOSA, Mafalda Miranda. Causalidade, imputação e responsabilidade por informações. *In*: *Responsabilidade civil e comunicação*. IV Jornadas Luso-Brasileiras e Responsabilidade Civil. David Magalhães *et al*. Indaiatuba, São Paulo: Editora Foco, 2021. p. 294-297.

atividade econômica, conhecer os riscos do negócio a que são submetidos os trabalhadores e responder por eles, o que respalda a configuração de um modelo de responsabilidade *em rede*, abrangendo todos os integrantes da cadeia produtiva.

Ademais, além de proteger os direitos individuais e coletivos dos trabalhadores, deve ampliar o seu alcance, voltando-se também para a proteção de terceiros, assim estimulando a prevenção dos riscos que aquela atividade desencadeia em todo o entorno da comunidade em que atua, conforme artigo que escrevi sobre o tema(81).

A formatação metodológica de um novo modelo de responsabilidade *em rede* deve ser pautada pela perspectiva de que a revolução digital trouxe maior complexidade à organização das atividades produtivas. Assim, o que antes era feito mediante um único contrato direto, passou a ser inserido como parte de uma cadeia produtiva, em que há vários contratos e interesses interligados.

Neste contexto, interessante trazer à colação as judiciosas reflexões de Orlando Gomes(82) quanto à configuração jurídica de contratos coligados, ao asseverar que *"... os contratos coligados não perdem a sua individualidade, aplicando-se-lhes o conjunto de regras próprias do tipo a que se ajustam", pois há uma pluralidade pela "combinação de contratos completos", em uma união que pode ser instrumental*, situação que ocorre na cadeia produtiva que caracteriza a prestação de serviços por via de plataforma.

Em relação aos *contratos coligados*, o Enunciado 421 da V Jornada de Direito Civil do STJ dispõe(83):

> **Enunciado**
>
> Os contratos coligados devem ser interpretados segundo os critérios hermenêuticos do Código Civil, em especial os dos arts. 112 e 113, **considerada a sua conexão funcional**. (g.n.)

Assim sendo, ante a flagrante compatibilidade na formatação de um novo modelo de responsabilidade trabalhista *em rede*, que envolve a celebração de contratos coligados, devem ser aplicados os arts. 112 e 113 do Código Civil, que estabelecem:

> Art. 112. Nas declarações de vontade se atenderá mais à intenção nelas consubstanciada do que ao sentido literal da linguagem.

---

(81) GEMIGNANI, Tereza Aparecida Asta. A jurisdição trabalhista constitucional no século XXI: novas tutelas. *Revista Jurisplenum*. Caxias do Sul (RS). V. 9. n. 51. p. 131-144. maio 2013.
(82) GOMES, Orlando. *Contratos*. Atualização e notas de Humberto Theodoro Junior. Rio de Janeiro: Forense, 2002. p. 105.
(83) Disponível em: https://www.cjf.jus.br/enunciados/enunciado.

Art. 113. Os negócios jurídicos devem ser interpretados conforme a boa-fé e os usos do lugar de sua celebração.

§ 1º A interpretação do negócio jurídico deve lhe atribuir o sentido que:

I – for confirmado pelo comportamento das partes posterior à celebração do negócio;

II – corresponder aos usos, costumes e práticas do mercado relativas ao tipo de negócio;

III – corresponder à boa-fé;

IV – for mais benéfico à parte que não redigiu o dispositivo, se identificável; e

V – corresponder a qual seria a razoável negociação das partes sobre a questão discutida, inferida das demais disposições do negócio e da racionalidade econômica das partes, consideradas as informações disponíveis no momento de sua celebração.

§ 2º As partes poderão livremente pactuar regras de interpretação, de preenchimento de lacunas e de integração dos negócios jurídicos diversas daquelas previstas em lei.

Cláudio Luiz Bueno de Godoy(84) também traz reflexões valiosas, quando se refere aos contratos coligados ou rede de contratos, como ajustes interdependentes e inter-relacionados, vinculados entre si por um *"nexo funcional, de interdependência. São contratos que podem ser condição, contraprestação ou motivo um do outro"*, pois na coligação *"há uma finalidade econômica comum das partes*", já que "*os negócios coligados perseguem um mesmo fim econômico e se completam na prossecução desse objetivo comum".*

Neste passo, valiosa a ponderação de Pedro Romano Martinez(85), quando afirma que "*o destino dos contratos estão ligados não só na formação como também no desenvolvimento e funcionamento de suas relações*", assim reconhecendo a natureza funcional da relação econômica/teleológica existente entre eles.

Flavio Tartuce(86) explica que "(...) os contratos coligados ou conexos são os negócios que estão interligados por um ponto ou nexo de convergência, seja ele direto ou indireto, material ou imaterial", tendo "grande relevância" ante "hipercomplexidade contratual" que caracteriza o mundo contemporâneo.

Neste passo também caminhou Antonio Rapazzo(87) ao identificar nos contratos coligados uma "complexa finalidade econômica, um objetivo

---

(84) BUENO DE GODOY, Cláudio Luiz. *Função social do contrato*: os novos princípios contratuais. 4. ed. São Paulo: Saraiva, 2012. p. 163-164.
(85) MARTINEZ, Pedro Romano. *O subcontrato.* Coimbra: Almedina, 1989. p. 193-197.
(86) TARTUCE, Flávio. *Contratos coligados e sua função social.* São Paulo: Carta Forense. Edição 111 de 02/08/2012, p. B-10. Disponível em: https://www.jusbrasil.com.br/artigos/os-contratos-coligados-e-sua-importante-funcao-social/121822497.
(87) RAPAZZO, Antonio. *I contratti collegati.* Milano: Giuffrè, 1998. p. 34-35.

econômico global e incindível que as partes intentam alcançar, ainda que de maneira tácita, todavia, por isso fazendo com que as vicissitudes de um contrato afetem o outro".

Tais reflexões devem ser trazidas à colação por serem importantes para a maturidade do debate na seara trabalhista, pois conferem respaldo legal ao entendimento de que os integrantes das novas cadeias produtivas atuam como contratantes coligados, que nesta condição devem responder pelo risco criado aos trabalhadores, em decorrência da natureza do negócio econômico explorado.

Interessante pontuar que, em artigo publicado pela Revista Forense em 1941[88], Louis Josserand, então conselheiro da Corte de Cassação da França e professor de Direito Civil da Faculdade de Lyon, já registrava a importância de proceder à evolução jurídica do conceito de responsabilidade, em decorrência da "multiplicidade dos acidentes" que apresentava um quadro de preocupante insegurança jurídica. Neste contexto destacou que a teoria tradicional, em que a "responsabilidade repousava na culpa", se tornou insuficiente, demandando uma ampliação do conceito de responsabilidade para abarcar as novas situações, com respaldo na "*teoria das faltas negativas*", em que a responsabilidade pode ser imputada quando "nos abstermos dum ato, duma intervenção, duma iniciativa considerados como obrigatórios", fazendo referência ao art. 1383 do Código Civil francês.

Na sequência, o mesmo autor ressalta a importância das "presunções legais", no que se refere à configuração da responsabilidade por atos de terceiros. Assim, pondera, a "ideia do mérito ou demérito" deixou de ser suficiente, ante a imposição do princípio "a cada um segundo seus atos e **segundo suas iniciativas**", o que se reveste de especial relevância quando se trata de apurar os novos contornos do conceito de responsabilidade em uma cadeia de contratos coligados, cujos efeitos se espraiam para além dos contratantes diretos.

Na esteira da diretriz posta pelos incisos III e IV do art. 1º e inciso I do art. 3º, como farol do art. 170, todos da CF/88[89], o entrelaçamento do prin-

---

(88) JOSSERAND, Louis. *Evolução da responsabilidade civil.* Rio de Janeiro: Revista Forense, junho de 1941. p. 52-63.

(89) Constituição Federal 1988.

"Art. 1º A República Federativa do Brasil, formada pela união indissolúvel dos Estados e Municípios e do Distrito Federal, constitui-se em Estado Democrático de Direito e tem como fundamentos: (...)

III – a dignidade da pessoa humana;

IV – os valores sociais do trabalho e da livre iniciativa;"

"Art. 3º Constituem objetivos fundamentais da República Federativa do Brasil: (...)

I – construir uma sociedade livre, justa e solidária;"

cípio da socialidade com o princípio da solidariedade e da função social da propriedade abre uma nova perspectiva axiológica que assim deve nortear o novo modelo de imputação de responsabilidade *em rede* dos integrantes das novas cadeias produtivas.

Neste contexto, interessante a argumentação trazida por Cláudio Luiz Bueno de Godoy(90) quanto à responsabilidade da cadeia de fornecedores perante o "*bystander*"(91) nas relações consumeristas, em decorrência da existência de uma coligação de contratantes, "que se completam na atividade de fornecimento de produtos de massa, assim animados por um interesse econômico final que é comum, envolvente de uma operação global".

Estas reflexões se revelam importantes quando se trata de analisar as condições dos trabalhadores do setor de entregas por aplicativos. A velocidade com que atuam, para que possam atender às normas de organização da atividade econômica explorada tanto pela plataforma de aplicativos, quanto pelo restaurante que vendeu a comida a ser entregue, cria risco maior de acidentes não só para o entregador, mas também para todos aqueles que trafegam pelas vias públicas.

Portanto, evidente que a forma de gestão da atividade econômica explorada pela organização, que contratou o trabalhador, criou o risco, o que respalda a imputação de responsabilidade à plataforma digital e a todos os demais integrantes desta cadeia produtiva.

O Código Civil define o que é uma empresa em suas relações civis/comerciais, o CDC disciplina a atividade da empresa em suas relações consumeristas, a CLT traça regras para as relações empregatícias, mas as alterações trazidas pelo *crowdwork online* e *offline* estão exigindo uma ressignificação do conceito de empresa nestas novas modalidades de trabalho.

Na era contemporânea, a revolução digital vem exigindo a formação de outros conceitos, transformando o direito trabalhista em um novo "direito para armar", como já vaticinava Antonio Baylos(92), ao reconhecer a crise do modelo legal estatal e a centralidade da negociação coletiva.

"Art. 170. A ordem econômica, fundada na valorização do trabalho humano e na livre iniciativa, tem por fim assegurar a todos existência digna, conforme os ditames da justiça social, observados os seguintes princípios: (...)
III – função social da propriedade;"

(90) GODOY, Cláudio Luiz Bueno. Obra citada. p. 166-167.

(91) "É considerado *bystander* aquele que não participa diretamente da relação, mas sofre os efeitos do evento danoso na forma do art. 17 do CDC." Código de Defesa do Consumidor – Lei n. 8.078/90. "Art. 17: Para os efeitos desta Seção, equiparam-se aos consumidores todas as vítimas do evento."

(92) BAYLOS, Antonio. *Direito do Trabalho*: modelo para armar. Tradução de Flávio Benites e Cristina Schultz. São Paulo: LTr, 1999. p. 128-132.

Para tanto, este novo conceito deve considerar não só as empresas que são contratantes diretas destas novas modalidades de trabalho (*debitum*), mas também as que criam vínculos obrigacionais por participar da cadeia produtiva (*obligatio*), equiparando-se a esta condição todos os que, embora tenham personalidade jurídica própria e atuação distinta, integram a estrutura da mesma cadeia produtiva com interesses coligados, assim assumindo os riscos criados por esta integração estrutural.

Considerando a nova organização dos diferentes tipos de cadeias produtivas, trazidas pela revolução digital, é interessante colacionar as ponderações de Orlando Gomes[(93)] que, em obra clássica sobre o tema das obrigações, pontua a distinção jurídica entre o *debitum* e o *obligatio*.

Esclarece que o primeiro se refere ao "dever de prestação", enquanto o segundo "à sujeição do patrimônio do obrigado em decorrência da responsabilidade que lhe foi imputada".

Assim, pode haver uma *obligatio* sem *debitum* próprio "quando uma garantia real, como o penhor e a hipoteca, é oferecida por outrem, que não o devedor". Ademais, há casos em que a *obligatio* nasce antes do *debitum*, como ocorre na fiança em que o "fiador é responsável, sem débito atual".

Explica que a "obrigação não consiste apenas no dever de prestação, mas na afetação do patrimônio do devedor ou de outrem ao pagamento da dívida", de modo que, "sem a *obligatio* a relação obrigacional não se torna perfeita", de modo que "quando o devedor não cumpre a obrigação, sua responsabilidade pessoal converte-se em responsabilidade patrimonial".

As novas modalidades de contratação trabalhista, trazidas pela revolução digital, passaram a ampliar a possibilidade da pessoa (física ou jurídica) do obrigado ser distinta da pessoa (física ou jurídica) do devedor, situação que até então era reconhecida apenas nos casos de terceirização. Esta distinção amplia as bases de imputação de um novo modelo de responsabilidade e milita em favor do trabalhador, quando fortalece a garantia de pagamento do débito trabalhista, notadamente nos casos em que o devedor se torna insolvente, além de ampliar a proteção da atividade produtiva contra a concorrência desleal.

Portanto, os efeitos da revolução digital quanto aos novos tipos de relações de trabalho e de organização produtiva, caracterizados pela prestação de serviços mediante a utilização de plataformas, via de regra disponibilizadas pelas *big techs*, vêm provocando a inserção destes conceitos civilistas na seara trabalhista, no que se refere à necessidade de reconhecer a

---

(93) GOMES, Orlando. *Obrigações*. 2. ed. Rio: Editora Forense, 1968. p. 21-23.

responsabilização (*obligatio*) de todos os participantes da cadeia produtiva, a fim de assegurar que o trabalhador, independentemente da natureza jurídica de seu vínculo contratual, tenha efetiva proteção jurídica.

Assim sendo, o conceito firmado pela teoria do *market share liability*[94] passa a ser aplicado às relações trabalhistas para respaldar um novo modelo de imputação da responsabilidade *em rede*, com o consequente comprometimento patrimonial dos integrantes da cadeia produtiva, em decorrência do risco a que expõem o trabalhador, para poder explorar sua atividade econômica.

Rui Stoco[95] esclarece que, ante a dificuldade de provar o erro de conduta do agente, que deixa o lesado sem reparação, em um grande número de casos, a responsabilidade "marcha a passos largos para a doutrina objetiva, que encontra maior supedâneo na *doutrina do risco*". Trazendo à colação a doutrina da Caio Mário Pereira, observa que a *teoria do risco* é aplicada "quando a lesão provém de situação criada por quem explora profissão ou atividade, que expôs o lesado ao risco do dano que sofreu".

Assim, o que importa para assegurar o ressarcimento do dano é verificar se "ocorreu o evento e se dele emanou o prejuízo", não sendo necessário "examinar o caráter lícito ou ilícito do ato".

Destarte, no "plano prático, e tendo em consideração a pessoa do lesado, a teoria do risco é defendida com o argumento de que permite sempre reparar o dano sofrido, mesmo naqueles casos em que, por um motivo qualquer, o lesado não logra estabelecer a relação causal entre o seu prejuízo e a culpa do causador deste".

Orlando Gomes[96] observa que a imputação surge como "resultado típico de uma atividade negocial que consiste em produzir a favor de alguém uma vantagem, um enriquecimento, ou um incremento no seu patrimônio, seja a aquisição de um direito, a liberação de uma dívida ou de uma responsabilidade, a remoção de um gravame".

Neste contexto, a configuração da responsabilidade *em rede* considera o ato de integrar uma cadeia produtiva como fonte geradora de obrigações e

---

(94) *Market share liability*: responsabilidade por participar do mercado. Ocorre quando um produto causa um dano, que pode ter sido provocado por mais de um dos integrantes de sua cadeia produtiva. Disponível em: https://scholarship.law.vanderbilt.edu/cgi/viewcontent.cgi?article=2472&context=vlr.

(95) STOCO, Rui. *Tratado de responsabilidade civil*: responsabilidade civil e sua interpretação doutrinária e jurisprudencial. 5. ed. São Paulo: Editora Revista dos Tribunais, 2001. p. 109, 112, 114.

(96) GOMES, Orlando. *Responsabilidade civil.* Texto revisado, atualizado e ampliado por Edvaldo Brito. Rio: Forense, 2011. p. 25.

condição determinante na constituição da relação obrigacional, ou seja, fato constitutivo do *obligatio*, na concepção de Orlando Gomes(97).

Ademais, ante os novos tipos de cadeia produtiva trazidos pela revolução digital, imperioso reconhecer a ampliação da *obligatio* também quando houver abuso de direito de qualquer um dos seus integrantes, que provoque onerosidade excessiva aos trabalhadores, que muitas vezes aceitam a execução das tarefas propostas sem ter acesso às informações necessárias, pois só a plataforma dispõe dos critérios de controle dos algoritmos.

Apesar de necessária para sustentar a observância efetiva do princípio protetor, que rege o Direito do Trabalho, a imputação desta nova modalidade de responsabilidade *em rede* se reveste de notória complexidade, ante o imbricamento da responsabilidade contratual com a responsabilidade extracontratual, porque a plataforma digital, que atua no eixo do sistema organizativo desta nova estrutura de trabalho, não é titular de nenhuma das ferramentas necessárias para a prestação do serviço, o que põe em xeque conceitos há muito estratificados pela doutrina para a configuração da responsabilidade trabalhista.

Com efeito, as plataformas digitais de aplicativos de transporte, que disponibilizam o contato entre clientes e motoristas, não são proprietárias de nenhum carro. As plataformas digitais de aplicativos de entrega, que disponibilizam o contato entre clientes e motoboys, não são proprietárias de nenhuma moto, nem dos instrumentos de trabalho utilizados para elaboração das refeições solicitadas. As plataformas digitais que atuam no ramo de hospedagem, disponibilizando o contato entre clientes e donos de imóveis, não são proprietárias de nenhum hotel ou pousada.

Entretanto, as referidas plataformas não podem ser consideradas apenas como um local de *marketplace*, uma espécie de *shopping virtual*, porque elas atuam no núcleo organizativo destas novas atividades produtivas, o que implica no reconhecimento de sua responsabilidade como parte integrante de uma *rede*, que na exploração de sua atividade econômica expõe o trabalhador à situação de risco.

Portanto, exceto os casos em que a situação fática demonstra a existência dos requisitos previstos no art. 3º da CLT e a existência de vínculo empregatício se torna inequívoca, na grande maioria dos casos trata-se de um novo tipo de relações de trabalho, situação em que, se a plataforma não pode ser considerada empregadora, tampouco pode ser reputada isenta de responsabilidade, porque a nova realidade fática, em decorrência de sua complexidade, não pode ser interpretada pela visão maniqueísta de uma perspectiva binária,

---

(97) GOMES, Orlando. Obra citada. p. 28-33.

predominante no século passado, que considerava haver apenas uma singela distinção entre os que são trabalhadores (tratados como autônomos) e os que são empregados (detentores do arsenal normativo posto pela CLT).

Há um *tertium genus* que assim deve ser compreendido e disciplinado com observância dos parâmetros de proteção exigidos pelo trabalho decente, o que requer a construção de um modelo próprio de imputação de responsabilidade trabalhista, pois, no dizer de Orlando Gomes, a "certo fato corresponde *a fortiori* certa obrigação", oriunda de um novo tipo de *negócio jurídico* trazido pela revolução digital que, "na conformidade de nova sistematização, exorbitam da categoria dos contratos" existentes no modelo clássico.

Portanto, este novo tipo de imputação de responsabilidade decorre da atuação da plataforma digital centralizar a estruturação da organização produtiva e, em virtude disso, adquirir deveres obrigacionais (*obligatio*), mesmo que não figure como devedora direta (*debitum*), cuja gravosidade pode ser ampliada se ocorrer abuso de direito e onerosidade excessiva[98] pela atuação da plataforma, que assim passa a arcar pelo ressarcimento dos danos emergentes e lucros cessantes, notadamente aos prestadores de serviço, que atuam em condições de vulnerabilidade pela situação assimétrica quanto ao acesso à informação e critérios de controle algorítmico.

Interessante trazer à colação a interpretação mais ampla, que o Código de Defesa do Consumidor confere à onerosidade excessiva, com o escopo de conferir proteção à parte mais vulnerável em face de todos os demais integrantes da cadeia produtiva, conforme pontuado no inciso V do art. 6º da Lei n. 8.078/90[99].

---

(98) O abuso de direito é disciplinado pelo art. 187 do Código Civil nos seguintes termos:
"Art. 187. Também comete ato ilícito o titular de um direito que, ao exercê-lo, excede manifestamente os limites impostos pelo seu fim econômico ou social, pela boa-fé ou pelos bons costumes."
E a onerosidade excessiva nos arts. 478 a 480 do Código Civil:
"Art. 478. Nos contratos de execução continuada ou diferida, se a prestação de uma das partes se tornar excessivamente onerosa, com extrema vantagem para a outra, em virtude de acontecimentos extraordinários e imprevisíveis, poderá o devedor pedir a resolução do contrato. Os efeitos da sentença que a decretar retroagirão à data da citação.
Art. 479. A resolução poderá ser evitada, oferecendo-se o réu a modificar equitativamente as condições do contrato.
Art. 480. Se no contrato as obrigações couberem a apenas uma das partes, poderá ela pleitear que a sua prestação seja reduzida, ou alterado o modo de executá-la, a fim de evitar a onerosidade excessiva."
(99) Código de Defesa do Consumidor – Lei n. 8.078/90.
"Art. 6º São direitos básicos do consumidor: (...)
V – a modificação das cláusulas contratuais que estabeleçam prestações desproporcionais ou sua revisão em razão de fatos supervenientes que as tornem excessivamente onerosas;"

Neste contexto, conforme já reconhece o direito espanhol e português, é preciso garantir que a tomada de decisões por meio do algoritmo respeite os princípios da transparência e não discriminação na organização destas cadeias produtivas, de sorte que os efeitos provocados pela revolução digital vão exigir a observância dos seguintes pontos:

1 – Reconhecimento de que a plataforma digital atua como eixo central organizativo de um novo sistema de trabalho trazido pela revolução digital e, assim, deve assumir a *obligatio* respectiva, mesmo que não ostente a condição de devedora.

2 – O reconhecimento do abuso de direito quando a plataforma digital, ao exercer seu direito de atuação organizacional produtiva, excede *manifestamente os limites impostos pela boa-fé objetiva, pelos bons costumes ou pelo seu fim econômico ou social, mesmo quando não forem manifestados de forma expressa em um documento escrito específico, assim reconhecendo validade à manifestação tácita de vontade, como ocorre desde os primórdios do Direito do Trabalho, de sorte que o princípio de contrato-realidade passa a ser aplicado também aos contratos de trabalho de forma geral, mesmo que não exista vínculo de emprego.*

Ademais, quando os efeitos provocados desbordam os contratos individuais, atingindo a todos que trabalham nas mesmas condições, se torna relevante a atuação da negociação coletiva, com a participação de todos os que passaram a integrar estas novas cadeias produtivas (sendo os trabalhadores pelos sindicatos para garantir paridade de armas), a fim de fixar, de comum acordo, parâmetros para aferição da responsabilidade não só quanto à obrigação de pagar (indenização pela ocorrência da lesão), mas também no que se refere à obrigação de fazer (adotar condutas destinadas a minimizar os riscos da atividade, além das preventivas para evitar a ocorrência de riscos).

Neste contexto, há um movimento crescente de ampliação da negociação coletiva pela valorização de sua natureza contratual, como explica Pedro Romano Martinez[(100)], o que passa a justificar certas especificidades no que se refere à interpretação de suas normas, conforme previsto no art. 492, item 3, do Código de Trabalho português[(101)].

---

(100) MARTINEZ, Pedro Romano. Princípios do Direito do Trabalho: princípios, regras e interpretação das normas jurídicas e convencionais. *In*: *Princípios de direito e processo do trabalho*: questões atuais. Thereza Nahas (coordenadora). Rio de Janeiro: Elsevier, 2009. p. 27-28.

(101) Disponível em: https://dre.pt/dre/legislacao-consolidada/lei/2009-34546475-175393772. Código português. Art. 492.

"Conteúdo de convenção colectiva

1 – A convenção colectiva deve indicar:

a) Designação das entidades celebrantes;

b) Nome e qualidade em que intervêm os representantes das entidades celebrantes;

Maria do Rosário Palma Ramalho(102) ressalta que as convenções coletivas têm tido um papel de "máxima importância, tanto pelo papel que desempenham, como pelo número de trabalhadores que abrangem e ainda pelos fins que lograram atingir", sendo imperativa sua dinamização, "por um motivo estrutural e por um motivo conjuntural".

Em termos estruturais porque, "enquanto manifestação por excelência da autonomia colectiva, as convenções colectivas continuam a ser a forma mais eficaz de compensar a debilidade negocial do trabalhador" e, em termos conjunturais, porque as "convenções colectivas de trabalho são o melhor instrumento para adequar os regimes laborais às necessidades dos trabalhadores e das empresas em cada momento". Assim, pelo seu "carácter, simultaneamente transacional e transitório, as convenções colectivas são, em

---

c) Âmbito do sector de actividade, profissional e geográfico de aplicação, excepto tratando-se de revisão que não altere o âmbito da convenção revista;

d) Data de celebração;

e) Convenção revista e respectiva data de publicação, se for o caso;

f) Valores expressos de retribuição base para todas as profissões e categorias profissionais, caso tenham sido acordados;

g) Estimativa dos números de empregadores e de trabalhadores abrangidos pela convenção.

h) Instrumento de regulamentação coletiva de trabalho negocial e respetiva data de publicação, para efeitos do n. 5 do art. 482.

2 – A convenção colectiva deve regular:

a) As relações entre as entidades celebrantes, em particular quanto à verificação do cumprimento da convenção e a meios de resolução de conflitos colectivos decorrentes da sua aplicação ou revisão;

b) As acções de formação profissional, tendo presentes as necessidades do trabalhador e do empregador;

c) As condições de prestação do trabalho relativas à segurança e saúde;

d) Medidas que visem a efectiva aplicação do princípio da igualdade e não discriminação;

e) Outros direitos e deveres dos trabalhadores e dos empregadores, nomeadamente retribuição base para todas as profissões e categorias profissionais;

f) Os processos de resolução dos litígios emergentes de contratos de trabalho, nomeadamente através de conciliação, mediação ou arbitragem;

g) A definição de serviços necessários à segurança e manutenção de equipamentos e instalações, de serviços mínimos indispensáveis para ocorrer à satisfação de necessidades sociais impreteríveis, caso a actividade dos empregadores abrangidos satisfaça necessidades sociais impreteríveis, bem como dos meios necessários para os assegurar em situação de greve;

h) Os efeitos decorrentes da convenção em caso de caducidade, relativamente aos trabalhadores abrangidos por aquela, até à entrada em vigor de outro instrumento de regulamentação colectiva de trabalho.

i) As condições de prestação de trabalho em regime de teletrabalho.

3 – A convenção colectiva deve prever a constituição e regular o funcionamento de comissão paritária com competência para interpretar e integrar as suas cláusulas.

4 – A convenção colectiva pode prever que o trabalhador, para efeito da escolha prevista no art. 497º, pague um montante nela estabelecido às associações sindicais envolvidas, a título de comparticipação nos encargos da negociação."

(102) RAMALHO, Maria do Rosário Palma. *Tratado de Direito do Trabalho*. Parte III. Situações laborais coletivas. 3. ed. Coimbra (Portugal): Almedina, 2020. p. 197 e 221.

suma, um instrumento privilegiado para a flexibilização do Direito Laboral, sem deixarem de assegurar a tutela dos trabalhadores, nas matérias que os próprios considerarem decisivas, em cada momento".

No Brasil, esta perspectiva mais contratual da negociação coletiva foi fixada pela Lei n. 13.467/2017, ao inserir o § 3º no art. 8º da CLT, que faz remissão expressa à aplicação dos preceitos do Código Civil (Lei n. 10.406/2022).

Confira-se:

> § 3º No exame de convenção coletiva ou acordo coletivo de trabalho, a Justiça do Trabalho analisará exclusivamente a conformidade dos elementos essenciais do negócio jurídico, respeitado o disposto no art. 104 da Lei n. 10.406, de 10 de janeiro de 2002 (Código Civil), e balizará sua atuação pelo princípio da intervenção mínima na autonomia da vontade coletiva.

3 – Ademais, ante a complexidade das novas atividades econômicas, é preciso aferir se a organização/gestão da plataforma, em decorrência da utilização de algoritmos, está aumentando os riscos também para a sociedade, tendo neste sentido disposto o Enunciado 446[(103)], fixado na V Jornada de Direito Civil:

> "A responsabilidade civil prevista na segunda parte do parágrafo único do art. 927 do Código Civil deve levar em consideração não apenas a proteção da vítima e a atividade do ofensor, mas também a prevenção e o interesse da sociedade."

Assim sendo, as alterações provocadas pelos efeitos da revolução digital nos novos tipos de organização produtiva vêm demandando a formatação de um modelo próprio de responsabilidade trabalhista, cuja configuração não pode prescindir da AED – Análise Econômica do Direito, o que implica em conferir uma conotação jurídica ao princípio da eficiência, conforme já reconhecido pela jurisprudência nas relações de consumo[(104)], para que agora assim também seja manejado em benefício dos trabalhadores em sua acepção ampla, ou seja, independentemente de existir, ou não, um vínculo de emprego, notadamente quanto à proteção social e previdenciária.

Explica a professora Teresa Moreira que, conforme consta do Livro Verde[(105)], apurou-se que "70% dos trabalhadores das plataformas digitais não tenham acesso à proteção social adequada", nem aos "sistemas previdenciários de proteção", o que pode pôr "em risco a saúde e o bem-estar dos indivíduos e contribuir para aumentar a incerteza econômica, o risco de pobreza

---

(103) Disponível em: https://www.cjf.jus.br/enunciados/enunciado/371. Acesso em: 8 mar. 2023.
(104) REsp 1684132/CE, Rel. Ministra Nancy Andrighi, Terceira Turma, julgado em 02.10.2018, DJe 04.10.2018; Agravo interno não provido. (AgInt no AREsp 1029864/DF, Rel. Ministro Luis Felipe Salomão, Quarta Turma, julgado em 18/09/2018, DJe 21/09/2018); (AgInt no AREsp 1183072/SP, Rel. Ministra Maria Isabel Gallotti, Quarta Turma, julgado em 02.10.2018, DJe 16.10.2018)
(105) *Livro verde*. Obra citada. p. 116, 117, 120 e 121.

e as desigualdades", o que levou a Comissão Europeia a adotar uma Recomendação[106] estabelecendo que é preciso assegurar a "cobertura efetiva de todos os trabalhadores, independentemente do tipo de relações de trabalho".

Neste passo, seguiu o caminho indicado pela OIT[107], que recomenda a adaptação dos sistemas de proteção social para inserir os trabalhadores que atuam nos novos tipos de trabalhos digitais, independentemente da natureza jurídica do vínculo, bem como o uso das novas ferramentas tecnológicas para "simplificar os pagamentos de contribuições e prestações".

Assim, alguns "acordos coletivos têm aumentado o acesso à proteção social para alguns trabalhadores de plataformas, que têm criado ou se juntado em cooperativas ou entidades coletivas, em parte para facilitar o acesso à proteção social". Assevera que algumas plataformas, em decorrência da pressão de trabalhadores e sindicatos, têm "estabelecido esquemas no sentido de providenciar proteção social aos seus trabalhadores", majoritariamente "em matéria de acidentes de trabalho e seguros de responsabilidade civil", sendo que em Portugal o Decreto-lei n. 2/2018 veio "reformular o regime contributivo dos trabalhadores independentes"[108].

Por isso, é destacado no Livro Verde que a "negociação coletiva constitui uma instância fundamental de adaptação da legislação laboral às especificidades de cada setor e empresa, de promoção da paz social, de melhoria das condições de trabalho e de regulação da concorrência, e constitui, por isso, um desiderato nacional e internacional".

Tal ocorre porque a "negociação coletiva e o diálogo social têm um papel de grande relevância a desempenhar na adaptação às transformações anteriormente descritas no mundo do trabalho, relacionadas desde logo com a crescente digitalização e inovação tecnológica, e tendo como pano de fundo as alterações demográficas e climáticas", conforme destacado na Resolução adotada pela Conferência da OIT em 2018, "na qual é evidenciado o papel que o diálogo social desempenha na resposta aos desafios do futuro do trabalho. Também na Declaração do Centenário da OIT para o Futuro do Trabalho é salientado que o diálogo social, incluindo negociação coletiva e cooperação tripartida, é um elemento social para a adequação das políticas públicas".

Neste contexto, os efeitos da revolução digital no mundo do trabalho, notadamente quanto às diferentes modalidades de contratos atípicos e

---

(106) Recomendação do Conselho de 8 de novembro de 2019 (2019/C 387/01). Disponível em: https://eur-lexeuropa.eu. Acesso em: 9 mar. 2023.
(107) As plataformas digitais e o futuro do trabalho: promover o trabalho digno no mundo digital. *Bureau Internacional do Trabalho – OIT*. Genebra: BIT, 2020. Disponível em: https://www.ilo.org. Acesso em: 9 mar. 2023.
(108) Disponível em: https://dre.pt. Acesso em: 9 mar. 2023.

"crescente flexibilidade e individualização das relações laborais", têm colocado "desafios acrescidos à representação, em particular dos trabalhadores, ao movimento sindical e à negociação coletiva, como tem sido reconhecido pelos parceiros sociais europeus (Programa de Trabalho para o Diálogo Social Europeu) na esteira do preconizado pela OIT[(109)].

A negociação coletiva se torna cada vez mais importante para a formatação de um modelo próprio de responsabilidade trabalhista, que possa oferecer respostas aos novos desafios, porque tem uma elevada permeabilidade "às oscilações da economia, à incerteza e imprevisibilidade" de seus efeitos, que marcam a era contemporânea no mundo do trabalho.

Ademais, por meio do estímulo ao diálogo, a negociação coletiva pode avançar nas iniciativas de fomento à formação e aprimoramento profissional do trabalhador ao longo da vida, conforme *Quadro de Referência Europeu das Competências Essenciais*[(110)].

Nesta senda, o Livro Verde[(111)] ressalta o valor do associativismo sindical, representação dos trabalhadores, contratação coletiva e diálogo social, indicando a importância de:

1 – alargar a cobertura da negociação coletiva a novas categorias de trabalhadores, incluindo os trabalhadores em regime de *outsourcing* e os trabalhadores independentes economicamente dependentes.

2 – estimular a cobertura e o dinamismo da negociação coletiva, através da ampliação das condições de acesso a apoios e incentivos.

3 – promover, em articulação com os parceiros sociais, mecanismos para combater o isolamento e a fragmentação que caracterizam muitas das novas formas de prestação de trabalho.

4 – estudar, em articulação com os parceiros sociais, modos de promover a participação e representação dos trabalhadores das formas de trabalho atípicas.

5 – incentivar a existência de conteúdos sobre novas formas e modalidades de organização de trabalho na contratação coletiva, de modo negociado coletivamente e adaptado à situação de cada setor ou empresa.

---

(109) ILO-EC Conference (2020): Enhancing social partners and social dialogue roles in a changing world of work – a overview, OIT-EC. Disponível em: https://www.ilo.org/travail/eventsandmeetings/WCMS_738470/lang--en/index.htm. Acesso em: 9 mar. 2023.

(110) *Livro verde*. Obra citada. p. 127, 129, 131, 136.

(111) Disponível em: http://www.gep.mtsss.gov.pt/documents/10182/55245/livro_verde_do_trabalho_2021.pdf/daa7a646-868a-4cdb-9651-08aa8b065e45. Acesso em: 9 mar. 2023.

A demonstração da existência de interesses coligados dos participantes, que integram os novos tipos de cadeias produtivas, já seria suficiente para respaldar a configuração de um modelo de responsabilidade *em rede*, sendo desnecessária a demonstração da existência de uma comunhão de interesses, notadamente ante as especificidades que caracterizam a *gig economy* quanto à formação de relações de trabalho heterogêneas, que apresentam significativas distinções quanto:

1 • espaço geográfico de atuação e natureza do trabalho contratado;

2 • pessoalidade: tarefas executadas por uma pessoa específica ou não;

3 • grau de qualificação requerido;

4 • nível de fragmentação das tarefas;

5 • forma de remuneração – geralmente definida pela plataforma;

6 • existência, ou não, de exclusividade;

7 • grau de dependência do trabalhador em relação à plataforma.

Além da aferição destes elementos distintivos, é necessário se atentar para as ferramentas tecnológicas que possibilitam o redimensionamento do espaço e do tempo nas novas formas de trabalhar, ampliando a atuação das plataformas quanto aos seguintes pontos:

Desenvolvimento das tecnologias da informação e comunicação (TIC), aliadas ao aprimoramento de redes de alta velocidade e difusão massiva de novos dispositivos móveis cada vez mais potentes, que facilitam o acesso à internet em diferentes locais, a qualquer tempo.

Organização de uma *big data*, que consegue armazenar e trabalhar com um grande volume e quantidade de dados que podem ser acessados e organizados em tempo veloz, com a ampla possibilidade de utilização destes dados para diversas finalidades produtivas.

Some-se a isso a ampla disponibilidade de financiamento das atividades de plataforma por empresas de capital de risco (*venture capital*), além de fundos de bancos de investimento, fundos mútuos e mesmo fundos de hedge, que têm por característica investir em ativos que tenham significativo potencial de crescimento.

Ademais, há um importante pilar social de sustentação deste novo modelo, ante a mudança do *mindset* que permeia o mundo do trabalho, ao estimular um expressivo contingente de pessoas a trabalhar nestas novas condições, sob a ideia de que assim podem ter maior controle sobre seu tempo de atividade e priorizar seus projetos de vida pessoal.

Tais fatores facilitam o acesso das plataformas a um expressivo contingente de trabalhadores, o que leva ao baixo custo da mão de obra, convertida em mera engrenagem, desvinculada das normas básicas de proteção dos trabalhadores, que são facilmente substituíveis quando adoecem, constituindo-se em desincentivo para que as empresas atuem na proteção da saúde e segurança no trabalho.

Neste contexto, os riscos econômicos e os custos para o treinamento e desenvolvimento de habilidades são transferidos para os trabalhadores. Com a fragmentação das tarefas, a validade do contrato entre a plataforma e o trabalhador se dá apenas enquanto dura a execução da tarefa. Os custos dos tempos mortos de busca por trabalho ou preparação para a atividade passam para o trabalhador, transfigurados em uma pretensa "liberdade" que só resulta em jornadas mais longas, com períodos de espera sem remuneração.

Na prática, em grande número de situações, a possibilidade do trabalhador efetivamente controlar seus horários de trabalho é limitada. Com efeito, tanto na *gig economy* digital, quanto na *gig economy* física, o tempo de trabalho é determinado pelo interesse dos "clientes", com o cumprimento de jornadas extensas e irregulares, mediante o pagamento de valores nem sempre condizentes com o trabalho executado, obrigando o trabalhador a desenvolver suas atividades em um tempo cada vez maior, para conseguir o necessário para sobreviver.

Apesar destas novas formas de trabalho se revestirem de algumas especificidades distintas e receberem diferentes denominações, como *gig economy, platform economy, sharing economy, crowdsourcing, on-demand economy, uberização, crowdwork,* apresentam alguns traços em comum, entre os quais podem ser destacados:

1. contratação dos serviços *online* entre produtores e consumidores, trabalhadores e empresas;

2. ampla utilização de "dados digitais para a organização e gestão dessas atividades";

3. relações estabelecidas "por demanda", ou seja, não existe a continuidade necessária para garantir a segurança de renda para os trabalhadores;

4. exaltação de vantagens como flexibilidade, autonomia, possibilidade de renda fácil e de que o trabalhador é livre para trabalhar quando e onde quiser.

Neste cenário, apesar do novo *mindset* alardear que as plataformas atuam apenas na mediação dos contatos entre os integrantes da cadeia econômica, a realidade fática demonstra que, com o fito de obter a maior lucratividade possível, elas são a espinha dorsal desta nova modalidade de organização produtiva e do controle dos trabalhadores por algoritmos, para tanto utilizando as mais variadas técnicas, algumas mais sutis, outras mais explícitas. Além disso, a própria arquitetura digital da plataforma na nova organização produtiva favorece o seu posicionamento privilegiado, o que justifica a formação de um novo modelo de imputação de responsabilidade trabalhista em decorrência de sua integração em uma *rede*, com notório domínio das articulações contratuais e extracontratuais.

3.7. As especificidades dos conceitos que formatam o novo modelo de responsabilidade trabalhista

A aplicação da boa-fé objetiva vem se revestindo de importância cada vez mais significativa para o sistema jurídico contemporâneo. Neste sentido, destaca Gustavo Tepedino[(112)] que o princípio da boa-fé objetiva atua no "controle da abusividade", pois é considerado no direito contratual brasileiro como um "dever de conduta", que assim vincula os agentes na fase pré-contratual, contratual e pós-contratual nos termos do art. 422 do Código Civil:

> "Art. 422. Os contratantes são obrigados a guardar, assim na conclusão do contrato, como em sua execução, os princípios de probidade e boa-fé."

Enfatiza Tepedino[(113)] que a boa-fé objetiva constrói um elo de ligação entre o direito contratual e os princípios constitucionais ao atuar em 3 funções principais:

1) Função interpretativa dos contratos.

A boa-fé objetiva atua como critério hermenêutico, exigindo que a interpretação das cláusulas contratuais privilegie sempre o sentido que está mais em conformidade com a lealdade e a honestidade entre as partes, em consonância com o preceituado no art. 113 do Código Civil:

> "Art. 113. Os negócios jurídicos devem ser interpretados conforme a boa-fé e os usos do lugar de sua celebração."

2) Função restritiva do exercício abusivo de direitos.

A boa-fé objetiva visa coibir o exercício abusivo de direitos (*nemo potest venire contra factum proprium*) impedindo o contratante de adotar uma conduta que viole a legítima confiança de quem acreditava na preservação daquele comportamento inicial em consonância com o art. 187 do Código Civil:

---

(112) TEPEDINO, Gustavo. *Código Civil interpretado conforme a Constituição da República*. V. II. Rio: Renovar, 2012. p. 226 e seguintes.

(113) TEPEDINO, Gustavo. Novos princípios contratuais e teoria da confiança: a exegese da cláusula *to the best knowledge of the sellers. Temas de Direito Civil.* Vol. II, Rio: Renovar, 2006. p. 252.

"Art. 187. Também comete ato ilícito o titular de um direito que, ao exercê-lo, excede manifestamente os limites impostos pelo seu fim econômico ou social, pela boa-fé ou pelos bons costumes."

3) Função criadora dos deveres anexos à prestação principal nas fases pré-contratual/negocial, contratual/negocial e pós-contratual/negocial.

A) A responsabilidade pelo dano causado, mesmo quando decorrente da prática de um ato lícito

Ante as novas relações de trabalho trazidas pela revolução tecnológica, notadamente quanto ao trabalho prestado por plataformas, o princípio da boa-fé objetiva respalda a imputação de responsabilidade *em rede* aos integrantes da cadeia produtiva quando houver dano, mesmo que seja causado por um ato lícito.

Isto porque, explica Tepedino, os "deveres instrumentais decorrentes da boa-fé objetiva consistem em deveres de correção, deveres de cuidado e segurança, deveres de informação, deveres de prestar contas, deveres de cooperação e deveres de sigilo".

Ressalta que o art. 4º do CDC atrela o princípio da boa-fé objetiva com o princípio protetor, voltado à "tutela de vulnerabilidades", prescrevendo em seu art. 51 a nulidade das obrigações com ele incompatíveis. Assim, a "partir daí, a boa-fé objetiva se consolidou como cláusula geral e princípio fundamental da teoria contratual no direito brasileiro". Portanto, "além de ser instrumento de proteção ao vulnerável e correção de assimetrias, o princípio da boa-fé objetiva também se destina a promover a submissão dos agentes econômicos a padrões objetivos de lealdade e colaboração para o atingimento dos fins contratuais propostos, de modo que o princípio da boa-fé veio assumir um papel salutar de *reequilibrador* das relações não paritárias".

Ao atrelar o princípio da boa-fé objetiva com a proteção de vulnerabilidades, Tepedino faz uma reflexão que se reveste de notória importância para otimizar a construção de novos marcos protetivos e oferecer respostas aos desafios postos pela revolução digital no mundo do trabalho. Isto porque o conceito de vulnerabilidade abrange não só a vulnerabilidade econômica, mas também a vulnerabilidade decorrente da assimetria de informação e de cooperação.

Assim, seguindo a senda aberta por Tepedino, a aplicação do princípio da boa-fé objetiva em conjunto com o princípio protetor, nas situações em que um dos contratantes se encontra em condições de vulnerabilidade, como ocorre com o trabalhador que atua por plataformas, justifica a imputação de um novo tipo de responsabilidade trabalhista, mesmo quando o dano ou prejuízo for causado ao trabalhador por um ato lícito.

Portanto, os efeitos provocados pela revolução digital no Direito do Trabalho levam à constatação de que o princípio da boa-fé objetiva deve permear tanto a fase pré-contratual/negocial, como a contratual/negocial e a pós-contratual/negocial, porque as novas estruturas organizacionais passam a ser formadas por cadeias produtivas complexas, mediante a interconexão, que pode ocorrer ao mesmo tempo, de diferentes empresas/clientes e trabalhadores, assim exigindo um novo modelo de imputação de responsabilidade *em rede*, que passa pela ressignificação e rearticulação de conceitos como boa-fé objetiva, função social do contrato e função social da propriedade.

Neste cenário, a lucidez das lideranças sindicais poderá fazer toda a diferença. Entre os representantes dos trabalhadores, o reconhecimento da importância de construir proximidade maior com os anseios da base. Entre os representantes dos empregadores, a conscientização de que é preciso intensificar e ampliar a abrangência das negociações coletivas, que deixam de atuar apenas de forma tópica para formar acordos e convenções coletivas, mas também como meios para promover o diálogo constante, destinado a criar uma teia de proteção para salvaguarda dos direitos fundamentais dos trabalhadores.

B) A responsabilidade pelos efeitos provocados por um ato ilícito, mesmo que não haja dano

Ensina Judith Martins-Costa(114) que a posição nuclear da boa-fé objetiva exsurge de forma assertiva, ao apontar para "um modelo ou instituto jurídico indicativo de (i) uma estrutura normativa dotada de prescritividade; (ii) um cânone de interpretação dos contratos e (iii) um *standard* comportamental", cuja tarefa de concretização é "sempre, e necessariamente, contextual".

Por conferir maior funcionalidade ao sistema, ressalta Judith que a boa-fé objetiva "deixa de ser uma faculdade para se transformar em":

I – fonte geradora de obrigações e deveres jurídicos (cooperação, fidedignidade de informação etc.);

II – baliza do modo de exercício de posições jurídicas, servindo como via de correção do conteúdo contratual em certos casos e como correção ao próprio exercício contratual;

---

(114) MARTINS-COSTA, Judith. *A boa-fé no direito privado*: critérios para a sua aplicação. 2. ed. São Paulo: Saraiva Educação, 2018. p. 42-43.

III – cânone hermenêutico dos negócios jurídicos obrigacionais.

Portanto, ao "atuar funcionalmente, a boa-fé serve como pauta de interpretação, fonte de integração e critério para a correção de condutas contratuais", o que se revela muito importante para evitar o abuso de direito e assegurar o equilíbrio em uma relação assimétrica, como a trabalhista, servindo como fundamento para configurar a ilicitude, como a que ocorre, por exemplo, quando há erro na manifestação de vontade da parte mais vulnerável, em decorrência da falta de informação ou informação incorreta prestada pela outra parte.

Assim, assevera Judith, a boa-fé objetiva constitui:

1 – "Metro para a aferição da licitude no exercício de direitos derivados de negócios jurídicos", conforme prevê o art. 187 do Código Civil.

2 – "Cânone de interpretação do negócio jurídico", como prevê o art. 113 do Código Civil.

3 – "Cláusula geral dos contratos, servindo à sua integração", como prevê o art. 422 do Código Civil.

A ponderação de Judith(115), no sentido de que "o conceito de relação obrigacional não é um conceito neutro ou dotado do atributo da imutabilidade", se reveste de notória atualidade para as novas relações de trabalho trazidas pela revolução digital, por se tratar de uma relação obrigacional complexa, em que há um conjunto de vínculos contratuais e extracontratuais, emergentes de diferentes atos e fatos jurídicos, "o que afasta a possibilidade de uma perspectiva atomizada e estática na sua interpretação".

Ao tratar da relação obrigacional complexa, Judith explica que a "concepção atomística da relação obrigacional mostrará a sua insuficiência especialmente no tratamento dos demais deveres nascidos da relação, ou situados ao lado dos interesses de prestação, bem como na regulação das obrigações duradouras e dos contratos lacunosos".

Fazendo referência à doutrina de Fábio Konder Comparato, que distingue os elementos estruturais e funcionais da obrigação, Judith chama atenção para a dissociação "entre dívida e responsabilidade", que existe em uma relação obrigacional, o que permite "perceber que o credor possa se encontrar, por vezes, diante de um devedor não responsável e de um responsável sem dívida", reflexão que cai como luva para construir um novo modelo de imputação de responsabilidade aos integrantes das cadeias produtivas trazidas pela revolução digital, pois podem ser considerados "responsáveis sem

(115) MARTINS-COSTA, Judith. Obra citada. p. 217, 221, 225 e 226.

dívida", já que no que se refere à "imputação de responsabilidade, a pergunta não é, necessariamente, *quem realizou o ato* (no mundo dos fatos), mas *quem responde por esse ato frente a outras pessoas* (no mundo do direito)".

Daí, ensina Judith, a necessidade de ter a "perspectiva de uma relação obrigacional como um *todo orgânico e complexo*, desenvolvido dinamicamente no tempo e enucleado – embora a existência de relações estruturadas em interesses contrapostos – numa fundamental relação de cooperação entre as partes em vista do fim que as coliga, qual seja, o adimplemento do contrato".

A centralidade do conceito da boa-fé objetiva para a evolução das instituições jurídicas leva à constatação de que é possível reconhecer a configuração de um ato ilícito, mesmo que não haja dano.

Trazendo novamente à colação a doutrina italiana, notadamente a argumentação tecida por Aldo Frignani, "*l'illeceità prescinde anche dalla potenzialità dannosa*"(116), de sorte que o dano deixa de ser elemento essencial não só para a configuração, mas também como consequência do ato ilícito, que deve ser considerado de per si, como a prática de um ato contrário ao direito.

Interessante a distinção que a doutrina italiana faz entre o "ilícito de perigo" e o "ilícito de lesão"(117), para sustentar que o ilícito, como ato contrário ao direito, deve ser objeto de sanção mesmo que não ocorra um dano, porque o dano é uma consequência eventual e não necessária para a configuração do ilícito, por ser elemento extrínseco a sua "*fattispecie* constitutiva", ressaltando Candian que a prevenção da prática do ato ilícito constitui princípio geral do ordenamento jurídico(118).

Portanto, ante os efeitos que a revolução digital vem provocando no Direito do Trabalho, a imputação da responsabilidade não pode ficar restrita apenas ao ressarcimento do dano causado pelo ato ilícito, devendo proteger também contra o ato ilícito em si, ou seja, quanto à prática de conduta contrária à norma jurídica, a fim de evitar a disfuncionalidade do sistema, que compromete a legitimidade do ordenamento jurídico como balizador de conduta.

Como as novas formas de trabalhar, trazidas pela *gig economy*, caracterizam-se pelo inequívoco aumento do grau de risco a que são expostos os trabalhadores mais vulneráveis, notadamente quanto à saúde física e mental, assim incluindo os *neurodireitos* como a identidade pessoal, autodeter-

---

(116) FRIGNANI, Aldo. Azione in cessazione. *In*: AZARA, Antonio; EULA, Ernesto. Novissimo. *Digesto Italiano*. 3. ed. v. 1. Torino: Unione Tip. Editrice Torinese, 1980. p. 653-656.
(117) CANDIAN, Aurelio. *Nozioni istituzionali di diritto privato*. Milano: A. Giuffrè, 1946. p. 118-123.
(118) BENUCCI, Eduardo Bonasi. Atto illecito e concorrenza sleale. *Rivista Trimestrale di Diritto e Procedura Civile*, 1957. p. 575.

minação e personalidade, a imputação de um novo tipo de responsabilidade à organização produtiva deixa de considerar o elemento subjetivo da culpa, para focar na ocorrência objetiva do ato ilícito em si, contexto em que a atuação da boa-fé objetiva se reveste de centralidade.

Tal diretriz encontra amparo constitucional no inciso XXXV do art. 5º da CF/88, ao estabelecer, entre as garantias fundamentais, que "*a lei não excluirá da apreciação do Poder Judiciário lesão ou* ***ameaça*** *a direito*", assim incluindo a salvaguarda contra o ato ilícito, mesmo que não cause dano.

Neste sentido, pondera Marinoni(119), a "ampliação do conceito de responsabilidade, da reparação do dano causado para a atribuição de responsabilidade pela prática de um ato vedado pelo ordenamento, independentemente de ter causado um dano, revela uma evolução da eficácia do ordenamento jurídico, monitorada pelo princípio da solidariedade como valor que sustenta os marcos civilizatórios de uma sociedade", reflexão que se reveste de significativa importância para a construção de novos marcos protetivos em prol dos trabalhadores em plataformas.

Na seara trabalhista, a valorização do diálogo para construir um novo modelo de normatividade, pautado pela boa-fé objetiva e pela função social da contratação coletiva, também contribui para reduzir o nível de conflitualidade e, assim, aumentar o bem-estar da sociedade como um todo, conferindo nova conotação ao conceito de solidariedade, que deixa de ter apenas valor filosófico e sociológico, para se constituir em um "bem jurídico" que, materializado nos acordos e convenções coletivas, passa a ser dotado do *enforcement* necessário para atuar como balizador de conduta, em prol da efetividade dos direitos fundamentais nas relações de trabalho.

E mais.

Ante o entrelaçamento contínuo e a interconexão constante entre os diferentes interesses envolvidos nas novas cadeias produtivas, a configuração de um novo tipo de responsabilidade trabalhista *em rede* torna apropriado revisitar o disposto no art. 942 do Código Civil, quando estabelece que os bens dos responsáveis (*obligatio* considerada em sentido amplo), e não apenas dos devedores (*debitum*), ficam vinculados à reparação pela ofensa ou violação do direito de outrem, fazendo remissão expressa ao parágrafo único do art. 932 do mesmo Código, que prevê a imputação de responsabilidade por ato de terceiro, o que respalda a hermenêutica teleológica mais ampla do referido preceito, com agregação dos subsídios trazidos pela AED – Análise

(119) MARINONI, Luiz Guilherme. *Tutela inibitória*: individual e coletiva. 5. ed. São Paulo: RT – Revista dos Tribunais, 2012. p. 40-48.

Econômica do Direito, no que se refere à interpretação do disposto no inciso III do art. 932 do Código Civil, que assim dispõe:

> "Art. 932. São também responsáveis pela reparação civil:
>
> III – o empregador ou **comitente,** por seus empregados, serviçais e **prepostos,** no exercício do trabalho que lhes competir, ou em razão dele."

Os efeitos que a revolução digital vem provocando no Direito do Trabalho demandam a aplicação destes conceitos com interpretação teleológica mais ampla, integrada pelos elementos trazidos pela AED – Análise Econômica do Direito, para a configuração jurídica dos novos elos obrigacionais que estão sendo formados, notadamente quanto à identificação da figura do "comitente".

Conforme detalhei em artigo que escrevi sobre o tema[(120)], a fim de garantir as condições necessárias para a implementação do trabalho decente, como suporte para promoção do desenvolvimento sustentável e fortalecimento da cidadania, o grande desafio na seara trabalhista consiste em ultrapassar os limites até agora postos pelos conceitos civilistas da responsabilidade subjetiva e responsabilidade objetiva e construir novos parâmetros de edificação de um modelo próprio de responsabilidade trabalhista, cuja importância se revela manifesta nas novas relações de trabalho que, em condições de acentuada assimetria, estão sendo prestadas para complexas redes produtivas que tudo controlam com a utilização de algoritmos, sem que o trabalhador tenha a mínima noção dos critérios adotados para esta operacionalização.

Como assevera Flávio Tartuce[(121)], são "negócios que estão interligados por um ponto ou nexo de convergência, seja ele direto ou indireto, material ou imaterial", sendo que em muitas situações concretas "é possível identificar um negócio tido como principal e outro como acessório dentro da reunião ou grupos de contratos", revelando uma realidade de *hipercomplexidade contratual*, que gera a incidência imediata de diversas normas à conexão.

Ao tratar dos riscos provocados pelas novas formas de trabalhar, Teresa Moreira ressalta no *Livro Verde*[(122)] que, em decorrência das inúmeras transformações tecnológicas, trazidas pela revolução digital, aumentaram os

---

(120) GEMIGNANI, Tereza Aparecida Asta. Efeitos da pandemia: o aumento da vulnerabilidade dos trabalhadores e a configuração do conceito jurídico de responsabilidade estrutural. *In*: *Direitos da vulnerabilidade na era do capitalismo de plataforma*: perspectivas consumerista e trabalhista. Coordenação: Dennis Verbicaro, Ney Maranhão. 1. ed. Brasilia, DF: Editora Venturoli, 2022. p. 675-686.

(121) TARTUCE, Flávio. *Contratos coligados e sua função social*. São Paulo: Carta Forense. Edição 111 de 02.08.2012. p. B-10.

(122) *Livro verde*. Obra citada. p. 147-153.

fatores de risco psicossocial, ocasionando efeitos adversos na saúde "que vão desde situações pontuais de *stress* a situações graves como *burnout*".

Entre os que causam maior impacto na saúde física e mental dos trabalhadores, destaca a exigência de estar permanentemente *online* em decorrência das novas formas de organização produtiva, adicionado ao "isolamento, a solidão, a escassez de contato humano para discussão e interação social, a menor suscetibilidade na troca de experiências, a perda do poder reivindicativo e, em função desse desligamento", a sujeição a condições de trabalho que o trabalhador não pode controlar, contexto em que a preocupação com o *stress tecnológico* passa a ganhar relevância, ante a constatação de que o sistema até agora existente para proteção da saúde e segurança no local de trabalho tem se revelado insuficiente, por ter sido organizado tendo como parâmetro o trabalho industrial, prestado de forma física em um local determinado, o que difere radicalmente das novas formas de trabalho.

Os novos tipos de cadeias produtivas, trazidas pela revolução digital, vieram conferir um espaço maior para o controle do poder nas relações particulares, aumentando a condição de vulnerabilidade dos trabalhadores. Neste contexto, oportuno trazer à colação as reflexões de Michel Foucault, ao tratar da microfísica do poder na sociedade contemporânea:

> "O poder deve ser analisado como algo que circula, ou melhor, como algo que só funciona em cadeia. Nunca está localizado aqui ou ali, nunca está nas mãos de alguns, nunca é apropriado como uma riqueza ou um bem. O poder funciona e se exerce em rede."

Neste contexto, o direito coletivo passa a revestir-se de importância significativa para construir limites de contenção e evitar o abuso de poder pelas organizações produtivas que atuam em rede e, assim, oferecer respostas aos desafios que a revolução digital vem apresentando na sociedade contemporânea, não só por possibilitar novas formas de relações trabalhistas descoladas dos parâmetros de tempo e espaço que predominaram no século XX, como a figura dos nômades digitais, mas também porque o Direito do Trabalho não pode ignorar as alterações comportamentais do "*homo zappiens*"[(123)], conforme expressão cunhada por Ben Vrakking e Wim Veen para identificar o novo comportamento humano na era digital.

Assim, ao fazer seu cadastro na plataforma, o trabalhador manifesta sua vontade em prestar serviços e, ao mandar mensagem para o trabalhador cadastrado, a plataforma (pessoa jurídica) expressa sua vontade de assumir a condição de contratante. Aceita a proposta pelo trabalhador, está

---

(123) *Homo zappiens* – trata-se de expressão cunhada para descrever os novos comportamentos. VRAKKING, Ben; VEEN, Wim. Homo zappiens: educando na era digital. Porto Alegre: Artmed, 2009. p. 27.

configurado o "acordo de vontades por meio do qual as pessoas formam um vínculo jurídico", ou seja, a vontade é "fonte de efeitos jurídicos obrigacionais", concepção que se fortalece ante a "crescente complexidade" que vem revestindo a nova realidade fática, exigindo o reconhecimento de uma nova modalidade de contratação.

Portanto, o fato de ser detentora apenas de uma das ferramentas de trabalho (espaço digital) e não das demais, já que as plataformas de transporte não são proprietárias dos veículos, nem as plataformas de entrega são proprietárias das mercadorias, não é suficiente para excluir o vínculo obrigacional da plataforma com o trabalhador.

Por outro lado, este vínculo, de "*per se*", não pode ser considerado empregatício se não estiverem presentes os requisitos exigidos pelo art. 3º da CLT. Assim sendo, o simples fato de haver vínculo obrigacional não significa que este vínculo tenha que ser, necessariamente, celetista.

Como ocorreu no século passado, quando o Direito do Trabalho demonstrou que nas relações assimétricas havia um desequilíbrio que afastava a concepção civilista de igualdade formal dos contratantes, agora o Direito do Trabalho é desafiado novamente a dar uma contribuição relevante para a formação de novos marcos protetivos em benefício da parte mais vulnerável neste novo tipo de relação obrigacional, que passa a existir não só entre o trabalhador e as plataformas digitais, mas também com todas as demais empresas que integram essas novas cadeias produtivas, independentemente da formalização escrita de um contrato neste sentido celebrado, sendo suficiente para tanto a demonstração de ter ocorrido o encontro convergente de vontades, ainda que manifestadas de forma tácita, como vem valorizando o Direito do Trabalho desde os seus primórdios.

Neste contexto, explica Orlando Gomes, dentre as "novas técnicas de constituição das relações jurídicas, salientam-se as que foram impostas pela *massificação* de certos contratos, determinante da *uniformização* de suas condições ou cláusulas e as que acusam a tendência para a *despersonalização* dos contraentes".

Interessante observar que esta nova modalidade contratual também pode ser caracterizada como *negócio jurídico plurilateral*, que envolve todos os participantes de uma relação jurídica patrimonial (plataformas digitais, trabalhadores, empresas que fabricam/elaboram os produtos transportados) que formam diversos elos de uma mesma cadeia produtiva/organizacional, formada por contratos coligados que são "queridos pelas partes contratantes como um todo", assim "formando uma unidade econômica"[(124)], que implica no reconhecimento de uma responsabilidade *em rede*.

---

(124) Orlando Gomes. *Contratos*. Obra citada. p. 102-108.

Assim, as contribuições trazidas pela AED – Análise Econômica do Direito permitem conferir uma interpretação teleológica mais ampla ao conceito de "simples participação", assim como proceder a sua aplicação para respaldar a construção jurídica deste novo modelo de responsabilidade trabalhista, com amparo no art. 1097 do Código Civil, *in verbis*:

> "Art. 1.097. Consideram-se coligadas as sociedades que, em suas relações de capital, são controladas, filiadas, ou de **simples participação**, na forma dos artigos seguintes."

Este novo modelo de imputação de responsabilidade trabalhista, atrelada à estrutura da organização produtiva *em rede*, deve traçar parâmetros para incentivar o comportamento pautado pela função social do contrato (em relação aos trabalhadores) e função social da propriedade (em relação ao entorno social em que está inserida).

Como nestas novas modalidades contratuais de trabalho por plataforma, a desigualdade e a vulnerabilidade dos trabalhadores são ainda mais explícitas, a fixação de marcos de conduta pautados pela boa-fé objetiva se torna cada vez mais necessária e eficaz para a correção do desequilíbrio. Porém, para que se revista de efetividade, esse marco de proteção tem que manter aderência com a realidade dos fatos, ou seja, não adianta forçar a aplicação das normas celetistas, se a realidade fática demonstrar que não existem os requisitos exigidos pelo art. 3º da CLT, pois, além de não resolver o problema, leva o Direito do Trabalho ao descrédito.

Entretanto, o fato de não ser empregado não afasta o trabalhador dos marcos protetivos do trabalho decente e das obrigações que devem ser imputadas à plataforma digital e demais integrantes destas novas cadeias produtivas, em decorrência do vínculo obrigacional existente.

Como explica Orlando Gomes, o "contrato plurilateral suscita efeitos em distintas relações jurídicas que envolvem vários sujeitos", uma "pluritituláridade" em que cada qual mantém sua individualidade e interesse próprio, compondo-se de "várias declarações de vontade", porém "voltadas para o mesmo fim", constituindo "uma relação jurídica de natureza patrimonial e eficácia obrigacional".

Ademais, relevante ressaltar que a atuação da plataforma digital em nenhum momento terceiriza, nem transfere sua atividade-fim, que consiste na disponibilização, a todos os demais participantes, do acesso a um espaço digital, sem o qual os negócios não se realizariam, ou seja, a plataforma tem a exclusividade na direção do fio condutor de todo este novo processo organizacional, o que torna evidente a complexidade desta conexão dinâmica que passa a existir entre as diferentes partes que integram esta nova modalidade de organização produtiva.

Trata-se de um movimento que vem exigindo a construção de um novo sistema obrigacional trabalhista, a ser dotado de uma "estrutura aberta que é preenchida, não apenas por disposições resultantes do acordo de vontades individuais, mas também por prescrições da lei, imperativas e dispositivas" e por normas previstas em acordo/convenção coletiva, sempre tendo como norte os direitos fundamentais e a concepção de que o contrato "exerce uma função social", ou seja, "o que se quer significar, em suma, é que deve ser socialmente útil, de modo que haja interesse público na sua tutela".

Conforme as judiciosas reflexões de Eros Grau[(125)], o art. 170 da Constituição Federal de 1988 é "inquestionavelmente normativo", e assim deverá ser lido, no sentido de que a atividade econômica deve estar fundada "na valorização do trabalho humano e na livre-iniciativa", preceito que também foi referido no § 5º do art. 173, o que respalda a construção de um novo modelo de imputação de responsabilidade a que se obrigam todos os participantes destas novas cadeias produtivas.

Neste contexto, interessante a referência de Judith Martins Costa[(126)] quanto à transposição da ideia de conceito geral-concreto para a dogmática jurídica, por ser "relevante para a compreensão do vínculo obrigacional", que "não pode ser visto de uma perspectiva atomística (que secciona os elementos que o compõe) e estática (que o vê como resultante da mera soma das partes). Ao contrário, o conceito engloba, constante e progressivamente, os elementos de todas as relações obrigacionais concretas que se apresentam na prática jurídico-social".

Assim, permite a compreensão das peculiaridades que permeiam o trabalho por plataforma como uma relação obrigacional complexa, que deve ser vista como "formadora de uma unidade que não se esgota na soma dos elementos que a compõem", conforme destaca Clóvis Couto e Silva[(127)].

Explica Judith Martins-Costa que esta nova perspectiva permite compreender o dinamismo da relação obrigacional complexa, que "no transcorrer de sua existência e de seu percurso em relação ao adimplemento pode gerar outros direitos e deveres que não expressados na relação de subsunção entre a situação fática e a hipótese legal", além dos poderes e deveres que podem se apresentar no decorrer do contrato, demonstrando a existência de um "vínculo dinâmico" que se desenvolve em fases distintas.

Neste passo, assevera Judith, "sendo o escopo da relação obrigacional a satisfação da totalidade dos interesses envolvidos, esta não concretiza, tão

---

(125) GRAU, Eros Robert. *A ordem econômica na Constituição de 1988* (interpretação e crítica). 15. ed. São Paulo: Malheiros Editores Ltda. p. 66-69 e 103-105.

(126) MARTINS-COSTA, Judith. Obra citada. p. 229, 232, 234, 235 e 236.

(127) COUTO E SILVA, Clóvis. *A obrigação como processo.* Rio de Janeiro: FGV Editora, 2006. p. 19.

somente, o direito a *pretender uma prestação*", englobando outros interesses "orientados finalisticamente ao adimplemento que, para ser satisfatoriamente atingido, carece de uma conduta de cooperação". Assim, a noção técnica da relação obrigacional como "relação de cooperação" se refere à ideia de "solidariedade contratual", ou seja, "para que haja o adimplemento das cláusulas contratuais é preciso que as partes colaborem", de sorte que "a conduta dos sujeitos não está reduzida ao cumprimento do dever principal de prestação, antes se espraiando pela totalidade dos deveres exsurgentes da relação. Quando não expressa em cláusula contratual derivada da autonomia privada, ou em dispositivo legal específico, se entende devida a conduta cooperativa por concreção do princípio da boa-fé". Portanto, "não se trata da visão romântica e pueril de que os *contratantes devem colaborar entre si*, mas de considerar o dever de colaboração como nuclear de uma relação obrigacional".

Destarte, explica Judith, "além dos deveres principais, explicitamente estabelecidos em um contrato como os deveres de prestação que uma parte assume em relação à outra", há outros, como "os deveres de proteção, que se diferenciam dos deveres de prestação, pois não advém de nenhum inadimplemento contratual", estando "voltados ao escopo de implementar uma *ordem de proteção entre as partes*", para que "da relação obrigacional, e independentemente da realização da prestação, não resultem danos" para a outra parte, ou seja, protegem a integridade da esfera jurídica de cada parte.

Assim, afirma Judith, nas relações obrigacionais complexas, o princípio da boa-fé objetiva atua em duas dimensões. Na primeira dimensão tem o escopo de "viabilizar o adimplemento satisfativo dos interesses de prestação". Na 2ª dimensão, o "princípio da boa-fé vigora como fonte direta dos deveres que promovem o seu resguardo", construindo uma "interdependência principiológica entre o princípio da boa-fé objetiva e a autonomia privada", que "não pode ser reduzida ao singelo conceito de "autonomia da vontade", cujo núcleo está no *querer*, quando o conceito chancela um "poder de autorregulamentação", o que implica em reconhecer a "*autorresponsabilidade* como a necessária e inafastável contrapartida da autonomia".

A perspectiva traçada por Judith se reveste de especial importância, para a configuração de um novo modelo de responsabilidade nas relações de trabalho que ocorrem por meio de plataformas digitais, pois as partes integrantes destas novas cadeias produtivas não atuam como "entidades isoladas, atomisticamente consideradas", mas relacionadas entre si, "por força de uma auto vinculação". Esta noção de colaboração intersubjetiva, como um "princípio geral da disciplina obrigacional", também foi referida pelo jurista português Antonio Manuel Menezes Cordeiro[(128)], ao discorrer sobre a "*colaboração informada pelos valores próprios da ordem jurídico-econômica*".

---

(128) MENEZES CORDEIRO, Antonio Manuel. *Direito das obrigações*. V. 1. Lisboa: Associação Acadêmica da Faculdade de Direito de Lisboa, 1980. p. 143.

Em valiosas reflexões para o momento atual, Judith[(129)] enfatiza que colocar a boa-fé objetiva na centralidade deste novo modelo obrigacional leva a "numerosas pautas hermenêuticas ou *topoi*", que daí se seguem, "dando ensejo a novas categorias dogmáticas que impactam o Direito das Obrigações" ante o reconhecimento do peso e da importância funcional que a boa-fé objetiva passa a ostentar, de modo que, diferentemente do que ocorre com a boa-fé subjetiva, a boa-fé objetiva configura uma "norma jurídica", que aponta "concomitantemente a:

(i) um instituto ou modelo jurídico (estrutura normativa alcançada pela agregação de duas ou mais normas);

(ii) um *standard* ou modelo comportamental pelo qual os participantes do tráfico obrigacional devem ajustar o seu mútuo comportamento (*standard* direcionador de condutas a ser seguido pelos que pactuam atos jurídicos, em especial os contratantes);

(iii) um princípio jurídico (norma de dever ser que aponta, imediatamente, a um *estado ideal de coisas*)".

Assim, como "integrante de uma estrutura normativa complexa, produtora de comandos prescritivos, a boa-fé objetiva deve ser considerada uma das fontes de produção jurídica e, portanto, tem força normativa e potencial jurisgênico", dotada da "possibilidade de impor ações, condutas, vedações, sanções, e não apenas *recomendações* ao aplicador do Direito".

Destarte, no que se refere às novas relações de trabalho, um dos deveres anexos mais importantes da relação obrigacional se refere ao dever de informar que, à semelhança do que ocorre nas relações societárias, se apresenta como dever de lealdade.

Neste contexto, reitera Judith, a cooperação não pode ser entendida como "uma cooperação ilimitada ou indefinida e, muito menos, uma '*cooperação sentimental*': não há dever de ser ingênuo na relação negocial. Trata-se de um dever técnico e finalisticamente orientado, que integra o "núcleo da conduta devida, servindo para possibilitar, mensurar e qualificar o adimplemento, viabilizando que a utilidade buscada pelo contrato se realize".

Como bem afirmou Menezes Cordeiro[(130)], o dever de colaboração constitui "princípio geral da disciplina obrigacional".

Destarte, na esteira dos novos contornos da teoria obrigacional, a boa-fé deixa de ser vista como "anexo" para se tornar nuclear nas relações de

---

(129) JUDITH. Obra citada. p. 251, 255, 281, 283, 285-330, 575-578.

(130) MENEZES CORDEIRO, Antonio Manuel. *Direito das obrigações*. V. 1. Lisboa: Associação Acadêmica da Faculdade de Direito de Lisboa, 1980. p. 143.

trabalho individuais e coletivas, por ser imprescindível para preservar o equilíbrio contratual e evitar o abuso de direito, repristinando a máxima que proíbe *venire contra factum proprium*, e, assim, passando a integrar a edificação de um novo modelo de responsabilidade trabalhista.

Para que este modelo se revista de eficácia, não adianta tentar encaixar a nova realidade fática em uma camisa de força de institutos e conceitos estratificados no século passado. Embora seja muito mais confortável utilizar os instrumentos de navegação já conhecidos, isto não contribui para a solução dos novos problemas, além de acirrar o conflito e aumentar a insegurança porque, "quando o direito ignora a realidade, a realidade também ignora o Direito", de sorte que, como alertava Orlando Gomes[(131)], é preciso abandonar a "posição manualística assumida nos compêndios e cursos adotados nas escolas de ensino jurídico, até mesmo os de elaboração mais recente", e revisitar os fundamentos trazidos pela Escola de Direito Natural "ao defender a concepção de que o fundamento do nascimento das obrigações se encontrava na vontade dos contratantes".

Ao discorrer sobre as especificidades do Direito do Trabalho, Mario de La Cueva[(132)] observa que, por estar atrelado a condicionantes sociais e econômicas, este possui um "caracter inconcluso", não podendo ser considerado como um "todo hermético", pois deve ser permeável às "mutações históricas".

Neste passo, observa como a questão dos acidentes de trabalho ensejou o surgimento de um novo princípio de responsabilidade com fundamento nos riscos inerentes às condições em que o trabalho era prestado, de modo que a *teoria do risco profissional veio ampliar o nível de imputação de responsabilidade trabalhista.*

Interessante observar como estas reflexões de revestem de notável atualidade neste momento, em que as alterações sociais e econômicas, promovidas pela revolução digital nas relações de trabalho, vêm desafiando o Direito do Trabalho a passar por processo de mutação para poder garantir a eficácia de seus marcos protetivos.

Na era contemporânea, os desafios apresentados ao Direito do Trabalho se revestem de relevante complexidade pois, se de um lado as novas relações trazidas pela *sharing economy* (economia compartilhada) demonstram que os trabalhadores valorizam sua autonomia quanto à possibilidade de organizar seu tempo e local de trabalho, por outro lado, como *digital workers*

---

(131) GOMES, Orlando. *Contratos*. Atualização e notas de Humberto Theodoro Junior. 25. ed. Rio de Janeiro: Forense, 2002. p. 3-20.
(132) DE LA CUEVA, Mario – obra citada, p. 98-99 e 117-123.

estão expostos à preocupante vulnerabilidade algorítmica dos critérios estabelecidos em plataformas digitais, o que está demandando uma digressão doutrinária mais acurada, que indique os itinerários dogmáticos necessários para a formação de um novo tipo de imputação de responsabilidade trabalhista, cuja edificação exige uma interação maior no diálogo das fontes, incluindo também as normas do CDC (Código de Defesa do Consumidor)(133) e as regras da LGPD(134) traçadas para a proteção de dados, na esteira do disposto no inciso LXXIX do art. 5º da Constituição Federal de 1988, que prevê como direito fundamental:

> "LXXIX – *é assegurado, nos termos da lei, o direito à proteção dos dados pessoais, inclusive nos meios digitais."*

A formação destes novos itinerários dogmáticos exige que o secular princípio da primazia da realidade venha para a centralidade do debate, a fim de que a rigidez formal e teórica seja oxigenada por novas perspectivas, trazidas pelo *que efetivamente acontece na vida real*, para que se possa construir um marco normativo dotado de maior eficácia na articulação entre o capital e o trabalho, o que ocorrerá pela maturidade da negociação coletiva pela mudança de mentalidade dos atores sociais, no sentido de reconhecer a importância da necessária conexão entre o *compliance* e a ESG (*Environment social governance*), pautada pela ressignificação jurídica dos princípios da boa-fé, função social dos contratos, função social da propriedade e a necessária formatação de um novo modelo jurídico de imputação de responsabilidade aos integrantes da cadeia produtiva.

---

(133) Código de Defesa do Consumidor – Lei n. 8.078/1990.
(134) Lei Geral de Proteção de Dados – LGPD – n. 13.709/2018.

CAPÍTULO 4

OS EFEITOS DA REVOLUÇÃO DIGITAL NO MODELO SINDICAL

A revolução digital tem levado ao crescente uso de processos automatizados, tecnologia da informação e inteligência artificial, provocando a substituição de empregados por prestadores de serviços que atuam de forma fragmentada, sem vínculo empregatício.

Neste cenário, imperiosa a criação de marcos de proteção e de seguridade social para estes novos trabalhadores, pois a produtividade e o desenvolvimento tecnológico devem ser monitorados por diretrizes que assegurem o trabalho decente.

O modelo construído a partir da concentração de um número expressivo de trabalhadores dentro de um mesmo espaço físico, que deu o *start* para a atuação sindical no século passado, vem passando por profundas alterações na sociedade contemporânea, pois o trabalho passou a ser prestado de uma forma mais individualizada, também por trabalhadores que estão fisicamente distantes, conectados virtualmente em tempos diversos.

Neste contexto é essencial que, ao invés de adotar a atitude inócua de oposição ao avanço tecnológico em si, as novas formas de atuação sindical sejam direcionadas para assegurar que a revolução digital traga benefícios aos trabalhadores.

Para que isto ocorra, é necessário que os sindicatos ampliem sua representação, a fim de possibilitar a proteção do trabalho fora do emprego ante as novas formas e modalidades de trabalho (prestadores de serviços em plataformas, MEI, *crowdworkers* e outros tipos de relações de trabalho trazidas pela *gig economy*). para que haja maior efetividade na sua articulação com os novos tipos de organização produtiva.

Ademais, estas novas formas de trabalhar vêm exigindo a ressignificação do conceito de solidariedade, que se torna cada vez mais necessário para construir pontes entre direito, sociedade e tecnologia, a fim de oferecer respostas ao crescente clamor por segurança e estabilidade, em uma sociedade cada vez mais complexa, em que o físico e o virtual se conectam e desconectam com incrível rapidez, muitas vezes de forma concomitante e contínua, criando um novo conceito de realidade.

Assim, a atuação sindical na negociação coletiva pode ser bem mais ampla, abrangendo também questões como a atualização profissional formativa dos trabalhadores e a vedação da discriminação na esteira da Convenção n. 111 da OIT, aprovada no Brasil pelo Decreto Legislativo n. 104/1964 e promulgada pelo Decreto n. 62.150/1968.

4.1. As alterações da atuação sindical

Amauri Mascaro(135) já ressaltava que "as mudanças na economia mundial, exigem, dos sindicatos, novas e mais amplas formas de organização, estruturas bem mais abertas que possibilitem, em espaços maiores, a participação das representações de trabalhadores nos processos de integração econômica regional".

Para tanto, é preciso trabalhar para evitar que a fragmentação dos interesses dos trabalhadores dificulte a unificação das demandas, diminua a coesão e a solidariedade e provoque a dispersão dos trabalhadores.

Na atualidade, o grande desafio consiste na capacidade dos sindicatos resistirem a incursões excessivas de poder do capital para controlar o ritmo de trabalho, que antes era feito de forma física e hoje se processa de forma muito mais incisiva pelas ferramentas digitais.

Em tese de doutorado que defendi em fevereiro de 2003 na USP – Universidade de São Paulo sobre o tema "A contratação coletiva de trabalho no Brasil: delineamentos de um novo perfil", tendo como orientador o Professor Amauri Mascaro Nascimento, ressaltei que no início deste novo século já havia um "caminhar firme direcionado para o reconhecimento de maior autonomia às entidades sindicais perante o Estado". Pontuei também que já era possível vislumbrar a reestruturação da negociação/contratação coletiva para lhe conferir um perfil muito mais abrangente, antecipando o que viria a ocorrer em 2017, quando a Lei n. 13.467 inseriu os arts. 611-A e 611-B na CLT.

Na mesma oportunidade ressaltei a ampliação da função constitutiva da contratação coletiva, no que se refere à possibilidade de firmar acordos sobre outras matérias, na esteira da dicção posteriormente fixada no *caput* do art. 611-A da CLT.

Não menos significativo ressaltar que nesta oportunidade também apontei a possibilidade da importante atuação da contratação coletiva como instru-

---

(135) NASCIMENTO, Amauri Mascaro. Perspectivas do direito sindical. *Revista LTr 63-12*, dezembro de 1999, p. 1593-1599.

mento de gestão, traçando caminhos de equilíbrio entre a defesa das condições dignas de trabalho e a viabilidade econômica do empreendimento, concluindo que a contratação coletiva era fator de estabilidade e desenvolvimento social, assim reconhecendo a importância de ampliar o protagonismo da atuação sindical, que se tornou ainda mais necessário ante os efeitos provocados pela revolução digital no direito coletivo do trabalho.

4.2. Os novos desafios do sindicato

As formas de trabalhar trazidas pela revolução digital apresentam novos desafios para a atuação sindical.

No que se refere ao trabalho prestado por plataforma, é preciso registrar a dificuldade encontrada pelos sindicatos para a organização coletiva dos trabalhadores, em decorrência da dispersão física e crescente individualização de cada trabalhador quanto aos horários e ritmos de trabalho, o que compromete a identificação de interesses comuns.

Por outro lado, o sindicato também pode passar a utilizar com mais frequência as ferramentas digitais, que possibilitam a comunicação mais rápida e ágil, como o WhatsApp, a organização de reuniões por videoconferência na construção de interesses comuns, notadamente porque a sociedade contemporânea vem deslocando o conceito de presencialidade da participação física, atribuindo o mesmo valor para a presencialidade virtual, evolução que deve ser acompanhada pelos sindicatos.

Portanto, nas novas formas de trabalhar trazidas pela revolução digital, a atuação sindical só será eficaz se o sindicato souber lançar mão das novas ferramentas, agindo como *cibersindicato*(136), com a finalidade não só de aumentar sua representatividade e o número de seus associados, mediante a construção de novas formas de agregação de trabalhadores, mas também para otimizar a negociação coletiva, o que se reveste de inequívoca importância para obtenção de resultados mais eficazes.

Com efeito, a organização "analógica" do sindicato se revela insuficiente para sustentar sua atuação num cenário de situações fáticas cada vez mais diversificadas e complexas, com acentuada assimetria informacional, como estamos vivendo na era contemporânea, o que torna necessário implementar alterações, entre as quais é possível destacar:

1 – Melhorar a extensão, qualidade e eficácia dos serviços que podem ser prestados *online* pelos sindicatos, utilizando *digital tools* para criar

(136) Disponível em: https://cyberunions.org; https://www.labourstart.org.

uma “atuação em rede entre os trabalhadores”, fornecendo informações e dados úteis para que possam interagir, assim estimulando a formação de interesses comuns que vão fortalecer a representatividade.

2 – Valorizar a interlocução frequente da diretoria com os trabalhadores, deixando de lado a organização vertical, em que a cúpula tem pouco contato com a base, o que compromete a eficácia das lutas sindicais[(137)].

3 – Intensificar a organização de seminários, fóruns e conferências, criando espaço para debates das questões que interessam aos trabalhadores.

4 – Criar novas formas digitais de acesso do trabalhador ao sindicato.

5 – Atuação sindical voltada para a defesa dos interesses dos trabalhadores na sua acepção ampla, independentemente de existir um vínculo de emprego.

6 – Atuação dos sindicatos para aprimorar a capacitação dos trabalhadores

7 – Disponibilização aos trabalhadores de instrumentos de assistência e consulta (inclusive por meio digital) para esclarecimentos de dúvidas relacionadas à atividade profissional

8 – Atuação para obter benefícios diretos aos trabalhadores como planos de saúde, seguros etc.

9 – Criar canais diretos de comunicação e contato mais próximos das lideranças sindicais com a base dos trabalhadores, evitando o conflito de interesses entre a cúpula (que muitas vezes usa o sindicato apenas como trampolim para interesses políticos partidários) e a base, que almeja melhorias nas suas condições de trabalho, evitando que o conflito de interesses comprometa a legitimidade da representação sindical.

10 – Reconceituar a ideia de categoria como critério de formação da base sindical.

11 – Organizar coletivamente os diversos interesses dos trabalhadores que atuam de forma simultânea em diferentes plataformas.

12 – Construir novos critérios para atribuição de responsabilidade empresarial aos participantes dos novos modelos de cadeias produtivas.

13 – Garantir o direito de representação sindical e negociação coletiva previsto na CF/88 como direitos fundamentais de todo e qualquer

---

(137) Ver Idea Diffusa. Promovida pelo Escritório do Projeto de Trabalho 4.0 na estrutura interna da Cgil. Disponível em: https://www.cgil.it. Acesso em: 27 fev. 2023.

trabalhador, a outras modalidades de prestação de serviços trazidas pela revolução digital, independentemente da natureza jurídica do vínculo existente, como prevê o *caput* do seu art. 7º, superando a singela dicotomia entre trabalho subordinado x trabalho autônomo.

14 – Valorizar a legitimidade do sindicato, pois uma efetiva representação coletiva pode ter impacto na melhoria das condições de trabalho, notadamente quanto à remuneração, tempo de trabalho, formação profissional, saúde e segurança, além dos direitos afetos à personalidade e proteção de dados.

Interessante pontuar que a Europa registra a existência de plataformas que facilitam este acesso digital, inclusive para trabalhadores "*freelancers*", congregando também trabalhadores que atuam pelo sistema de cooperativas, como a *Doc Servizi* e a *viVACE*(138), que congrega profissionais digitais e trabalhadores independentes, que assim têm a oportunidade de trocar informações sobre métodos e condições de trabalho.

Entre os pontos comuns existentes entre o Doc Servizi e a viVACE podem ser destacados: a facilidade de acesso e uma comunicação mais simples e direta, que possibilita a atuação mais eficaz das entidades sindicais na construção de marcos protetivos específicos, que possam oferecer respostas diferenciadas e adequadas às novas formas de trabalhar, como os trabalhadores que atuam por plataformas digitais e os "*on-demand via app*", em que as matérias mais recorrentes nas negociações coletivas se referem à:

1 – Fixação dos critérios de pagamento pelo serviço prestado, o que pode incluir também as "horas de espera".

2 – Proteção da saúde e segurança, o que pode levar à instituição de um seguro em benefício dos trabalhadores, a ser bancado por diferentes empresas, quando a prestação dos serviços ocorre de forma concomitante para diversas plataformas, revestindo a norma convencionada de maior legitimidade, em decorrência de sua aderência à realidade que visa disciplinar, resultando no reconhecimento da importância da representatividade sindical.

Ressalta Baylos(139) que, na Espanha, a centralização da negociação coletiva verificada nos anos 80 em âmbito nacional, por ramo de atividade (Acordo Marco), estabelecendo normas que deveriam ser seguidas no acordo coletivo firmado por empresa, à época conferiu uma "racionalização no sistema de relações do trabalho". Porém, o que antes surgia como elemento

---

(138) Disponível em: https://vivaceonline.it/convenzioni/read/car-helper. Acesso em: 3 mar. 2023.
(139) BAYLOS. *Direito do Trabalho*: modelo para armar. Obra citada. p. 134.

estabilizador passou a ser "algo criticável e logo rejeitado" pelos próprios sindicatos, "partidários de um sistema menos rígido e mais descentralizado, com múltiplos pontos de iniciativa negocial articulada".

Ademais, explica que "o maior intercâmbio político nos processos de negociação e a concentração dos principais objetivos da ação sindical neste âmbito constituem um fator de crise da negociação coletiva", que passa a ser "despojada de sua identidade mediante *um duplo impulso centrífugo*", situação em que a negociação coletiva "*muda de perfil* diante da ampliação das fronteiras da macronegociação", o que torna necessário buscar um ponto de equilíbrio, que muitas vezes é " mais fácil enunciar do que colocar em prática".

Entre os efeitos provocados pela revolução digital na dinâmica da negociação coletiva, podem ser destacados os seguintes:

1 – Nos setores em que já havia negociação coletiva na era pré-digital ocorre uma modificação de conteúdos quanto à:

a – digitalização e horário/tempo de trabalho;

b – condições de treinamento e aprendizagem para aprimorar as habilidades profissionais dos trabalhadores;

c – proteção de dados pessoais, que constituem "patrimônio digital"[(140)] do trabalhador.

2 – Nos novos setores que passaram a operar na área digital, em que até então não havia negociação coletiva, os acordos coletivos passaram a ser realizados preponderantemente por empresa, a respeito das seguintes matérias:

a – atualização profissional do trabalhador;

b – fixação dos critérios de controle das novas ferramentas, que passaram a ser implementadas para monitorar o desempenho e o comportamento dos trabalhadores;

c – proteção da saúde e segurança nas novas condições de trabalho instituídas em decorrência das inovações digitais;

d – proteção dos dados pessoais;

e – o *work-life balance* (requisitos que deverão ser respeitados para manter o equilíbrio entre vida pessoal e vida profissional).

---

(140) IX JORNADA DE DIREITO CIVIL. Enunciado 687. *"O patrimônio digital pode integrar o espólio de bens na sucessão legítima do titular falecido, admitindo-se, ainda, sua disposição na forma testamentária ou por codicilo."*

Esta nova realidade exige que o sindicato se reinvente, em um movimento de dentro para fora, notadamente quanto aos seguintes pontos:

1 – Utilização dos recursos digitais para otimizar a comunicação do sindicato com os trabalhadores, assim fortalecendo a representatividade.

2 – Abrir espaços para maior participação dos trabalhadores na formação de consensos em assembleias mais participativas, assim resgatando os laços de solidariedade que fortalecem a atuação da categoria.

3 – Ampliar a base da representatividade para abarcar os trabalhadores que atuam nas mesmas condições e não apenas os que têm vínculo empregatício.

4 – Aumentar a interlocução direta com os trabalhadores.

5 – Ampliar o objeto e as matérias a serem discutidas em negociação coletiva.

6 – Fixar critérios de transparência dos algoritmos e garantir o acesso aos trabalhadores(141).

7 – Estabelecer critérios para aumentar a proteção da saúde física e mental dos trabalhadores e não só dos empregados.

8 – Inserir nos acordos e convenções coletivas cláusulas que obriguem as empresas de plataforma a contratar seguro para assegurar assistência aos trabalhadores, notadamente quando ocorrer doenças profissionais e acidentes.

9 – Inserir nos acordos e convenções coletivas cláusulas que obriguem as empresas de plataforma a fornecer água potável, local para descanso e acesso à internet nos intervalos de espera dos motoristas e entregadores(142).

Neste contexto, Antonio Baylos(143) destaca ser preciso evitar o *déficit* de representatividade do sindicato, por consagrar uma representatividade mais teórica do que real, mais oficial do que autêntica, situação que no Brasil ocorria quando existia a contribuição sindical obrigatória, pois os sindicatos recebiam valores expressivos, correspondentes ao salário de um dia de trabalho de cada empregado, sem que lhe fosse exigido qualquer contrapartida quanto à conquista de melhores condições de trabalho para seus representados.

---

(141) Resolução n. 39/248 da ONU dispõe sobre o direito à informação. Art. 5º, incisos XIV, XXXII e LXXII da CF/88. CDC, art. 6º, III, direito transindividual.

(142) Recomendação 198 da OIT. Disponível em: https://www.ilo.org/brasilia/convencoes/WCMS_242958/lang--pt/index.htm. Acesso em: 6 maio 2023.

(143) *Ibidem*, p. 147.

Necessário pontuar a atuação do "IG Metal", sindicato alemão que, reconhecendo a importância da "*crowdwork*", vem investindo no diálogo social, na formação de interesses comuns, que fortalecem os laços de solidariedade que sustentam e conferem legitimidade à atuação representativa dos sindicatos, em conformidade com a era digital que estamos vivendo, ou seja, a utilização dos meios tecnológicos para retirar os sindicatos da crise de representatividade que estão enfrentando.

Assim sendo, ante os efeitos da revolução digital no direito coletivo do trabalho, a solução está na reinvenção das entidades sindicais, como corpo intermediário imprescindível para garantir a proteção dos direitos fundamentais dos trabalhadores.

4.3. A importância da autonomia privada coletiva

A pulverização e a fragmentação, que marcam as novas formas de trabalhar, levam ao acirramento dos conflitos, revelando o déficit de funcionalidade da norma estatal trabalhista, cada vez mais incapaz de oferecer respostas em tempo hábil.

A busca de novas soluções, para tanto, demonstra que é preciso incentivar a cooperação e o diálogo, o que, na seara trabalhista, torna imprescindível a valorização dos corpos intermediários e da autonomia privada coletiva.

Ao agregar o princípio da solidariedade ao princípio da proteção, desafiando-os a, juntos, alçar novos patamares, a autonomia privada coletiva visa conferir maior efetividade aos direitos fundamentais, ultrapassando o contorno meramente individual e abrindo a perspectiva para alcançar o entorno social que lhe é subjacente, enfoque que se revela imprescindível quando a atividade econômica é organizada em rede, cada vez mais interconectada.

O movimento neoconstitucionalista desencadeado entre nós pela Carta de 1988 veio desmistificar a rigidez dogmática da norma legal, mostrando a importância de focar no cotidiano de um cidadão concreto e situado, submetido a determinadas condicionantes históricas, sociais e econômicas.

Deste novo desenho institucional vem derivando a necessidade de reconhecer a importância da atuação mais assertiva dos corpos intermediários e do exercício da autonomia privada coletiva, na formatação da normatividade coletiva trabalhista, notadamente para a nova realidade que marca o mundo do trabalho contemporâneo, cada vez mais complexo e multifacetado, que apresenta crescentes desafios à concretização dos direitos fundamentais, o que vem exigindo o fortalecimento de um microssistema de direito coletivo de trabalho, sob uma perspectiva mais ampla.

Entre os desafios enfrentados para tanto, é possível destacar a dificuldade do sindicato para:

a) entender sua importância, como corpo intermediário por excelência na defesa dos direitos e interesses coletivos e individuais dos trabalhadores, como prevê o inciso III do art. 8º da CF/88.

b) reconhecer que a efetividade de sua atuação é imprescindível para o fortalecimento de um microssistema de direito coletivo do trabalho.

c) resgatar a legitimidade de sua representação mediante atuação de forma mais propositiva na ampliação da negociação coletiva.

4.3.1. A nova configuração da negociação coletiva e o "direito reflexivo": a formação de um microssistema de direito coletivo do trabalho

A crescente complexidade e dinamicidade das formas de trabalhar, assim como os modelos de organização produtiva, trazidos pela revolução digital, vem desafiando a formação de um novo sistema normativo na era contemporânea, que passa pela valorização da autorregulação.

Neste sentido, interessantes as ponderações trazidas pela doutrina quanto ao "direito reflexivo", como modelo de autorregulação, que traz substanciosas contribuições para a formação de um microssistema de direito coletivo do trabalho.

Em dissertação de mestrado aprovada pela Universidade Federal do Ceará, Lincoln Simões Fontele[144] ressalta que o direito reflexivo se tornou possível "*como um modelo que visa permitir um aumento de adequação social e, consequentemente, a facilitação dos processos integrativos da sociedade*", pois está baseado em "formas voluntárias de autorregulação do trabalho" não só em âmbito nacional, mas também transnacional. Fazendo menção ao pensamento de Teubner, ressalta que, "*enquanto o direito propositivo, substantivo ou material se preocupa com os resultados, situação em que se diminui a autonomia privada em estabelecer os seus termos, o direito reflexivo, por sua vez, propõe uma equalização dos poderes dos atores sociais contratantes e faz uso de mecanismos de responsabilização por externalidades negativas*".

---

(144) FONTENELE, Lincoln Simões. *Direito reflexivo do trabalho*. Dissertação de Mestrado. Universidade Federal do Ceará. p. 48-53. Disponível em: http://repositorio.ufc.br/handle/riufc/49779. Acesso em: 5 maio 2023.

Em tese de doutorado aprovada pela Universidade de São Paulo (USP) em 2016, elaborada também com lastro no conceito de "direito reflexivo" desenvolvido por Gunther Teubner e Helmut Willke, Jurandir Zangari Junior(145) defende que, após a crise do "Estado Providência", "*se torna necessária a "reformulação da regulação tradicional do Direito do Trabalho por meio de modelo normativo no qual os próprios atores sociais organizem as soluções e harmonizem seus conflitos, com o afastamento do Estado do centro de produção de normas e a revisão do papel por ele exercido*", de modo que "*cada vez mais, os grupos sociais terão maior espaço para organizar as soluções de seus próprios conflitos*", a fim de atender às novas demandas sociais revestidas de complexidade na sociedade contemporânea.

Como expressão por excelência da autonomia privada coletiva trabalhista, a autorregulação se dá pela negociação coletiva, que vem se tornando pedra angular na formação de um microssistema de direito coletivo do trabalho.

Ante as alterações trazidas pela revolução digital, a efetividade deste instituto vem exigindo alterações, entre as quais podemos destacar as seguintes:

A) Abrangência dos beneficiados

Não só empregados, mas trabalhadores em geral, inclusive autônomos, sendo imperioso ressaltar que o art. 511 da CLT já prevê esta abrangência ao dispor:

> "Art. 511. É lícita a associação para fins de estudo, defesa e coordenação dos seus interesses econômicos ou profissionais **de todos os que**, como empregadores, **empregados, agentes ou trabalhadores autônomos ou profissionais liberais** exerçam, respectivamente, a mesma atividade ou profissão ou atividades ou profissões similares ou conexas."

B – Ampliação das matérias que podem ser objeto de negociação coletiva

A valorização da autonomia privada coletiva, garantida constitucionalmente como direito fundamental do trabalhador em geral e não apenas dos empregados (art. 7º, *caput* e inciso XXVI, da CF/88), abre caminhos para a ampliação do microssistema de direito coletivo do trabalho, não só material, mas também processual, no sentido de incluir novas matérias na negociação coletiva, que podem variar dependendo das peculiaridades do trabalho exercido.

---

(145) ZANGARI JUNIOR, Jurandir. *O direito reflexivo aplicado na regulação do Direito do Trabalho*. Disponível em: https://repositorio.usp.br/item/002793083. Acesso em: 7 maio 2023.

Assim sendo, além das matérias referidas em seus incisos, o art. 611-A da CLT expressamente admitiu, em seu *caput*, a existência de outras passíveis de serem disciplinadas em acordos e convenções coletivas, entre as quais podemos destacar:

4.3.1.1. Direito material coletivo do trabalho

A – Fixação de regras mais efetivas para a atualização e re-qualificação profissional

Em decorrência da automação provocada pela revolução tecnológica, as formas de trabalhar vêm sofrendo um acelerado processo de mudança.

Como via de regra, os trabalhadores não dispõem de recursos próprios para acompanhar estas alterações, acabam perdendo o emprego em uma idade em que se torna difícil a recolocação. A participação dos sindicatos na formação de normas negociadas para organizar esta requalificação dos trabalhadores traria bons resultados para todos, contribuindo para dar cumprimento ao direito fundamental previsto no inciso XXVII do art. 7º da CF/88 que garante "proteção em face da automação".

B – Regras de *compliance* e as relações de trabalho

A compreensão da importância da valorização das regras de *compliance* vem crescendo de forma acelerada, em decorrência da implementação de uma nova cultura empresarial, que reconhece a autorregulação como instrumento valioso para implementar regras de transparência operacional, necessárias à boa gestão.

Neste contexto, ampliar esta perspectiva de transparência operacional e boa gestão, trazidas pelo *compliance*, para abarcar também as relações de trabalho, contribui para reduzir os níveis de conflitualidade no local de trabalho, desde que sejam implementadas pelos *compliance officers*, que devem concretizar as regras estabelecidas também sob esta perspectiva.

Interessante pontuar que as regras de *compliance* vêm adquirindo cada vez mais relevância ante a implementação de novos sistemas organizacionais digitais, que estão promovendo uma alteração nos critérios de responsabilização não só individual, mas também das pessoas jurídicas, assim abrangendo os trabalhadores que atuam mediante contratos diversos do empregatício celetista, cuja representação deve ser integrada ao sistema sindical.

A empresa que adota um regulamento interno moldado pela ética e transparência, inclusive nas relações de trabalho, apresenta um diferencial para alavancar sua atuação e, assim, aumentar o valor de seu empreendimento econômico, cujos resultados devem ser partilhados com os trabalhadores, com a construção de critérios consensuais para fixar estes parâmetros pela negociação coletiva.

C – As diretrizes da ESG e as relações de trabalho como parte integrante do Social (S) que influenciam as regras de Governança (G)

A sigla ESG (*Environmental Social Governance*) trouxe uma nova mentalidade para a governança empresarial, demonstrando como a ampliação do foco, para abranger também questões sociais e ambientais, contribui para a sustentabilidade e melhoria da gestão dos empreendimentos econômicos.

Com efeito, não adianta a empresa atuar só em causas sociais e beneméritas da comunidade em que está inserida se, dentro de seus muros, as condições de vida e de trabalho daqueles que lhe prestam serviços deixam a desejar.

Neste contexto, a negociação coletiva pode atuar para que o Social (S) integre as relações de trabalho em seu nicho, visando a manutenção de um bom ambiente de trabalho, notadamente quanto às condições de saúde e segurança não só para seus empregados, mas também para abranger os trabalhadores em geral, que lhe prestam serviços sob os mais variados tipos contratuais.

Assim, "a busca pela valorização *branding*, isto é, da identidade da marca frente ao mercado de consumo, atribui às empresas a necessidade de transpor ao público o ideário de incorporação dos valores publicamente abraçados (*brand equity*)", como refere Cláudio Jannotti da Rocha e Ana Luísa Acurcio Santos Eisenlohr[146], o que deve incluir também as questões afetas à proteção do meio ambiente de trabalho (físico e virtual) em benefício dos seus trabalhadores, para que a "*aylortiv*" assim inclua tais propósitos no "*Environment*" e no "*Social*".

---

(146) ROCHA, Cláudio Jannotti da; EISENLOHR, Ana Luísa Acurcio Santos. Justiça climática: a negociação coletiva como instrumento de implementação do ESG e do *greenwashing*. *In: A transformação do Direito do Trabalho na sociedade pós-moderna e seus reflexos no mundo do trabalho*. Estudos em homenagem ao Professor Jair Aparecido dos Santos. Andréia Chiquini Bugalho, Rodrigo Monteiro Pessoa, Sebastião Sérgio de Oliveira e Vinicius Bugalho (org.). Leme/SP: Imperium Editora e Distribuidora de Livros Ltda., 2023. p. 99 a 101.

A atuação da negociação coletiva para inserir estas questões dentro do S (Social), das práticas empresariais monitoradas pelo sistema ESG, pode fazer toda a diferença, pois contribui para conferir nova perspectiva na formação de uma cultura de sustentabilidade.

D – Atuação internacional dos sindicatos

Ante as novas formas de organização produtiva *em rede*, que se espraiam também pelo espaço internacional, em decorrência das ferramentas tecnológicas disponibilizadas pela revolução digital, a atuação dos sindicatos não pode mais ficar restrita apenas aos limites nacionais.

Assim, a negociação coletiva deve ocorrer também em nível internacional, visando o estabelecimento de regras de proteção que evitem a precarização do trabalhador, assim considerado em seu sentido amplo, ou seja, abrangendo não apenas os que atuam como empregados.

4.3.1.2. Direito processual e procedimental coletivo do trabalho

Até agora, a formação de um microssistema de direito coletivo processual, na seara trabalhista, tem sido impulsionada preponderantemente pela jurisprudência, mediante a aplicação da CLT e de normas legais previstas na Lei que disciplina a Ação Civil Pública (Lei n. 7.347/85), Código de Defesa do Consumidor (Lei n. 8.078/90) e Lei Complementar n. 75/93.

A amplitude que vem sendo reconhecida à autonomia privada coletiva, somada à valorização da cooperação e a busca pela obtenção mais rápida de solução para os conflitos, além da conscientização de que a prevenção reduz os níveis de conflitualidade, o que proporciona bem-estar e saúde, além de segurança e estabilidade, tem descortinado um novo horizonte em que a negociação coletiva pode contribuir de maneira significativa para ampliar e fortalecer o microssistema de direito coletivo processual do trabalho.

A – A fixação das regras procedimentais para a operacionalização do "comum acordo"

A ampliação da atuação da negociação coletiva para traçar regras procedimentais visando operacionalizar o "comum acordo" previsto no § 2º do art. 114 da CF/88, cuja constitucionalidade foi reconhecida pelo STF, ao julgar improcedente a ADI 3432[147].

(147) Disponível em: www.stf.jus.br.

Além de ter sua constitucionalidade reconhecida pelo STF, a doutrina majoritária também vem caminhando no sentido de considerar ser equivocada a alegação de que a exigência do comum acordo viola o direito fundamental de acesso à justiça, previsto no inciso XXXV do art. 5º da CF/88 porque, diferentemente do que ocorre no dissídio coletivo de natureza jurídica, no dissídio coletivo de natureza econômica não se alega violação ou ameaça ao direito posto, mas reivindica-se o reconhecimento de novos direitos.

Em nível infraconstitucional, ao traçar as normas fundamentais do processo, o CPC de 2015 reconheceu a importância da participação mais efetiva das partes, inclusive na formulação consensual de procedimentos.

Esta ampliação para a atuação mais efetiva das partes não ficou restrita apenas à seara extrajudicial, mas introduzida na própria marcha do processo judicial, conforme dispôs o art. 190:

> "Art. 190. Versando o processo sobre direitos que admitam autocomposição, é lícito às partes plenamente capazes estipular mudanças no procedimento para ajustá-lo às especificidades da causa e convencionar sobre os seus ônus, poderes, faculdades e deveres processuais, antes ou durante o processo.
>
> Parágrafo único. De ofício ou a requerimento, o juiz controlará a validade das convenções previstas neste artigo, recusando-lhes aplicação somente nos casos de nulidade ou de inserção abusiva em contrato de adesão ou em que alguma parte se encontre em manifesta situação de vulnerabilidade."

Embora a cultura do consensualismo esteja na gênese do direito material do trabalho, a doutrina e a jurisprudência trabalhistas receberam com reservas esta possibilidade na seara processual.

Porém, a matéria está merecendo uma nova análise em relação ao processo coletivo do trabalho, notadamente no que se refere ao "comum acordo" estabelecido no § 2º do art. 114 da CF/88, nos seguintes termos:

> "Art. 114
>
> (...),
>
> § 2º Recusando-se qualquer das partes à negociação coletiva ou à arbitragem, **é facultado às mesmas, de comum acordo**, ajuizar dissídio coletivo de natureza econômica, podendo a Justiça do Trabalho decidir o conflito, respeitadas as disposições mínimas legais de proteção ao trabalho, bem como as convencionadas anteriormente."

Cessado o acirrado questionamento quanto à exigência do "comum acordo", estabelecido no § 2º do art. 114 da CF/88, com a decisão proferida pelo STF, que julgou improcedente a ADI 3432 e reconheceu a constitucionalidade do preceito, abre-se a possibilidade de reestudar a matéria sob a perspectiva específica de atuação dos corpos intermediários também na seara processual trabalhista.

Na esteira das diretrizes traçadas pelo art. 190 do CPC, aplicadas por ser compatíveis com o processo coletivo do trabalho, o estabelecimento de regras procedimentais, visando a operacionalização do comum acordo, pode ser objeto de negociação coletiva entre os sindicatos que, assim, poderão ajustá-las às especificidades da causa e convencionar sobre os seus ônus, poderes, faculdades e deveres processuais, a serem observados antes, durante e depois do processo, considerando que as relações de trabalho têm natureza continuativa.

A interpretação sistemática deste entendimento vinculante, feita em conjunto com a integralidade do disposto no § 2º do art. 114 da CF/88, permite constatar que houve inequívoca valorização da autonomia privada coletiva, com ampliação da negociação coletiva, que poderá estabelecer também regras procedimentais por consenso, assim contribuindo para a formação de um microssistema próprio de direito coletivo processual trabalhista.

Assim sendo, as partes poderão inserir no corpo de um acordo ou convenção coletiva, celebrados na data-base, uma CLÁUSULA COMPROMISSÓRIA fixando os procedimentos para a operacionalização do comum acordo.

Outra possibilidade seria firmar, em caso de conflito, um TERMO DE COMPROMISSO que estabelecesse o comum acordo por consenso, também fixando regras procedimentais para sua operacionalização.

Esta cooperação na fixação de regras procedimentais/processuais possibilitará a obtenção de decisão de mérito justa e efetiva em tempo razoável, em cumprimento ao direito fundamental previsto no inciso LXXVIII do art. 5º da CF/88, que preceitua:

> "LXXVIII – a todos, no âmbito judicial e administrativo, são assegurados a razoável duração do processo e os meios que garantam a celeridade de sua tramitação."

Destarte, a negociação coletiva pode contribuir, de maneira significativa, para o fortalecimento de um microssistema de direito coletivo em sua totalidade, material e processual.

B – A implementação das Comissões de Conciliação Prévia

Ante a alteração promovida pela Lei n. 13.467/2017, que excluiu a exigência de homologação anteriormente prevista no § 1º do art. 477 da CLT, o momento se apresenta propício para reabilitar a atuação das Comissões de Conciliação Prévia, não só porque a assistência no momento da rescisão é muito importante para o trabalhador, pois permite um acertamento correto das verbas devidas, mas também para o empregador, pois contribui para evitar a formação de um passivo trabalhista. Além disso, constitui um excelente caminho para aproximar o sindicato da base dos trabalhadores.

A Lei n. 9.958/2000, que inseriu os arts. 625-A a 625-H na CLT, facultou às empresas e sindicatos a instituição de "Comissões de Conciliação Prévia", com a atribuição de tentar conciliar os conflitos individuais do trabalho.

Estabeleceu que as referidas Comissões seriam formadas por composição paritária, composta por no mínimo dois e, no máximo, dez membros, metade formada por representantes dos empregados (eleitos em escrutínio secreto, fiscalizado pelo sindicato de categoria) e a outra metade indicada pelo empregador, gozando de estabilidade até um ano após o final do mandato, salvo no caso de falta grave.

Conforme estabeleceu o art. 625-C da CLT, a Comissão de Conciliação Prévia, instituída no âmbito do sindicato, deveria ter "sua constituição e normas de funcionamento definidas em convenção ou acordo coletivo", de sorte que a negociação coletiva poderia avançar na elaboração destas normas de funcionamento, abrindo espaços para uma atuação mais proativa dos sindicatos.

4.4. Os desafios que a revolução digital traz para os sindicatos

Os efeitos provocados pela revolução digital no Direito do Trabalho vêm evidenciando um aumento preocupante do déficit de eficácia do modelo normativo estatal, incapaz de oferecer respostas aos novos conflitos.

Neste cenário, a ação sindical pode criar novos marcos protetivos coletivos pela via negocial, visando o atendimento de interesses comuns daqueles que trabalham nas mesmas condições, mesmo em tempo e espaço diversos.

Para que esta atuação sindical se revista de eficácia, algumas providências se fazem necessárias, entre as quais é possível destacar:

1ª) promover maior aproximação das lideranças sindicais com a base, utilizando-se dos novos meios de comunicação como email e WhatsApp, a fim de superar a pulverização dos trabalhadores que deixaram de atuar concentrados no mesmo espaço físico.[148]

2ª) ressignificar o princípio da solidariedade, o que implica em ampliar os laços de sociabilidade nos novos tipos de relações de trabalho trazidas pela revolução digital, notadamente as que ocorrem em ambiente virtual.

---

(148) Durante audiências de conciliação e mediação em conflitos coletivos, por mim presididas durante o período em que atuei como Vice-Presidente do TRT 15, lideranças sindicais passaram a comunicar-se com os trabalhadores mediante WhatsApp, o que facilitava muito a composição.

3ª) ampliar a representação sindical para abranger os trabalhadores em geral e não apenas os empregados, para que os acordos e convenções coletivas não tenham sua aplicação restrita aos contratos de emprego.[149]

4ª) intensificar o diálogo social não apenas entre sindicatos, mas também entre federações e confederações para conferir maior abrangência à aplicação das normas negociadas.

Além disso, os movimentos sindicais precisam atingir um horizonte de maturidade, para entender que os novos conflitos trabalhistas, que surgem nestas novas modalidades de relações de trabalho, presencial e virtual, vão exigir uma atuação mais propositiva, que se fará mais por atos concretos e menos por discurso.

Com efeito, a valorização de um modelo normativo negocial exige o aprimoramento da capacidade de dialogar em circunstâncias adversas, mediante apresentação de propostas factíveis com a realidade, no lugar de inflamados discursos teóricos e retóricos midiáticos, que não produzem resultados.

Vivemos um momento de transformação, em que o sindicato é desafiado a superar a lógica binária (celetista/não celetista), até hoje imperante no modelo jurídico trabalhista, substituindo-o por um direito negocial permeável às diferentes especificidades que caracterizam as novas relações de trabalho, tanto presencial quanto virtual, marcadas por uma constante dialética de fluxos e contrafluxos, que demandam um novo reequilíbrio na correlação de forças entre o capital e o trabalho.

Ao discorrer sobre a atuação sindical, Antonio Baylos[150] destaca a importância do reconhecimento da sua "autonomia e independência", tendo o art. 5º da Carta Social Europeia assim garantido, ao estabelecer que as legislações nacionais não podem reduzir a liberdade sindical, por se constituir em elemento crucial para a determinação dos direitos humanos fundamentais, que devem ser reconhecidos e garantidos pelos Estados-membros da União Europeia, como essencial para a configuração da ordem democrática. Destarte, a autonomia está diretamente atrelada à liberdade sindical, que implica na consagração da pluralidade, conforme assegurado pela Convenção n. 87 da OIT.

---

(149) O art. 511 da CLT já prevê expressamente a possibilidade de sindicatos representarem profissionais liberais e também trabalhadores autônomos. A Recomendação n. 184 da OIT, parte V, n. 11 garante o direito à sindicalização e à negociação coletiva no regime de trabalho em domicilio. Disponível em: https://www.ilo.org/dyn/normlex/es/f?p=NORMLEXPUB:12100:0::NO:12100:P12100_INSTRUMENT_ID:312522:NO. Acesso em: 13 maio 2023.

(150) BAYLOS, Antonio; CASTELLI, Nunzia. El derecho de libertad sindical em Europa: contenido e alcance de La Carta Social Europea. *In*: *Liberdade sindical*: uma proposta para o Brasil. Alexandre Agra Belmonte, Luciano Martinez, Thereza Nahas (coord.). 1. ed. Campinas, SP: Lacier Editora, 2021. p. 652-660.

Portanto, assevera Baylos, o sindicato não pode ser considerado apenas como uma organização que representa os trabalhadores assalariados, devendo ser reconhecido como um "ator social que expressa a identidade social dos trabalhadores em seu conjunto" e, assim, atuam em uma posição "dialética de contrapoder" em relação aos detentores do capital. Daí sua importância institucional para implementar o diálogo social, com o objetivo de proceder às necessárias reformas no ordenamento jurídico laboral.

A consagração da liberdade sindical, como um direito fundamental nas Constituições promulgadas após a 2ª Guerra, implica no reconhecimento de um espaço de poder e de ação ao sindicato, como sujeito coletivo que atua para proteger os interesses dos trabalhadores, no âmbito de sua autonomia coletiva.

Baylos[151] esclarece que o princípio da autonomia coletiva plena decorreu de "uma reação ao processo de concentração do poder estatal", surgindo com a "reivindicação de emancipar os tradicionais centros de poder normativo das relações de trabalho, instituindo-se a plena autonomia normativa do grupo social, dos sujeitos coletivos e das relações que estes estabelecem entre si". Refere que a "ideia fundamental é que deveria ser criado um sistema regulador das relações de trabalho baseado na autonomia coletiva, na discussão e no consenso (oposição-compromisso), alcançado livremente e garantido pelos próprios sujeitos sociais, mais do que apoiado no formalismo contratual ou na coerção estatal".

Neste contexto, destaca a relevância da negociação coletiva como um "elemento nuclear" e "eixo em torno do qual gira o sistema regulador das relações de trabalho, especializado e diferenciado em relação ao ordenamento jurídico estatal", em que as relações contratuais coletivas buscam "encontrar um equilíbrio de interesses entre as partes sociais", mediante a construção de soluções de compromisso, que conferem às convenções/acordos coletivos "a validade normativa de um contrato de direito privado".

Explica que, tal como ocorreu nos anos 80 na Europa, ante a "incapacidade do sistema parlamentar e da administração pública para canalizar o conflito, recorre-se à institucionalização de mecanismos de concertação entre o governo, os sindicatos e as associações patronais", em que a composição dos diferentes interesses realizam-se mediante uma "dinâmica negocial contínua, produzindo-se uma real delegação dos poderes normativos estatais para as organizações sociais", de modo que a "juridificação das relações coletivas de trabalho já não está, portanto, dominada pelo mito da lei como instrumento regulador por excelência".

---

(151) BAYLOS, Antonio. *Direito do Trabalho*: modelo para armar. Tradução de Flávio Benites e Cristina Schultz. São Paulo: LTr, 1999. p. 71.

Após esclarecer que, no direito português o termo sindicato é exclusivo das associações de classe de trabalhadores, João Leal Amado[152] afirma que em Portugal a liberdade sindical está consagrada como direito fundamental no art. 55º da Constituição da República (CRP), dotado "de natureza multidimensional", que "apresenta diversas valências" como a liberdade de constituição, liberdade de inscrição, liberdade de organização e regulamentação, liberdade de ação e o direito de tendência na forma estabelecida pelos estatutos, que surgiu "como um remédio contra as clivagens e divisões, como uma tentativa de preservar a unidade salvaguardando as diferenças".

Ante as novas formas de trabalhar trazidas pela revolução digital, João Leal Amado registra que, "também em Portugal, o sindicalismo atravessa uma grave e persistente crise", decorrente de muitas causas, entre as quais não pode deixar de assinalar "a conduta do próprio movimento sindical, que nem sempre tem sabido preservar a sua independência, máxime em relação aos partidos políticos", o que "mina a confiança dos trabalhadores".

Assim, ressalta João Leal Amado, a revalorização dos sindicatos dependerá da "capacidade de adaptação, regeneração e modernização" de sua atuação e estrutura organizacional.

No Brasil, o sindicato enfrenta o desafio de construir sua maturidade, o que implica considerar que a liberdade sindical possui duas vertentes: uma dimensão individual, que garante o ato voluntário do trabalhador associar-se, ou não, a um sindicato, assim com o direito de se desfiliar; e uma dimensão coletiva, que garante a existência do sindicato como uma instituição ínsita à democracia, que assim deve pautar também sua organização por um modelo de "democracia sindical interna".

Por isso, o fortalecimento da democracia interna nas organizações sindicais vem adquirindo centralidade, quando se trata de construir um novo modelo sindical que tenha aptidão para enfrentar os desafios lançados pelas mudanças que a revolução digital trouxe para o mundo do trabalho, notadamente quanto à possibilidade de prestar serviços em diferentes tempos e lugares, assim erodindo o modelo sindical anterior, pautado pela reunião de trabalhadores em um mesmo espaço físico, o que facilitava a concentração de poder nas mãos dos mesmos grupos, que conseguiam manter a direção dos sindicatos por várias décadas.

Não há dúvida que a revolução digital, iniciada nas décadas finais do século XX e intensificada neste início de século XXI, produziu efeitos signifi-

---

(152) AMADO, João Leal. Liberdade sindical e direitos das associações sindicais: breve esboço do sistema português. *In*: *Liberdade sindical*: uma proposta para o Brasil. Alexandre Agra Belmonte, Luciano Martinez, Thereza Nahas (coord.). 1. ed. Campinas, SP: Lacier Editora, 2021. p. 595-612.

cativos não só no modelo industrial, mas em todas as atividades produtivas, assim demandando a organização de um novo modelo sindical.

O amplo espaço, que vem sendo concedido à autonomia privada coletiva, exige que os sindicatos democratizem sua organização interna, para tanto garantindo maior acesso dos trabalhadores às informações referentes à gestão da diretoria, abrindo espaços para a participação mais intensiva dos trabalhadores nos processos decisórios, a fim de conferir maior legitimidade à representação sindical, o que contribui para fortalecer sua capacidade reivindicatória tanto nas negociações coletivas, quanto nas ações de autotutela, como no caso de greve (art. 9º da Constituição Federal de 1988 e Lei n. 7.783/89).

Portanto, a configuração de um novo modelo de atuação sindical se reveste de peculiar importância, neste momento em que surgem novos tipos de prestação de serviços, situados em uma zona cinzenta, dotados de características peculiares que, se por um lado afastam sua configuração como trabalho assalariado, por outro lado também dificultam sua identificação como trabalho autônomo, o que vai demandar a atuação cada vez mais efetiva das entidades sindicais, a fim de construir novos parâmetros de proteção para estas novas modalidades de trabalho.

Ademais, a valorização da autonomia privada coletiva implica em evitar a crescente "individualização", que isola os novos trabalhadores do meio virtual, exigindo a ressignificação do princípio da solidariedade, imprescindível para respaldar a legitimidade da atuação sindical, que se torna cada vez mais necessária para a defesa dos interesses dos trabalhadores.

Isto porque, mesmo que não haja subordinação, as peculiaridades da *sharing economy* (economia colaborativa/compartilhamento) que opera por plataformas digitais (*work on-demand* via *apps*) demonstram a existência de variados níveis de vulnerabilidade, assim demandando que seja conferida uma nova dimensão ao princípio protetor dos direitos fundamentais dos trabalhadores em sentido amplo.

Nas plataformas digitais, o trabalho pode ser prestado inteiramente *online* (*crowdwork online*), ou mediante acesso ao sistema por plataformas digitais (*online*), mas com a prestação de serviços *offline* (*crowdworks offline*), como ocorre com os entregadores e prestadores de serviço de transporte por aplicativo.

Este novo cenário se apresenta distópico e provoca a disfuncionalidade do modelo jurídico centrado na matriz estatal binária (celetista/não celetista), que na era contemporânea é desafiado a se transformar pelo reconhecimento da importância da autonomia privada coletiva e consequente ampliação da autocomposição pela intensificação da negociação coletiva.

Assim, a revolução digital veio repristinar a importância que o princípio da primazia da realidade sempre teve, como marco distintivo que caracteriza o Direito do Trabalho como ramo autônomo no sistema jurídico.

Américo Plá Rodriguez[(153)] destaca que seu significado consiste em reconhecer a "primazia dos fatos sobre as formas, as formalidades ou as aparências", ou seja, "importa o que ocorre na prática, mais do que aquilo que as partes hajam pactuado de forma mais ou menos solene, ou expressa, ou aquilo que conste em documentos, formulários e instrumentos de controle", assim ratificando o pensamento de Mario de La Cueva, ao priorizar a realidade fática[(154)] como um dos marcos fundantes do Direito do Trabalho, lastreado no secular brocardo jurídico "*veritas non auctoritas facit legem*".

Ademais, as normas que tem aplicação circunscrita aos territórios nacionais se tornam insuficientes quando as novas ferramentas tecnológicas possibilitam a atuação dos trabalhadores em diferentes países, muitas vezes organizados pela mesma cadeia produtiva que atua de forma transnacional, o que torna necessário construir um novo modelo de normatividade negocial trabalhista internacional, o que vem sendo reconhecido pela doutrina internacional[(155)], pois valoriza a normatividade construída pelos próprios atores sociais[(156)].

Assim sendo, neste novo cenário trazido pela revolução digital, é preciso que o movimento de valorização da norma negociada tenha o escopo de otimizar a proteção dos direitos fundamentais trabalhistas, mediante a aplicação mais efetiva das Convenções e Recomendações da OIT não apenas no âmbito interno nacional, mas também na arena internacional e nas relações trabalhistas transnacionais, a fim de impedir a precarização das condições de trabalho e a estipulação de remuneração a patamares muito baixos, que comprometem a subsistência do trabalhador e provocam concorrência desleal.

Entre as cláusulas internacionais é oportuno destacar a *hardship*[(157)], porque estabelece a possibilidade de renegociação nas relações de trato

---

(153) PLÁ RODRIGUEZ, Américo. *Princípios de direito do trabalho.* 3. ed. atualizada. Tradução de Wagner Giglio. São Paulo: LTr, 2000. p. 351-352.

(154) DE LA CUEVA, Mario. *El nuevo derecho mexicano del trabajo.* 3. ed. México: Editorial Porrúa, 1975. p. 214-217.

(155) BERGER, Klaus Peter. *The New Law Merchant and the Global Market Place*: A 21st Century View of Transnational Commercial Law. Disponível em: https://www-trans--lex-org.translate.goog/2/_/a-21st-century-view-of-transnational-commercial-law/?_x_tr_sl=en&_x_tr_tl=pt&_x_tr_hl=pt-BR&_x_tr_pto=sc.

(156) UNIDROIT (Instituto Internacional para a Unificação do Direito Privado – International Institute for the Unification of Private Law); UNCITRAL (United Nations Commission on International Trade Law); CISG (United Nations on Contracts for the international Sale of Goods).

(157) *Hardship*, na prática contratual internacional, significa a alteração de fatores políticos, econômicos, financeiros, legais ou tecnológicos que causam algum dano econômico aos

sucessivo, visando a redução de riscos, o que respalda a amplitude da negociação coletiva trabalhista internacional, pois os efeitos provocados pela revolução digital desbordam os limites territoriais nacionais.

A cláusula *hardship* tem seu conteúdo inspirado no conceito da *rebus sic stantibus* e se reveste de clara importância na época contemporânea, em que as mudanças ocorrem com incrível rapidez nas novas modalidades de trabalho trazidas pela revolução digital e o gerenciamento das plataformas é feito por algoritmo, com alcance internacional, assim exigindo a configuração de um novo modelo de atuação sindical.

Importante registrar que o reconhecimento da necessidade de uma nova configuração jurídica da negociação coletiva foi expressamente reafirmado no Documento Final firmado na Conferência Internacional do Trabalho – 108ª Sessão, elaborado pela OIT em 2019[(158)], para comemorar o centenário de sua criação.

---

contratantes. É fato que toda crise econômica traz consigo a recessão, que por sua vez gera insegurança e incerteza sobre as relações contratuais. Por este motivo, faz-se imprescindível, nos contratos internacionais, a previsão da cláusula de *hardship*.

A citada cláusula consiste em um instrumento hábil que permite a readaptação do contrato em razão de fatos supervenientes à celebração do contrato, prevendo a renegociação pelos contratantes dos termos contratuais, quando a execução houver se tornado inútil ou demasiado onerosa para um deles, em vista das modificações imprevistas de circunstâncias que embasaram o negócio, ou seja, em razão de fatos supervenientes à celebração do contrato, que alterem substancialmente as circunstâncias econômicas a que as partes estavam sujeitas no momento da contratação, ela apresenta-se ao direito contratual como instrumento de conservação do negócio jurídico.

As cláusulas de *hardship* garantem a minoração dos riscos.

Vale destacar que não necessariamente a cláusula deve se restringir aos parâmetros elencados, pois trata-se de uma clara manifestação da autonomia da vontade dos contratantes, na qual ambos terão a possibilidade de estabelecer as diretrizes que melhor satisfaçam e auxiliem a manutenção da relação contratual.

(158) Disponível em: https://www.ilo.org/wcmsp5/groups/public/---europe/---ro-geneva/---ilo-lisbon/documents/publication/wcms_706928.pdf. Acesso em: 13 maio 2023.

CAPÍTULO 5

A REVOLUÇÃO DIGITAL E O CONCEITO DE RESPONSABILIDADE NO DIREITO COLETIVO DO TRABALHO

A revolução digital trouxe novos desafios para o conceito de responsabilidade no direito coletivo do trabalho. Entre eles, a questão referente à dispensa coletiva se apresenta como uma das mais relevantes.

A questão envolvendo a dispensa coletiva de trabalhadores sempre foi tormentosa, notadamente em decorrência dos efeitos econômicos e sociais que provoca, não só quanto à perda da renda que o trabalhador necessita para sobreviver, mas também em decorrência dos desdobramentos psicológicos e de identidade social que desencadeia em relação à pessoa do trabalhador e sua família. Ademais, em cidades pequenas, a dispensa coletiva de uma única empresa pode comprometer a economia de todo o Município, além de reduzir ainda mais as chances de recolocação do trabalhador no mercado de trabalho, o que justifica a ampliação do conceito de responsabilidade trabalhista.

5.1. O regramento da União Europeia

A Diretiva 98/59/CE de 20/07/1998 tratou da dispensa coletiva no âmbito da União Europeia[(159)], traçando os seguintes parâmetros:

Definições e âmbito de aplicação

Art. 1º

1. Para efeitos da aplicação da presente directiva:

a) Entende-se por "despedimentos colectivos" os despedimentos efectuados por um empregador, por um ou vários motivos não inerentes à pessoa dos trabalhadores, quando o número de despedimentos abranger, segundo a escolha efectuada pelos Estados-membros:

i) ou, num período de 30 dias:

---

(159) Disponível em: https://osha.europa.eu/pt. Acesso em: 30 jan. 2023.

– no mínimo 10 trabalhadores, nos estabelecimentos que empreguem habitualmente mais de 20 e menos de 100,

– no mínimo 10% do número dos trabalhadores, nos estabelecimentos que empreguem habitualmente no mínimo 100 e menos de 300 trabalhadores,

– no mínimo 30 trabalhadores, nos estabelecimentos que empreguem habitualmente no mínimo 300;

ii) ou, num período de 90 dias, no mínimo 20 trabalhadores, qualquer que seja o número de trabalhadores habitualmente empregados nos estabelecimentos em questão;

b) Entende-se por «representantes dos trabalhadores» os representantes dos trabalhadores previstos pela legislação ou pela prática dos Estados-membros.

Para o cálculo do número de despedimentos previsto no primeiro parágrafo, alínea a), são equiparadas a despedimentos as cessações do contrato de trabalho por iniciativa do empregador por um ou vários motivos não inerentes à pessoa dos trabalhadores, desde que o número de despedimentos seja, pelo menos, de cinco.

2. A presente directiva não é aplicável:

a) Aos despedimentos colectivos efectuados no âmbito de contratos de trabalho a prazo ou à tarefa, salvo se estes despedimentos forem efectuados antes do termo ou do cumprimento destes contratos;

b) Aos trabalhadores das administrações públicas ou dos estabelecimentos de direito público (ou das entidades equivalentes nos Estados-membros que não conheçam esta noção).

Informação e consulta

Art. 2º

1. Sempre que tenciona efectuar despedimentos colectivos, a entidade patronal é obrigada a consultar em tempo útil os representantes dos trabalhadores, com o aylort de chegar a um acordo.

2. As consultas incidirão, pelo menos, sobre as possibilidades de evitar ou de reduzir os despedimentos colectivos, bem como sobre os meios de atenuar as suas consequências recorrendo a medidas sociais de acompanhamento destinadas, nomeadamente, a auxiliar a reintegração ou reconversão dos trabalhadores despedidos. Os Estados-membros podem prever que os representantes dos trabalhadores possam recorrer a peritos, nos termos das legislações e/ou práticas nacionais.

3. Para que os representantes dos trabalhadores possam formular propostas construtivas, o empregador deve, em tempo útil, no decurso das consultas:

a) Facultar-lhes todas as informações necessárias; e

b) Comunicar-lhes, sempre por escrito:

i) os motivos do despedimento previsto,

ii) o número e as categorias dos trabalhadores a despedir,

iii) o número e as categorias dos trabalhadores habitualmente empregados,

iv) o período durante o qual se pretende efectuar os despedimentos,

v) os critérios a utilizar na aylor dos trabalhadores a despedir, na medida em que as leis e/ou práticas nacionais dêem essa competência ao empregador,

vi) o método previsto para o cálculo de qualquer eventual indenização de despedimento que não a que decorre das leis e/ou práticas nacionais.

O empregador deve remeter cópia à autoridade pública competente pelo menos dos elementos da comunicação escrita previstos nas subalíneas i) a v) da alínea b).

4. As obrigações previstas nos ns. 1, 2 e 3 são aplicáveis independentemente de a decisão dos despedimentos colectivos ser tomada pelo empregador ou por uma empresa que o controle.

Quanto às alegadas infracções às obrigações de informação, consulta e notificação previstas na presente directiva, não será tomada em consideração qualquer justificação do empregador fundamentada no facto de as informações necessárias não lhe terem sido fornecidas pela empresa cuja decisão deu origem dos despedimentos colectivos.

Processo de despedimento e colectivo

Art. 3º

1. O empregador deve notificar por escrito a autoridade pública competente de qualquer projecto de despedimento colectivo.

No entanto, os Estados-membros podem prever que, caso de um projecto de despedimento colectivo resultante da cessação das actividades de um estabelecimento na sequência de uma decisão judicial, o empregador seja obrigado a notificar por escrito a autoridade pública competente apenas se esta a solicitar.

Caso o projeto de despedimento coletivo diga respeito a membros da tripulação de um navio de mar, o empregador deve notificar a autoridade competente do Estado do pavilhão que o navio arvora.

A notificação deve conter todas as informações úteis respeitantes ao projecto de despedimento colectivo e às consultas aos representantes dos trabalhadores previstas no art. 2º, *nomeadamente, os motivos do despedimento, o número de trabalhadores a despedir, o número dos trabalhadores habitualmente empregados e o período no decurso do qual se pretende efectuar os despedimentos.*

2. O empregador deve remeter aos representantes dos trabalhadores uma cópia da notificação prevista no n. 1.

Os representantes dos trabalhadores podem transmitir as suas eventuais observações à autoridade pública competente.

Art. 4º

1. Os despedimentos colectivos, de cujo projecto tenha sido notificada a autoridade pública competente, não podem produzir efeitos antes de decorridos 30 dias após a notificação prevista no n. 1 do art. 3º *e devem respeitar as disposições reguladoras dos direitos individuais em matéria de aviso prévio de despedimento. Os Estados-membros podem conceder à autoridade pública competente a faculdade de reduzir o prazo referido no primeiro parágrafo deste número.*

2. A autoridade pública competente aproveitará o prazo referido no n. 1 para procurar soluções para os problemas criados pelos despedimentos colectivos previstos.

3. Quando o prazo inicial previsto no n. 1 for inferior a 60 dias, os Estados-membros podem conceder à autoridade pública competente a faculdade de determinar a dilatação do prazo inicial até 60 dias após a notificação, sempre que se verifique o risco de não se encontrar, no prazo inicial, solução para os problemas criados pelos despedimentos colectivos previstos.

Os Estados-membros podem conceder à autoridade pública competente mais amplas faculdades de dilatação de prazo.

O empregador deve ser informado da dilatação e dos seus motivos antes de expirar o prazo inicial previsto no n. 1.

Os Estados-membros não são obrigados a aplicar o presente artigo em caso de despedimentos colectivos resultantes da cessação das actividades de um estabelecimento, quando esta resultar de uma decisão judicial.

Disposições finais

Art. 5º

A presente directiva não prejudica a faculdade que os Estados-membros têm de aplicar ou de introduzir disposições legislativas, regulamentares ou **administrativas mais favoráveis aos trabalhadores ou de permitir ou promover a aplicação de disposições convencionais mais favoráveis aos trabalhadores**.

Art. 6º

Os Estados-membros devem prever a existência de procedimentos administrativos e/ou judiciais para fazer cumprir as obrigações instituídas pela presente directiva a que possam recorrer os representantes dos trabalhadores e/ou os trabalhadores.

Art. 7º

Os Estados-membros comunicarão à Comissão o texto das disposições essenciais de direito interno já adoptadas ou que vierem a adoptar no domínio regulado pela presente directiva.

5.2. O despedimento coletivo em Portugal

O ordenamento jurídico português tem observado o cumprimento da Diretiva 98/59/CE de 20.07.1998 da União Europeia.

Em relação à matéria, explica o Professor João Leal Amado(160) que o sistema jurídico português está assentado na "tutela da segurança no emprego" que exige:

1 – a explicitação da motivação, "sendo desde logo proibidos os despedimentos sem justa causa ou por motivos políticos ou ideológicos";

2 – a observância da processualização ou procedimentalização, "sendo que a inexistência ou a nulidade do processo/procedimento disciplinar determina a ilicitude do despedimento";

---

(160) AMADO, João Leal. *A cessação do contrato de trabalho*: uma perspectiva luso-brasileira. São Paulo: LTr, 2017. p. 95-96, 101-102.

3 – a técnica sancionatória que prevê, em caso de invalidade do despedimento, "o direito à reintegração do trabalhador ilicitamente despedido", além de outras consequências.

Esclarece que a lei portuguesa admite e regula três modalidades de "despedimento por causas objetivas":

1) despedimento coletivo;

2) despedimento por extinção do posto de trabalho;

3) despedimento por inadaptação do trabalhador.

Ao disciplinar o despedimento coletivo, o art. 359, n. 1 do Código de Trabalho português[(161)] estabelece, para reconhecer sua configuração, que a "ocorrência dê lugar a encerramento de uma ou várias secções ou estrutura equivalente, ou a redução do número de trabalhadores e seja determinada por motivos de mercado, estruturais ou tecnológicos", explicando que o despedimento coletivo pode surgir como "um mecanismo de resposta a situações de crise empresarial, em ordem a assegurar a viabilidade da empresa" (despedimento expediente), ou "como mecanismo destinado a prevenir a crise empresarial" com o objetivo de assegurar que a empresa permaneça saudável e vivaz" (despedimento eficiente)", fazendo remissão à terminologia adotada por Bernardo Lobo Xavier.

A legislação portuguesa apresenta diretrizes importantes em relação às seguintes questões que envolvem a dispensa coletiva:

---

(161) Código do Trabalho português – Lei n. 7/2009. Disponível em: https://dgert.gov.pt; www.dre.pt/dre/legislaçao-consolidada/lei/2009-34546475. Acesso em: 29 jan. 2023.
"Art. 359.
Noção de despedimento colectivo.
1 – Considera-se despedimento colectivo a cessação de contratos de trabalho promovida pelo empregador e operada simultânea ou sucessivamente no período de três meses, abrangendo, pelo menos, dois ou cinco trabalhadores, conforme se trate, respectivamente, de microempresa ou de pequena empresa, por um lado, ou de média ou grande empresa, por outro, sempre que aquela ocorrência se fundamente em encerramento de uma ou várias secções ou estrutura equivalente ou redução do número de trabalhadores determinada por motivos de mercado, estruturais ou tecnológicos.
2 – Para efeitos do disposto no número anterior consideram-se, nomeadamente:
a) Motivos de mercado – redução da actividade da empresa provocada pela diminuição previsível da procura de bens ou serviços ou impossibilidade superveniente, prática ou legal, de colocar esses bens ou serviços no mercado;
b) Motivos estruturais – desequilíbrio económico-financeiro, mudança de actividade, reestruturação da organização produtiva ou substituição de produtos dominantes;
c) Motivos tecnológicos – alterações nas técnicas ou processos de fabrico, automatização de instrumentos de produção, de controlo ou de movimentação de cargas, bem como informatização de serviços ou automatização de meios de comunicação."

1 – Indica que uma dispensa (despedimento) será caracterizada como coletiva se estiverem presentes os seguintes requisitos:

a) cessação de contratos de trabalho promovida pelo empregador e operada simultânea ou sucessivamente no período de três meses.

b) abrangência pelo menos de dois ou cinco trabalhadores, conforme se trate, respectivamente, de microempresa ou de pequena empresa, por um lado, ou de média ou grande empresa, por outro.

c) Implicar no encerramento de:

– uma ou várias seções;

– ou estrutura equivalente;

– ou redução do número de trabalhadores.

2 – Indica que a ocorrência da dispensa coletiva deve ser justificada pelos seguintes tipos de motivação:

a) motivos de mercado

São considerados motivos de mercado: a redução da atividade da empresa, provocada pela diminuição previsível da procura de bens ou serviços ou impossibilidade superveniente, prática ou legal, de colocar esses bens ou serviços no mercado.

b) motivos estruturais

São considerados motivos estruturais: desequilíbrio econômico-financeiro, mudança da atividade econômica explorada, reestruturação da organização produtiva ou substituição de produtos dominantes.

c) motivos tecnológicos

São considerados motivos tecnológicos: alterações nas técnicas ou processos de fabricação, automatização de instrumentos de produção, de controle ou de movimentação de cargas, bem como informatização de serviços ou automatização de meios de comunicação.

Esclarece o Prof. João Leal Amado que, em conformidade com o que consta dos arts. 360 a 366 do Código de Trabalho português[(162)], o que distingue o despedimento coletivo do individual é a motivação e o procedimento exigido por lei.

Assim, o empregador deve comunicar esta intenção e a motivação aos trabalhadores. Após a comunicação terá início uma fase de "informações e

---

(162) Disponível em: https://dre.pt/dre/legislacao-consolidada/lei/2009-34546475-56411495. Acesso em: 9 fev. 2023.

negociação", com "vista a um acordo sobre a dimensão e efeitos das medidas a aplicar e, bem assim, de outras medidas que reduzam o número de trabalhadores a despedir", que, além das partes interessadas, contará também com a presença do ministério estatal "responsável pela área laboral".

A dispensa deverá ser comunicada a cada trabalhador, com observância do prazo diferenciado de aviso-prévio, que pode ir de 15 a 75 dias, dependendo da antiguidade. Neste período, o trabalhador tem direito a um crédito de horas correspondentes a 2 (dois) dias por semana para procurar um novo emprego.

Além disso, a dispensa coletiva também garante aos trabalhadores o direito a receber uma indenização, que é considerada como uma compensação pela perda do emprego, conforme disposto no art. 366, cujo valor vem sendo reduzido ao longo do tempo, conforme previsto nas Leis ns. 23/2012 e 69/2013, que promoveram "alterações muito significativas e bem sintomáticas da mudança de rumo operada: enquanto a lei anterior se preocupava com a consistência mínima do direito do trabalhador despedido, a nova lei perspectiva este direito, sobretudo, como um custo empresarial e procura conter este custo, embaratecendo o despedimento"[(163)].

Assevera o Prof. João Leal Amado[(164)] que, como dispõem os arts. 389 a 393 do Código de Trabalho português, em conformidade com o "princípio da coercibilidade do vínculo jurídico-laboral", se as normas legais não forem observadas, a dispensa *contra legem* será considerada ilícita e inválida, com a consequente obrigação de indenizar o trabalhador "por todos os danos causados, patrimoniais e não patrimoniais", além de "reintegrar o trabalhador no mesmo estabelecimento da empresa, sem prejuízo de sua categoria a antiguidade", com o pagamento dos "salários intercalares", assim considerados os devidos desde a data da dispensa irregular até a efetiva reintegração, que pode ser convertida em indenização nos casos previstos no art. 392 do Código do Trabalho de Portugal[(165)].

---

(163) AMADO, João Leal. Obra citada. p. 102-103.

(164) AMADO, João Leal. Obra citada. p. 117.

(165) Lei n. 7/2009. Art. 392. Indemnização em substituição de reintegração a pedido do empregador.

"1 – Em caso de microempresa ou de trabalhador que ocupe cargo de administração ou de direcção, o empregador pode requerer ao tribunal que exclua a reintegração, com fundamento em factos e circunstâncias que tornem o regresso do trabalhador gravemente prejudicial e perturbador do funcionamento da empresa.

2 – O disposto no número anterior não se aplica sempre que a ilicitude do despedimento se fundar em motivo político, ideológico, étnico ou religioso, ainda que com invocação de motivo diverso, ou quando o fundamento da oposição à reintegração for culposamente criado pelo empregador.

3 – Caso o tribunal exclua a reintegração, o trabalhador tem direito a indemnização, determinada pelo tribunal entre 30 e 60 dias de retribuição base e diuturnidades por cada ano

Interessante trazer à colação a decisão proferida pela Suprema Corte dos EUA (*Certiorari* 379 U.S. 203) em relação à decisão do Tribunal de Recursos dos Estados Unidos para o Circuito do Distrito de Columbia(166), que confirmou a deliberação do NLRB (*National Labor Relations Board*) ao considerar que, embora o motivo alegado pelo empregador para promover a dispensa coletiva fosse alegadamente econômico (redução de custos), a falta de negociação prévia com o sindicato sobre esta decisão viola disposição legal (*Section 8 (a) (5) of the National Labor Relations Act*), a Lei Nacional de Relações Trabalhistas, o que justifica a determinação de reintegração dos empregados demitidos. Assim, não é "necessário que seja provável ou improvável que o sindicato ceda ou forneça uma solução viável, mas sim que o sindicato tenha a oportunidade de atender às reclamações legítimas da administração, que sua manutenção foi indevidamente cara", pois se trata de garantir o princípio de boa-fé nas relações trabalhistas.

Assim, decidiu a Suprema Corte que, como foi constatado que o empregador havia se recusado a negociar sobre um assunto que é objeto estatutário de negociação coletiva, o Conselho tinha poderes para ordenar a retomada das operações de manutenção e reintegração dos trabalhadores dispensados.

5.3. A atuação sindical e a imputação de responsabilidade na dispensa coletiva no Brasil

No Brasil, a ampliação da imputação da responsabilidade na dispensa coletiva tem evoluído de maneira significativa, contribuindo para a formação de um "*tertium genus*" distinto do modelo dual civilista (objetiva/subjetiva).

Com efeito, apesar da dispensa coletiva imotivada ser um ato lícito, previsto na legislação em vigor (art. 477-A da CLT)(167), a prática de tal ato respalda a imputação de responsabilidade por provocar um dano quando ocorrer sem negociação prévia com o sindicato.

---

completo ou fracção de antiguidade, nos termos estabelecidos nos ns. 1 e 2 do artigo anterior, não podendo ser inferior ao valor correspondente a seis meses de retribuição base e diuturnidades."

(166) U.S. SUPREME COURT. *Fibreboard Paper Products Corp. v. Labor Board*, 379 U.S. 203 (1964). Disponível em: https://supreme.justia.com/cases/federal/us/379/203/. Acesso em: 12 fev. 2023.

(167) CLT. "Art. 477-A. As dispensas imotivadas individuais, plúrimas ou coletivas equiparam-se para todos os fins, não havendo necessidade de autorização prévia de entidade sindical ou de celebração de convenção coletiva ou acordo coletivo de trabalho para sua efetivação."

Neste sentido, a *ratio decidendi* do julgamento proferido pelo STF no RE 999435 que, em conformidade com o art. 2º da Convenção n. 154 da OIT, promulgada pelo Decreto n. 1.256/1994, fixou o Tema 638, com repercussão geral, nos seguintes termos:

Tese

"A intervenção sindical prévia é exigência procedimental imprescindível para a dispensa em massa de trabalhadores, que não se confunde com autorização prévia por parte da entidade sindical ou celebração de convenção ou acordo coletivo."

Embora a alocução "intervenção sindical" não prime pela melhor técnica, a diretriz jurisprudencial consagrada na tese fixada pelo STF estabelece a responsabilidade empresarial em abrir um diálogo com as entidades sindicais, antes de proceder à dispensa coletiva dos trabalhadores, a fim de evitar que a prática de um ato lícito gere maiores danos à coletividade, além daqueles inerentes à rescisão contratual.

Assim, respalda a concepção de que em direito coletivo do trabalho é possível imputar responsabilidade pelo ressarcimento de dano, mesmo quando esse dano decorre da prática de um ato lícito.

Este diálogo com o sindicato profissional tem que ser promovido de forma efetiva, mediante negociações coletivas pautadas pela boa-fé objetiva, o que implica no dever conexo de prestar informações fidedignas, cabendo à empresa não só expor a motivação justificadora das dispensas coletivas, mas também disponibilizar as informações respectivas[(168)], visando a obtenção de soluções consensuais que preservem os trabalhadores mais vulneráveis como, por exemplo, os que estão em fase de pré-aposentadoria, os que tem filhos pequenos, entre outros, em conformidade com a diretriz traçada pelo inciso XXVI do art. 7º e inciso III do art. 8º, ambos da CF/88.

A diretriz que consagra a valorização da autonomia privada coletiva foi seguida pelo STF também no julgamento da ADI 3423, (analisada em conjunto com as ADIs 3431, 3392, 3432 e 3520), que na oportunidade reconheceu não ter ocorrido ofensa aos incisos XXXV, LV e LXXVIII do art. 5º, assim como o inciso IV do § 4º do art. 60, ambos da CF/88[(169)].

---

(168) MARTINS COSTA, Judith. Obra citada. p. 579-581. Explica que a boa-fé objetiva tem deveres anexos e conexos, entre os quais se destaca o dever de prestar informações fidedignas.

(169) O Plenário do Supremo Tribunal Federal (STF) julgou constitucional o dispositivo da Reforma do Judiciário (Emenda Constitucional 45/2004) que exige a anuência mútua das partes para o ajuizamento de dissídio coletivo trabalhista e atribui legitimidade ao Ministério Público do Trabalho (MPT) para ajuizar o dissídio em caso de greve em atividades essenciais. A decisão, por maioria, se deu no julgamento da Ação Direta de Inconstitucionalidade (ADI) 3423. Segundo o relator, Ministro Gilmar Mendes, não há nos dispositivos qualquer violação às cláusulas pétreas da Constituição Federal. Disponível em: https://portal.stf.jus.br/noticias/verNoticiaDetalhe.asp?idConteudo=444672&ori=1. Acesso em: 5 maio 2023.

Em relação à dispensa coletiva, não se pode deixar de mencionar o caso Embraer, em que foi proferida decisão paradigmática para construir um *tertium genus*, ao ampliar no direito coletivo do trabalho a imputação de responsabilidade ao causador do dano, mesmo quando decorrente da prática de um ato lícito.

A Empresa Brasileira de Aeronáutica S.A. (Embraer) é uma das maiores fabricantes mundiais de aviões e uma das maiores exportadoras brasileiras. Em 2009, possuía mais de 20.000 empregados e tinha previsão de comercializar cerca de 200 (duzentos) aviões de grande porte e 120 (cento e vinte) de pequeno porte. Porém, com a crise econômica internacional que eclodiu em 2008/2009, a empresa sofreu redução considerável de suas encomendas e, no dia 19 de fevereiro de 2009, a Embraer demitiu 4.273 empregados, o que correspondia a cerca de 20% de sua força de trabalho.

O Sindicato dos Metalúrgicos de São José dos Campos e região, mais outras entidades sindicais profissionais que representavam os empregados da Embraer, ajuizaram dissídio coletivo com pedido de liminar, perante o Tribunal Regional do Trabalho (TRT) da 15ª Região – Processo 309-2009-000-15-00, pleiteando que fosse declarada a nulidade dessa dispensa coletiva e determinada a reintegração dos trabalhadores demitidos, além do pagamento de uma indenização, pela prática de ato ilícito (proceder a dispensa coletiva sem negociar com os sindicatos).

O presidente do TRT da 15ª Região concedeu liminar e determinou a suspensão das rescisões contratuais até a data da audiência de conciliação.

Porém, as audiências de conciliação realizadas não tiveram êxito e o dissídio coletivo foi a julgamento. O TRT rejeitou as preliminares de extinção do processo e, no mérito, julgou **parcialmente procedente** o pedido para, sem prejuízo da percepção das verbas rescisórias típicas, declarar:

a) a abusividade da dispensa coletiva, sem negociação prévia e sem instituição de programa de demissão voluntária;

b) a inexistência de garantia de emprego ou estabilidade;

c) o direito de cada empregado demitido a uma compensação financeira de 2 (duas) vezes o valor de um mês de aviso prévio, limitado a R$ 7.000,00;

d) a suspensão dos contratos até 13 de março de 2009 (data da última audiência de conciliação);

e) a manutenção dos planos de saúde por 12 (doze) meses, a partir de 13.03.2009;

f) a preferência de recontratação dos empregados dispensados no caso de reativação dos postos de trabalho durante 2 (dois) anos, desde que apresentassem e preenchessem as qualificações exigidas para o cargo.

A ementa da decisão foi assim redigida:

"CRISE ECONÔMICA – DEMISSÃO EM MASSA – AUSÊNCIA DE PRÉVIA NEGOCIAÇÃO COLETIVA – ABUSIVIDADE – COMPENSAÇÃO FINANCEIRA – PERTINÊNCIA.

As demissões coletivas ou em massa relacionadas a uma causa objetiva da empresa, de ordem técnico-estrutural ou **econômico-conjuntural, como a atual crise econômica internacional, não podem prescindir de um tratamento jurídico de proteção aos empregados, com maior amplitude do que se dá para as demissões individuais e sem justa causa, por ser esta insuficiente, ante a gravidade e o impacto socioeconômico do fato.** Assim, governos, empresas e sindicatos devem ser criativos na construção de normas que criem mecanismos que, concreta e efetivamente, minimizem os efeitos da dispensa coletiva de trabalhadores pelas empresas. *À míngua de legislação específica que preveja procedimento preventivo, o único caminho é a negociação coletiva prévia entre a empresa e os sindicatos profissionais.* Submetido o fato à apreciação do Poder Judiciário, sopesando os interesses em jogo: liberdade de iniciativa e dignidade da pessoa humana do cidadão trabalhador, cabe-lhe proferir decisão que preserve o equilíbrio de tais valores.

Infelizmente não há no Brasil, a exemplo da União Europeia (Directiva 98/59), Argentina (Ley n. 24.013/91), Espanha Ano 52 Número 205 jan./mar. 2015 287 (Ley del Estatuto de los Trabajadores de 1995), França (Lei do Trabalho de 1995), Itália (Lei no 223/91), México (Ley Federal del Trabajo de 1970, cf. texto vigente – última reforma foi publicada no DOF de 17/01/2006) e Portugal (Código do Trabalho), legislação que crie procedimentos de escalonamento de demissões que levem em conta o tempo de serviço na empresa, a idade, os encargos familiares, ou aqueles em que a empresa necessite de autorização de autoridade, ou de um período de consultas aos sindicatos profissionais, podendo culminar com previsão de períodos de reciclagens, suspensão temporária dos contratos, aviso prévio prolongado, indenizações, etc.

No caso, a Embraer efetuou a demissão de 20% dos seus empregados, mais de 4.200 trabalhadores, sob o argumento de que a crise econômica mundial afetou diretamente suas atividades, porque totalmente dependentes do mercado internacional, especialmente dos Estados Unidos da América, matriz da atual crise.

Na ausência de negociação prévia e diante do insucesso da conciliação, na fase judicial só resta a esta Eg. Corte, finalmente, decidir com fundamento no art. 4º da Lei de Introdução ao Código Civil e no art. 8º da Consolidação das Leis do Trabalho. Assim, com base na orientação dos princípios constitucionais expressos e implícitos, no direito comparado, a partir dos ensinamentos de Robert Alexy e Ronald Dworkin, Paulo Bonavides e outros acerca da força normativa dos princípios jurídicos, é razoável que se reconheça a abusividade da demissão coletiva, por ausência de negociação. Finalmente, não sobrevivendo mais no ordenamento jurídico a estabilidade no emprego, exceto as garantias provisórias, é inarredável que se atribua, com fundamento no art. 422 do CC – boa-fé objetiva – o direito a uma compensação financeira para cada demitido. Dissídio coletivo que se julga parcialmente procedente." (g.n.)

Na fundamentação do acórdão, o relator, Desembargador José Antonio Pancotti, analisou a dispensa coletiva, suas características e a diferenciação com a dispensa individual em decorrência da maior amplitude dos seus efeitos lesivos, estabelecendo que, antes de proceder à dispensa coletiva, cabia à empresa tentar outras alternativas menos gravosas, como a suspensão contratual (*layoff*), concessão de férias coletivas, redução de jornada e salários.

Com efeito, a implementação de outras alternativas como a suspensão contratual (*layoff*), a concessão de férias e mesmo a implementação de planos de demissão voluntária, que normalmente preveem uma indenização pecuniária para estimular pedidos de demissão do empregado, minimizam os prejuízos dos atingidos pelo corte nos empregos, pois muitas vezes permitem a abertura de um negócio próprio, equilibrando-se a satisfação dos interesses da empresa com os do empregado e seus dependentes pela valorização do diálogo social, assim atendendo aos objetivos postos pela Constituição Federal de 1988, o que não foi observado no caso em julgamento.

O voto condutor do julgamento apoiou-se na doutrina de Robert Alexy e de Ronald Dworkin e na força axiológica dos princípios constitucionais, destacando que "o controle judicial dos atos jurídicos públicos ou privados, individuais ou coletivos, requerem uma nova postura da atividade jurisdicional", sendo "possível ao Tribunal reconhecer que é mais amplo o espectro constitucional de proteção ao trabalhador em caso de dispensa coletiva".

A decisão se apresentou lastreada nos princípios fundamentais da dignidade da pessoa humana, valores sociais do trabalho e da livre-iniciativa (art. 1º, incisos III e IV, da Constituição Federal de 1988) e nos objetivos traçados nos incisos I, II, III e IV do art. 3º, incisos I e II do art. 4º, assim como arts. 170 a 192 da Constituição Federal, como norteadores para a promoção do desenvolvimento social, redução da desigualdade social e adoção de ações que garantam acesso ao trabalho e previdência social. Porém, em cumprimento ao ordenamento legal em vigor, concluiu inexistir amparo para determinar a reintegração e, por isso, entendeu ser devida a indenização.

Imputou responsabilidade à empresa com fundamento na falta da boa-fé objetiva prevista no art. 422 do Código Civil e abuso de direito nos termos do art. 187 do Código Civil, por considerar que a falta de negociação coletiva prévia caracteriza a abusividade da dispensa coletiva.

Inconformados com a decisão proferida pelo TRT da 15ª Região, as partes interpuseram Recurso Ordinário para o Tribunal Superior do Trabalho (TST), que foi julgado nos seguintes termos:

> "RECURSO ORDINÁRIO EM DISSÍDIO COLETIVO. DISPENSAS TRABALHISTAS COLETIVAS. MATÉRIA DE DIREITO COLETIVO. IMPERATIVA INTERVENIÊNCIA SINDICAL. RESTRIÇÕES JURÍDICAS ÀS DISPENSAS COLETIVAS. ORDEM CONSTITUCIONAL E INFRACONSTITUCIONAL DEMOCRÁTICA EXISTENTE DESDE 1988.
>
> A sociedade produzida pelo sistema capitalista é, essencialmente, uma sociedade de massas. A lógica de funcionamento do sistema econômico-social induz a concentração e centralização não apenas de riquezas, mas também de comunidades, dinâmicas socioeconômicas e de problemas destas resultantes. A massificação das dinâmicas e dos problemas das pessoas e grupos sociais nas comunidades humanas, hoje, impacta de modo frontal a estrutura e o funcionamento operacional do próprio Direito. Parte significativa dos danos mais relevantes na presente sociedade e das correspondentes pretensões jurídicas têm natureza massiva.

O caráter massivo de tais danos e pretensões obriga o Direito a se adequar, deslocando-se da matriz individualista de enfoque, compreensão e enfrentamento dos problemas a que tradicionalmente perfilou-se. A construção de uma matriz jurídica adequada à massividade dos danos e pretensões característicos de uma sociedade contemporânea – sem prejuízo da preservação da matriz individualista, apta a tratar os danos e pretensões de natureza estritamente atomizada – é, talvez, o desafio mais moderno proposto ao universo jurídico, e é sob esse aspecto que a questão aqui proposta será analisada. As dispensas coletivas realizadas de maneira maciça e avassaladora, somente seriam juridicamente possíveis em um campo normativo hiperindividualista, sem qualquer regulamentação social, instigador da existência de mercado hobbesiano na vida econômica, inclusive entre empresas e trabalhadores, tal como, por exemplo, respaldado por Carta Constitucional como a de 1891, já há mais um século superada no país.

Na vigência da Constituição de 1988, das convenções internacionais da OIT ratificadas pelo Brasil relativas a direitos humanos e, por consequência, direitos trabalhistas, e em face da leitura atualizada da legislação infraconstitucional do país, é inevitável concluir-se pela presença de um Estado Democrático de Direito no Brasil, de um regime de império da norma jurídica (e não do poder incontrastável privado), de uma sociedade civilizada, de uma cultura de bem-estar social e respeito à dignidade dos seres humanos, tudo repelindo, imperativamente, dispensas massivas de pessoas, abalando empresa, cidade e toda uma importante região.

Em consequência, fica fixada, por interpretação da ordem jurídica, a premissa de que 'a negociação coletiva é imprescindível para a dispensa em massa de trabalhadores'.

DISPENSAS COLETIVAS TRABALHISTAS. EFEITOS JURÍDICOS.

A ordem constitucional e infraconstitucional democrática brasileira, desde a Constituição de 1988 e diplomas internacionais ratificados (Convenções OIT ns. 11, 87, 98, 135, 141 e 151, ilustrativamente), não permite o manejo meramente unilateral e potestativista das dispensas trabalhistas coletivas, por se tratar de ato/fato coletivo, inerente ao Direito Coletivo do Trabalho, e não Direito Individual, exigindo, por consequência, a participação do(s) respectivo(s) sindicato(s) profissional(is) obreiro(s). Regras e princípios constitucionais que determinam o respeito à dignidade da pessoa humana **(art. 1º, III, CF), a valorização do trabalho e especialmente do emprego (arts. 1º, IV, 6º e 170, VIII, CF), a subordinação da propriedade à sua função socioambiental (arts. 5º, XXIII e 170, III, CF) e a intervenção sindical nas questões coletivas trabalhistas (art. 8º, III e VI, CF)**, tudo impõe que se reconheça distinção normativa entre as dispensas meramente tópicas e individuais e as dispensas massivas, coletivas, as quais são social, econômica, familiar e comunitariamente impactantes. Nesta linha, seria inválida a dispensa coletiva enquanto não negociada com o sindicato de trabalhadores, espontaneamente ou no plano do processo judicial coletivo.

A d. Maioria, contudo, decidiu apenas fixar a premissa, para casos futuros, de que 'a negociação coletiva é imprescindível para a dispensa em massa de trabalhadores', observados os fundamentos supra.

Recurso ordinário a que se dá provimento parcial." (g.n.)

A referida tese foi adotada no julgamento do Dissídio Coletivo n. 006-61.2011.5.05.0000 pelo Tribunal Regional do Trabalho da 5ª Região, que considerou abusiva a dispensa coletiva de 350 empregados da filial de empresa do ramo de alumínios na cidade de Candeias-BA, por ter ocorrido sem a prévia negociação coletiva com o sindicato profissional, conforme ementa do Desembargador redator Alcino Felizola:

> "DESPEDIDA EM MASSA. ABUSIVIDADE. AUSÊNCIA DE PRÉVIA NEGOCIAÇÃO COLETIVA. ENCERRAMENTO DE UNIDADE FABRIL DA EMPRESA SUSCITADA. PRECEDENTE DO TRIBUNAL SUPERIOR DO TRABALHO. SEMELHANÇA DE CASOS. DISSÍDIO COLETIVO.
>
> A despedida em massa de trabalhadores, em face da sua gravidade e da repercussão no meio social em que se inserem os trabalhadores e a empresa, exige que se adotem certas cautelas, de modo a conciliar o direito potestativo e de propriedade do empregador com o seu dever de promover a justiça e o bem-estar social. Nas sociedades modernas e democráticas, a propriedade somente tem a sua razão de ser caso atenda aos interesses sociais. Decerto, a negociação coletiva prévia se apresenta como um dos meios, desenganadamente o mais justo, de tentar mitigar os efeitos prejudiciais da despedida em massa de trabalhadores, sem o qual este ato ganha feição de puro arbítrio, violador, inclusive, da boa-fé objetiva que deve nortear as partes contratantes, seja na execução como na conclusão dos contratos, já que os empregados são tomados pela surpresa do desligamento conjunto e global. Na hipótese, a empresa encerrou as suas atividades no Estado da Bahia, fechando a única unidade fabril ali instalada, de imediato promovendo a despedida de todos os seus empregados, típico ato de desligamento em massa, recusando-se a negociar com estes e o sindicato da categoria profissional correspondente formas e meios de minimizar os efeitos, nitidamente graves e prejudiciais à comunidade, da prática abrupta. Despedidas tidas por abusivas, porém válidas porque já efetivadas com o fechamento do estabelecimento, mas declaradas ineficazes temporariamente, com a projeção dos efeitos para data posterior, coincidente à da publicação da decisão do Tribunal Regional do Trabalho que soluciona a controvérsia instalada em dissídio coletivo. Semelhança com o 'caso Embraer', objeto também de dissídio coletivo, resolvido em grau de recurso pelo c. Tribunal Superior do Trabalho, em cuja oportunidade fixou-se, para as situações futuras, o precedente, ou a premissa, de que a negociação coletiva é imprescindível para as despedidas em massa de trabalhadores."

A ampliação da imputação da responsabilidade empresarial nas relações coletivas também encontra amparo no *caput* do art. 193 da Constituição Federal de 1988, ao dispor que a "*ordem social tem como base o primado do trabalho, e como objetivo o bem-estar e a justiça sociais*". Assim sendo, a vedação do abuso do direito de proceder à dispensa em massa dos empregados e a exigência da observância da boa-fé objetiva conferem efetividade ao primado do trabalho como valor social.

Portanto, protegem não só o trabalhador, mas a sociedade como um todo, o que se reveste de peculiar importância nesta era da revolução digital, em que a empresa não mais atua apenas em um espaço físico delimitado, como ocorria outrora.

No Brasil, antes da alteração promovida pela EC n. 45/2004, as questões envolvendo a dispensa coletiva de trabalhadores eram submetidas à apreciação do Poder Judiciário trabalhista, mediante o ajuizamento de dissídios coletivos.

Ao apreciar estes dissídios coletivos, a Justiça do Trabalho exercia seu poder normativo, podendo apreciar e julgar tanto as questões jurídicas quanto as econômicas, fixando o valor de reajustes salariais e concessão de benefícios.

Entretanto, a EC n. 45/2004 veio alterar radicalmente este preceito, mudando a dicção do § 2º do art. 114 da CF/88 e inserindo o § 3º, nos seguintes termos:

> § 2º Recusando-se qualquer das partes à negociação coletiva ou à arbitragem, é facultado às mesmas, de comum acordo, ajuizar dissídio coletivo de natureza econômica, podendo a Justiça do Trabalho decidir o conflito, respeitadas as disposições mínimas legais de proteção ao trabalho, bem como as convencionadas anteriormente.
>
> § 3º Em caso de greve em atividade essencial, com possibilidade de lesão do interesse público, o Ministério Público do Trabalho poderá ajuizar dissídio coletivo, competindo à Justiça do Trabalho decidir o conflito.

Assim, a referida alteração veio estabelecer uma distinção mais nítida entre os dissídios coletivos de natureza jurídica e os de natureza econômica.

5.3.1. Dissídios coletivos de natureza jurídica

Em relação aos dissídios coletivos de natureza jurídica, a alteração produziu efeito restritivo no sentido de não ser a via processual adequada para examinar a validade da dispensa coletiva de trabalhadores, por destinar-se unicamente a interpretar normas heterônomas ou autônomas específicas da categoria[170], o que levou o TST (Tribunal Superior do Trabalho) a extinguir, sem resolução de mérito (por inadequação da via eleita – art. 485, IV, do CPC), um número expressivo de processos já julgados pelos Tribunais Regionais do Trabalho, que anteriormente examinavam o mérito da demanda.

Neste sentido, o julgamento proferido pela SDC do Tribunal Regional do Trabalho da 15ª Região, no Dissídio Coletivo 0008881-26.2020.5.15.0000, ajuizado pelo Sindicato dos Metalúrgicos de São José dos Campos e região, Sindicato dos Metalúrgicos de Araraquara e Américo Brasiliense e Federação dos Sindicatos de Metalúrgicos da CUT/SP – FEM-CUT/SP, em face da Embraer S/A, ELEB Equipamentos Ltda. E Yaborã Indústria Aeronáutica S/A, que teve como relator o Desembargador Antonio Francisco Montanagna, em seu voto adotou os seguintes fundamentos:

---

(170) OJ 7 da SDC – TST. "DISSÍDIO COLETIVO. NATUREZA JURÍDICA. INTERPRETAÇÃO DE NORMA DE CARÁTER GENÉRICO. INVIABILIDADE. Não se presta o dissídio coletivo de natureza jurídica à interpretação de normas de caráter genérico, a teor do disposto no art. 313, II, do RITST."

"PRELIMINAR DE AUSÊNCIA DE INTERESSE PROCESSUAL – DISSÍDIO COLETIVO DE GREVE

As suscitadas pugnam pela extinção do Dissídio Coletivo de Greve por ausência de interesse de agir, em razão da inexistência de greve.

Pois bem.

O interesse processual é sintetizado na necessidade e adequação da utilização da via judicial para dirimir o conflito de interesses. E, a despeito das alegações dos suscitantes acerca da deflagração de greve parcial pelos empregados que se encontravam em licença remunerada, nos presentes autos não há qualquer discussão sobre a legalidade de movimento paredista, não havendo sequer pedidos relativos à greve. Ademais, verifica-se que sequer existiu paralisação, de fato, sendo que atas notariais lavradas em datas diversas comprovam a normalidade da prestação de serviços pelos empregados (ID e3b8b17 e a354c80).

Nesses termos, forçoso reconhecer a ausência de interesse processual dos suscitantes quanto ao Dissídio Coletivo de Greve, por ausência de necessidade, o que implica na sua extinção, sem resolução do mérito, com fulcro nos arts. 769 da CLT e 485, VI, do CPC.

PRELIMINAR DE CARÊNCIA DE AÇÃO – INADEQUAÇÃO DA VIA ELEITA – DISSÍDIO COLETIVO DE NATUREZA JURÍDICA

Em defesa as suscitadas arguem, dentre outras, a preliminar de carência de ação, por entenderem que o Dissídio Coletivo de Natureza Jurídica não é o meio processual adequado para discutir a legalidade da dispensa coletiva. Assim, pugnam pela extinção do processo sem resolução do mérito.

Analiso.

Este relator vinha decidindo que a negociação coletiva é imprescindível para a dispensa em massa de trabalhadores, em conformidade com o entendimento predominante do C. TST, que havia deliberado que a discussão sobre a ocorrência, ou não, de dispensa coletiva não se subsume ao entendimento consubstanciado na Orientação Jurisprudencial n. 7 da sua SDC, vale dizer, concluiu que nessa hipótese não há óbice para sua apreciação em sede de dissídio coletivo.

Todavia, em recentes julgados, o C. TST vem decidindo que o Dissídio Coletivo de Natureza Jurídica está restrito à interpretação de normas autônomas e heterônomas específicas da categoria, conforme art. 220, II, do RITST e OJ n. 7 da SDC/TST, não havendo como se falar em Dissídio Coletivo de Natureza Jurídica para se analisar a dispensa coletiva, o pedido de invalidade da dispensa e, consequentemente, a reintegração de trabalhadores. Assim, seria o caso de ajuizamento de dissídio individual para tutelar o interesse concreto do trabalhador. Nesse sentido as ementas abaixo transcritas:

RECURSO ORDINÁRIO INTERPOSTO PELA SUSCITADA – LG ELECTRONICS DO BRASIL LTDA. DISSÍDIO COLETIVO DE NATUREZA JURÍDICA. DISPENSA COLETIVA. INADEQUAÇÃO DA VIA ELEITA. PROVIMENTO.

O Tribunal Pleno desta colenda Corte Superior, no feito RO-10782-38.2015.5.03.0000, firmou entendimento no sentido de que o Dissídio Coletivo de natureza jurídica não é a via processual adequada para examinar a validade da dispensa coletiva de trabalhadores. Reconheceu-se que o Dissídio Coletivo de Natureza Jurídica destina-se unicamente a interpretar normas autônomas ou heterônomas específicas da categoria, conforme se extrai do entendimento consolidado na Orientação Jurisprudencial n. 7 da SDC e do preceito contido no art. 241, II, do Regimento Interno deste colendo Tribunal Superior. Desse modo, na medida em que o suscitante não busca a interpretação de dispositivo de lei, tampouco de cláusulas convencionais ou regulamentares referentes à categoria, mas sim discutir a validade da dispensa coletiva, impõe-se a extinção do feito, sem resolução do mérito, ante a inadequação da via eleita. Incidência do art. 485, IV, do CPC. Recurso ordinário a que se dá provimento. (...) (Processo n. TST-RO-7390-57.2015.5.15.0000, Seção Especializada em Dissídios Coletivos, Ministro Relator Guilherme Augusto Caputo Bastos, Data de Julgamento: 10.06.2019. Publicação do acórdão: 21.06.2019 – grifos nossos)

RECURSO ORDINÁRIO – DISSÍDIO COLETIVO DE NATUREZA JURÍDICA – INADEQUAÇÃO DA VIA PROCESSUAL ELEITA – DISPENSA EM MASSA

O Dissídio Coletivo não é a via adequada para tratar da dispensa coletiva de trabalhadores, já que não há pedido de interpretação de normas autônomas ou heterônomas específicas da categoria. Hipótese de Dissídio Individual para tutelar interesse concreto do trabalhador. Inteligência do art. 220, II, do RITST e da Orientação Jurisprudencial n. 7 da C. SDC. Recurso Ordinário conhecido e desprovido. (Processo n. TST-RO-10782-38.2015.5.03.0000, Tribunal Pleno, Ministra Relatora Maria Cristina Irigoyen Peduzzi, Data de Julgamento: 18/12/2017. Publicação do acórdão: 16.04.2018 – grifos nossos)

REEXAME NECESSÁRIO E RECURSOS ORDINÁRIOS EM DISSÍDIO COLETIVO DE NATUREZA JURÍDICA – DISPENSA DE TODOS OS 60 MÚSICOS E MAESTRO DA BANDA SINFÔNICA DO ESTADO DE SÃO PAULO – INADEQUAÇÃO DA VIA ELEITA – APLICAÇÃO DAS ORIENTAÇÕES JURISPRUDENCIAIS 5 E 7 DA SDC DO TST – PROVIMENTO DOS RECURSOS – EXTINÇÃO DO PROCESSO SEM RESOLUÇÃO DO MÉRITO.

As Orientações Jurisprudenciais ns. 5 e 7 da SDC do TST dispõem, respectivamente, que "em face de pessoa jurídica de direito público que mantenha empregados, cabe dissídio coletivo exclusivamente para apreciação de cláusulas de natureza social. Inteligência da Convenção n. 151 da Organização Internacional do Trabalho, ratificada pelo Decreto Legislativo n. 206/2010" e que "não se presta o dissídio coletivo de natureza jurídica à interpretação de normas de caráter genérico, a teor do disposto no art. 313, II, do RITST". 2. Ao apreciar o presente dissídio coletivo de natureza jurídica, o 2º Regional, através do Poder Normativo da Justiça do Trabalho, em face da extinção da Banda Sinfônica do Estado de São Paulo, em 09/02/17, após 27 anos de atividade, com a consequente dispensa de todos os seus 60 músicos e maestro, não reaproveitados em outra instituição análoga, fixou indenização compensatória equivalente a 2 salários mensais para cada empregado dispensado, e declarou a responsabilidade solidária do Instituto Pensarte e do Estado de São Paulo. 3. *In casu*, procede a irresignação de ambos os Recorrentes, quanto ao acolhimento da preliminar de inadequação da via eleita, pois: a) presente dissídio coletivo de natureza jurídica, não visa interpretar o direito posto, e não a criação de mas a fixação de indenização compensatória aos músicos dispensados, através do Poder Normativo da Justiça do Trabalho, próprio dos dissídios coletivos de natureza econômica; b) em recente decisão, o Tribunal Pleno desta Corte concluiu no sentido de que "o Dissídio Coletivo não é a via adequada para tratar da dispensa coletiva de trabalhadores, já que não há pedido de interpretação de normas autônomas ou heterônomas específicas da categoria. Hipótese de Dissídio Individual para tutelar interesse concreto do trabalhador. Inteligência do art. 220, II, do RITST e da Orientação Jurisprudencial n. 7 da C. SDC. Recurso Ordinário conhecido e desprovido" (cfr. TST-RO-10782-38.2015.5.03.0000, Red. Des. Min. Maria Cristina Irigoyen Peduzzi, DEJT de 13.04.2018); c) foram juntados aos presentes autos cópias de reclamações trabalhistas individuais ajuizadas pelos referidos músicos, perante as Varas do Trabalho de São Paulo (SP), em que discutem os efeitos da dispensa coletiva e pleiteiam indenizações, utilizando os mesmos fundamentos expendidos neste dissídio coletivo, circunstância que se amolda perfeitamente à decisão supracitada. 4. Desse modo, ante a inadequação da via eleita, ambos os apelos merecem provimento, para julgar extinto o processo sem resolução do mérito, nos termos do art. 485, VI, do CPC. Reexame necessário e recursos ordinários providos para julgar extinto o processo sem resolução do mérito. (Processo n. TST-ReeNec e RO-1001190-09.2017.5.02.0000, Seção Especializada em Dissídios Coletivos, Ministro Relator Ives Gandra Martins Filho, Data de Julgamento: 10.12.2018. Publicação do acórdão: 19.12.2018 – grifos nossos).

RECURSO ORDINÁRIO DE SOLUÇÕES EM AÇO USIMINAS S.A. DISSÍDIO COLETIVO DE NATUREZA JURÍDICA. PROCESSO ANTERIOR À LEI N. 13.467/2017. DISPENSA TRABALHISTA COLETIVA. INADEQUAÇÃO DA VIA ELEITA.

Trata-se de dissídio coletivo de natureza jurídica cujo objeto é a nulidade da dispensa coletiva de trabalhadores, sem a prévia negociação coletiva, com a respectiva reintegração. Ressalvado o entendimento deste Relator, o Tribunal Pleno, nos autos do RO 10782-38.2015.5.03.0000, Redatora Ministra Maria Cristina Irigoyen Peduzzi, DEJT 16.04.2018, considerou inviável o manejo do dissídio coletivo de natureza jurídica para os casos de dispensas em massa de trabalhadores pela empresa empregadora, sendo que a pretensão pode ser submetida à jurisdição trabalhista por meio de ação individual, ainda que plúrima, ou, até mesmo, ação civil coletiva, proposta pelo sindicato ou pelo Ministério Público do Trabalho. Incabível, portanto, o ajuizamento de dissídio coletivo de natureza jurídica para o fim de discutir a licitude ou não das dispensas em massa de trabalhadores no mercado de trabalho, devendo ser extinto o processo sem resolução do mérito, nos termos do art. 485, VI, do CPC/2015. Recurso ordinário provido. (RO – 5989-23.2015.5.15.0000, Relator Ministro: Mauricio Godinho Delgado, Data de Julgamento: 18.03.2019, Seção Especializada em Dissídios Coletivos, Data de Publicação: DEJT 26.03.2019 – grifos nossos) Diante do exposto, revejo posicionamento anteriormente adotado, em face da recente e reiterada jurisprudência do C. TST, para decidir que Dissídio Coletivo de Natureza Jurídica se restringe à interpretação de normas autônomas e heterônomas específicas da categoria, não se prestando a discutir a legalidade de dispensa coletiva.

Nesses termos, e por não vislumbrar a interpretação de normas autônomas e heterônomas específicas da categoria, mas apenas a discussão acerca da legalidade de dispensa coletiva, acolho a preliminar arguida pelas suscitadas para extinguir o Dissídio Coletivo de Natureza Jurídica sem resolução do mérito, por inadequação da via eleita, nos termos do art. 485, IV, do CPC.

Fica prejudicada a apreciação das demais preliminares arguidas, assim como do agravo regimental interposto pelos suscitantes, por perda de objeto, diante da presente decisão, extinguindo o processo sem resolução do mérito.

Consequentemente, revogo a decisão de antecipação da tutela que determinou que as Suscitadas promovessem a extensão do plano de saúde e o pagamento do vale alimentação até junho de 2021, aos 502 trabalhadores demitidos representados pelos Suscitantes (ID 842ebbb), cassando todos os seus efeitos a partir da publicação do presente acórdão.

DIANTE DO EXPOSTO, DECIDO CONHECER do Dissídio Coletivo de Greve e do Dissídio Coletivo de Natureza Jurídica suscitado por SIND TRAB IMMME SJCAMPOS JAC CAC STA BRANCA E IGARATA, SIND TRAB IND MET MEC MATELET ARARAQUARA

AM BRASILIENSE e FEDERAÇÃO DOS SINDICATOS DE METALÚRGICOS DA CUT, ACOLHER as preliminares de ausência de interesse de agir e inadequação da via eleita arguidas pelas suscitadas, para extinguir sem resolução do mérito o Dissídio Coletivo de Greve, nos termos dos arts. 769 da CLT e 485, VI, do CPC; e extinguir sem resolução do mérito o Dissídio Coletivo de Natureza Jurídica, com fulcro no art. 485, IV, do CPC, ficando prejudicada a apreciação do agravo regimental interposto pelos suscitantes, por perda de objeto. Revoga-se a decisão de antecipação da tutela (ID 842ebbb), cassando todos os seus efeitos a partir da publicação do presente acórdão. Condeno, ainda, os suscitantes ao pagamento de honorários advocatícios aos patronos das suscitadas, fixados no importe de 10% (dez por cento) sobre o valor atribuído à causa, tudo nos exatos termos da fundamentação. Custas pelos suscitantes, no importe de R$ 2.000,00 (mil reais), calculadas sobre o valor atribuído à causa, R$ 100.000,00 (cem mil reais)."

5.3.2. Dissídios coletivos de natureza econômica

Em relação aos dissídios coletivos de natureza econômica, a reforma constitucional promovida pela EC n. 45/2004 alterou os §§ 2º e 3º do art. 114 da CF/88[(171)] restringindo a possibilidade de atuação do Poder Judiciário apenas se houvesse *comum acordo entre as partes envolvidas no conflito*. Em decorrência da magnitude destas alterações foram propostas várias ações direitas de inconstitucionalidade (ADI 3423, ADI 3431, ADI 3432, ADI 3520, ADI 3392), julgadas em conjunto e rechaçadas pelo STF, que reconheceu a constitucionalidade das alterações promovidas pela EC 45/2004 nos §§ 2º e 3º do art. 114 da CF/88[(172)], pelos seguintes fundamentos:

> "Ação Direta de Inconstitucionalidade. 2. Art. 1º, da Emenda Constitucional n. 45/2004, na parte em que deu nova redação ao art. 114, §§ 2º e 3º, da Constituição Federal. 3. Necessidade de "mútuo acordo" para ajuizamento do Dissídio Coletivo. 4. Legitimidade do MPT para ajuizar Dissídio Coletivo em caso de greve em atividade essencial. 5. Ofensa aos arts. *5º, XXXV, LV e LXXVIII, e 60, § 4º, IV, da Constituição Federal. Inocorrência. 6. Condição da ação estabelecida pela Constituição. Estímulo às formas alternativas de resolução de conflito. 7. Limitação do poder normativo da justiça do trabalho. Violação aos* arts. *7º, XXVI, e 8º, III, e ao princípio da razoabilidade. Inexistência. 8. Recomendação do Comitê de Liberdade Sindical da Organização Internacional do Trabalho. Indevida intervenção do Estado nas relações coletivas do trabalho. Dissídio Coletivo não impositivo. Reforma do Poder Judiciário (EC 45) que visa dar celeridade processual e privilegiar a autocomposição. 9. Importância dos acordos coletivos como instrumento de negociação dos conflitos. Mútuo consentimento. Precedentes.* **10. Ação direta de inconstitucionalidade julgada improcedente**."

---

(171) Constituição Federal. Art. 114. "§ 2º Recusando-se qualquer das partes à negociação coletiva ou à arbitragem, é facultado às mesmas, **de comum acordo**, ajuizar dissídio coletivo de natureza econômica, podendo a Justiça do Trabalho decidir o conflito, respeitadas as disposições mínimas legais de proteção ao trabalho, bem como as convencionadas anteriormente. § 3º Em caso de greve em atividade essencial, com possibilidade de lesão do interesse público, o Ministério Público do Trabalho poderá ajuizar dissídio coletivo, competindo à Justiça do Trabalho decidir o conflito." (g.n.)

(172) Decisão: O Tribunal, por maioria, julgou improcedente a ação direta, nos termos do voto do Relator, vencidos os Ministros Edson Fachin, Marco Aurélio, Ricardo Lewandowski e Rosa Weber.

Seguindo nesta mesma linha, no julgamento do Recurso Extraordinário (RE 1002295), o Supremo Tribunal Federal (STF), por maioria de votos, negou provimento ao recurso extraordinário interposto pelo Sindicato dos Trabalhadores em Empresas de Transportes Metroviários do Estado do Rio de Janeiro (SIMERJ) contra decisão do Tribunal Superior do Trabalho (TST), reiterando a constitucionalidade da alteração introduzida no art. 114, § 2º, da Constituição Federal, pela Emenda Constitucional n. 45/2004.

O Ministro Alexandre de Moraes assinalou que a imposição do *comum acordo* tem o objetivo de privilegiar a solução consensual dos conflitos, colocando a intervenção estatal, por meio da sentença normativa, como último recurso. Como exemplo, citou outras ações que têm requisitos para seu ajuizamento, como o *habeas data*, em que se exige comprovação de prévio indeferimento administrativo ou da omissão em atender o pedido de informações. Citou, ainda, recente decisão em que o Plenário, na Ação Direta de Inconstitucionalidade – ADI 3432[(173)].

Adotando como *aylor case* o RE 1002295, foi fixado o Tema 841 (com repercussão geral), adotando a seguinte Tese:

> "É constitucional a exigência de comum acordo entre as partes para ajuizamento de dissídio coletivo de natureza econômica, conforme o art. 114, § 2º, da Constituição Federal, na redação dada pela Emenda Constitucional n. 45/2004".

Além de ter sua constitucionalidade reconhecida pelo STF, a doutrina majoritária também vem caminhando no sentido de considerar ser equivocada a alegação de que a exigência do comum acordo viola o direito fundamental de acesso à justiça, previsto no inciso XXXV do art. 5º da CF/88 porque, diferentemente do que ocorre no dissídio coletivo de natureza jurídica, no dissídio coletivo de natureza econômica não se alega violação ou ameaça ao direito posto, mas reivindica-se o reconhecimento de novos direitos.

A interpretação sistemática deste entendimento vinculante, feita em conjunto com a integralidade do disposto no § 2º do art. 114 da CF/88, permite constatar que houve inequívoca valorização da autonomia privada coletiva, com ampliação da negociação coletiva, que poderá estabelecer também regras procedimentais por consenso, assim contribuindo para a formação de um microssistema próprio de direito coletivo processual trabalhista.

Assim sendo, as partes poderão inserir no corpo de um acordo ou convenção coletiva, celebrados na data-base, uma CLÁUSULA COMPROMISSÓRIA fixando os procedimentos para a operacionalização do comum acordo.

Outra possibilidade seria firmar, em caso de conflito, um TERMO DE COMPROMISSO que estabelecesse o comum acordo por consenso, também fixando regras procedimentais para sua operacionalização.

---

(173) Disponível em: www.stf.jus.br.

Esta nova configuração traz consequências importantes para a seara processual trabalhista.

Com efeito, até agora, o processo coletivo do trabalho tem sido regrado pela jurisprudência, mediante a aplicação de normas legais previstas na CLT, Lei que disciplina a Ação Civil Pública (Lei n. 7.347/85), Código de Defesa do Consumidor (Lei n. 8.078/90) e a Lei Complementar n. 75/93.

A amplitude que vem sendo reconhecida à autonomia privada coletiva, somada à valorização da cooperação e a busca pela obtenção mais rápida de solução para os conflitos, além da conscientização de que a prevenção reduz os níveis de conflitualidade, proporcionando segurança e estabilidade, tem descortinado um novo horizonte, em que a negociação coletiva pode contribuir de maneira significativa para ampliar e fortalecer o microssistema de direito coletivo processual do trabalho.

Neste passo, caminha em conformidade com o disposto pelo CPC de 2015 que, ao traçar as normas fundamentais do processo, reconheceu a importância da participação mais efetiva das partes, inclusive na formulação consensual de procedimentos, como prevê o art. 190:

> "Art. 190. Versando o processo sobre direitos que admitam autocomposição, é lícito às partes plenamente capazes estipular mudanças no procedimento para ajustá-lo às especificidades da causa e convencionar sobre os seus ônus, poderes, faculdades e deveres processuais, antes ou durante o processo.
>
> Parágrafo único. De ofício ou a requerimento, o juiz controlará a validade das convenções previstas neste artigo, recusando-lhes aplicação somente nos casos de nulidade ou de inserção abusiva em contrato de adesão ou em que alguma parte se encontre em manifesta situação de vulnerabilidade."

Embora a cultura do consensualismo esteja na gênese do direito material do trabalho, sua aplicação no direito processual trabalhista adquiriu maior visibilidade com a decisão proferida pelo STF, ao reconhecer a constitucionalidade do "comum acordo" estabelecido no § 2º do art. 114 da CF/88, abrindo a possibilidade de reestudar a matéria sob a perspectiva específica de atuação dos corpos intermediários também na seara processual trabalhista.

Com efeito, a interpretação sistemática deste entendimento vinculante, feita em conjunto com a integralidade do disposto no § 2º do art. 114 da CF/88, permite constatar que houve inequívoca valorização da autonomia privada coletiva, com ampliação da negociação coletiva, que poderá estabelecer também regras procedimentais por consenso.

Assim sendo, as partes poderão inserir no corpo de um acordo ou convenção coletiva, celebrados na data-base, uma CLÁUSULA COMPROMISSÓRIA fixando os procedimentos para a operacionalização do comum acordo.

Outra possibilidade seria firmar, em caso de conflito, um TERMO DE COMPROMISSO que estabelecesse o comum acordo por consenso, também fixando regras procedimentais para sua operacionalização.

Assim sendo, na esteira das diretrizes traçadas pelo art. 190 do CPC, aplicadas por ser compatíveis com o processo coletivo do trabalho, o estabelecimento de regras procedimentais, visando a operacionalização do comum acordo, pode ser objeto de negociação coletiva entre os sindicatos que, assim, poderão ajustá-las às especificidades da causa e convencionar sobre os seus ônus, poderes, faculdades e deveres processuais, a serem observados antes, durante e depois do processo, considerando que as relações de trabalho têm natureza continuativa.

Esta cooperação na fixação de regras procedimentais/processuais possibilitará a obtenção de decisão de mérito justa e efetiva em tempo razoável, em cumprimento ao direito fundamental previsto no inciso LXXVIII do art. 5º da CF/88, que preceitua:

> "LXXVIII – a todos, no âmbito judicial e administrativo, são assegurados a razoável duração do processo e os meios que garantam a celeridade de sua tramitação."

Portanto, a exigência de *comum acordo*, estabelecida no § 2º do art. 114 da CF/88, respalda a atuação mais efetiva dos corpos intermediários na ampliação da autonomia privada coletiva trabalhista, abrindo espaço para que a negociação coletiva entre empresas e sindicatos possa fixar regras procedimentais adequadas para tanto e, assim, contribuir de maneira significativa para o fortalecimento de um microssistema próprio de direito coletivo trabalhista, em sua totalidade material e processual, o que se reveste de especial importância ante os efeitos que a revolução digital vem provocando no direito coletivo do trabalho.

5.3.3. A emergência de um novo modelo sindical

Este contexto vai exigir um novo modelo sindical, tanto dos representantes dos trabalhadores quanto da empresa, para que impulsione a atividade negocial pela aplicação da boa-fé objetiva, vedação ao abuso de direito, função social dos contratos e função social da propriedade.

Com efeito, a nova realidade fática provocada pela revolução digital veio imputar maiores responsabilidades também para os sindicatos, exigindo que se reinventem, não só por um movimento de fora para dentro, mas também de dentro para fora, notadamente quanto aos seguintes pontos:

1 – Utilização dos recursos digitais para otimizar a comunicação com a base dos trabalhadores e empresas, assim fortalecendo a representatividade.

2 – Abertura de espaços que possibilitem a presença dos trabalhadores na formação de consensos em assembleias mais participativas, assim resgatando os laços de solidariedade que fortalecem a legitimidade.

3 – Aumento da base de atuação sindical para abarcar os trabalhadores em geral e não apenas os que atuam mediante vínculo empregatício.

4 – Intensificação da interlocução direta com os trabalhadores e empresas reconhecendo a importância de atuar de forma colaborativa.

5 – Ampliação do leque das matérias a serem abordadas em negociação coletiva, a fim de construir soluções pautadas pelo equilíbrio entre a gestão empresarial e os direitos fundamentais dos trabalhadores, notadamente quanto a questões sensíveis como:

a) Limites de jornada dos motoristas que atuam por aplicativos.

Tal matéria se reveste de peculiar importância porque, além de preservar a saúde do motorista, protege também o passageiro, e a própria sociedade (demais motoristas e pedestres que dividem o espaço público de circulação em ruas e avenidas).

b) Critérios de transparência dos critérios utilizados para a formação de algoritmos.

Na área trabalhista, um dos assuntos mais urgentes se refere à necessidade de proteção para os trabalhadores em plataformas digitais, quanto ao acesso aos critérios que são adotados para a gestão algorítmica. Embora desejável que os marcos principais sejam fixados por norma legal, as peculiaridades que distinguem as diferentes formas de trabalhar trazidas pela revolução digital indicam a importância da atuação sindical para detalhar, pela negociação coletiva, as diversas responsabilidades empresariais daí advindas.

c) Participação dos sindicatos representantes dos trabalhadores na formulação das regras de *compliance* e objetivos traçados pela ESG.

A fixação unilateral das regras de *compliance* sem possibilitar a participação dos sindicatos cria arestas que dificultam o envolvimento dos trabalhadores, necessário para sua efetiva implantação.

A participação dos sindicatos representantes de trabalhadores se reveste de inequívoca relevância para a implementação dos objetivos postos pela agenda ESG (*Environmental Social Governance* – Ambiental, Social e Governança), notadamente porque as melhorias previstas no segmento "Social" devem ser implementadas também dentro dos espaços físicos e digitais dos empreendimentos econômicos em relação a todos trabalhadores, e não só aos empregados contratados pela CLT, assim vinculando todos os que participam da cadeia produtiva, física e digital.

Com efeito, nos novos modelos de sustentabilidade a questão social não pode mais ser tratada como compartimento estanque, porque passa a integrar a governança, já que a responsabilidade social começa pela proteção dos direitos fundamentais dos trabalhadores, internalizando o conceito jurídico de função social da propriedade, que leva à conscientização de que a empresa é um ator social e assim precisa assumir sua responsabilidade. Neste contexto, o social deve formar com a governança uma simbiose permanente em prol da implementação dos preceitos que regem o trabalho decente.

CAPÍTULO 6

OS EFEITOS DA REVOLUÇÃO DIGITAL NO DIREITO COLETIVO DO TRABALHO

No século XX, o Direito do Trabalho garantiu o acesso à cidadania de pessoas até então alijadas do sistema, mediante o reconhecimento do trabalho como valor republicano.

Entretanto, no Brasil, este movimento ocorreu pela valorização do direito individual, ao mesmo tempo em que o direito coletivo do trabalho era cooptado pelo corporativismo para ser considerado como *longa manus* do Estado, na defesa das pautas de interesse governamental, o que levou ao apequenamento do direito coletivo do trabalho no século XX.

Se, num primeiro momento, os novos modos de trabalhar trazidos pela revolução digital pretensamente se apresentaram como a intensificação deste viés individualista, um olhar mais atento vem revelando que, pelo contrário, aos poucos vai se fortalecendo a convicção de que a eficácia do marco protetivo trabalhista vai depender, cada vez mais, do fortalecimento do direito coletivo do trabalho.

Isto porque, se antes o equilíbrio dos critérios da justiça distributiva com justiça comutativa estava restrito à ação estatal, agora pode ser feito pela via da autonomia privada coletiva, ou seja, pela ação das próprias partes envolvidas na formatação das normas consensuais em acordos e convenções coletivas de trabalho, assim conferindo novos parâmetros de juridicidade às normas autônomas.

Este novo horizonte decorre da constatação de que a realidade fática do século XXI rejeita o reconhecimento meramente formal do direito, considerando imprescindível sua real concreção substantiva.

Em livro ontológico sobre o tema, o constitucionalista Gustavo Zagrebelsky trouxe o conceito de "*diritto mitte*", divulgado pela doutrina espanhola como "*derecho dúctil*"[(174)]. Pondera que se trata de conferir maior eficácia aos marcos axiológicos constitucionais, que exigem atitudes pautadas por uma *aurea medietas*, construída por uma visão de vida e um *ethos*, que não

(174) ZAGREBELSKY, Gustavo. *El derecho dúctil*: ley, derechos, justicia. Tradução de Marina Gascón. Madrid: Editorial Trotta, 2007. p. 122.

podem ser depreciados. Assim, destaca Zagrebelsky, o direito deixa de ser estático e se torna dinâmico, voltado para a realidade efetiva, de modo que as consequências práticas "não são de modo algum um aspecto posterior independente e carente de influência sobre o próprio direito, mas um de seus elementos qualificativos".

Portanto, como é preciso "ter em conta o direito em ação", não basta uma coerência lógica se for destituída de substância prática, para que o direito possa criar novas pontes e oferecer respostas ao eterno dilema que contrapõe liberdade e segurança, eficiência e proteção, nas relações de trabalho.

Neste cenário, destaca Norberto Bobbio[(175)], o modelo estrutural formal, baseado apenas na imposição de sanção, se revelou insuficiente, demandando uma atuação mais propositiva mediante a implementação da função promocional do Direito. Assim, atuar apenas a *posteriori*, para dirimir um conflito já instalado, deixa de ser suficiente quando o Direito passa a ser demandado para funcionar também de forma preventiva, como indutor de comportamentos que possam evitar a eclosão de litígios, seara de especial interesse para o direito coletivo trabalhista, por tratar de interesses coletivos que produzem impactos não só entre as partes contratantes, mas em relação à sociedade, assim impactando também nos marcos que impulsionam o desenvolvimento sustentável.

A acentuada complexidade que a realidade virtual trouxe para os conflitos entre o capital e o trabalho, notadamente por aumentar os casos de colisão entre os princípios da liberdade e da solidariedade, abriu um vácuo preocupante que indica a necessidade de reconstrução do sistema pela valorização da autonomia privada coletiva, pois são os atores sociais que têm maior capacidade para oferecer respostas eficazes em um momento de elevada volatilidade.

Assim, os efeitos que a revolução digital vem provocando no direito coletivo do trabalho vieram demonstrar que a concepção dos direitos fundamentais não pode mais ficar restrita à ideia de dimensões fechadas e estáticas, que se sucedem no tempo, pois a eficácia de sua aplicação reside na razão direta de sua permeabilidade às condicionantes sociais e econômicas de um ser humano situado em um determinado tempo e lugar.

Neste passo, para preservar a coerência interna do sistema normativo, o modelo negocial demanda a construção de novos padrões de hermenêutica, notadamente quanto à aplicação dos direitos fundamentais pois, ante a dinamicidade que reveste a realidade fática da era contemporânea,

---

(175) BOBBIO, Norberto. *Da estrutura à função*: novos estudos da teoria do direito. Tradução de Damniela Beccaccia Versiani. Consultoria técnica de Orlando Seixas Bechar e Renata Nagamine. São Paulo (Barueri): Editora Manole Ltda., 2007. p. 53-73, 100 e 270.

as balizas constitucionais exigem a observância da proporcionalidade e da adequação nesta calibração. Assim, quando ocorre a colisão de dois direitos fundamentais, é preciso aferir qual deverá ter "precedência em face do outro sob determinadas condições. Sob outras condições a questão da precedência pode ser resolvida de forma oposta", como explica Robert Alexy[(176)], pontuando que conflitos "entre regras ocorrem na dimensão da validade, enquanto as colisões entre princípios – visto que só princípios válidos podem colidir – ocorrem, para além dessa dimensão, na dimensão do peso".

Portanto, ante os efeitos provocados pela revolução digital, as condicionantes sociais e econômicas passaram a atuar como fatores decisivos na aferição do princípio detentor de maior peso e densidade.

6.1. A nova dinâmica da negociação coletiva

Os efeitos que a revolução digital vem provocando nas novas relações de trabalho demandam a ampliação da autonomia privada coletiva, pois o Direito vem exigindo, cada vez mais, uma perspectiva multidisciplinar para o enfrentamento dos novos conflitos sociais e trabalhistas do século XXI, a fim de concretizar sua eficiência como instrumento de Justiça.

Assim, a AED – Análise Econômica do Direito passa a ser importante para conferir uma nova dinâmica à negociação coletiva, notadamente no que se refere ao estudo da "economia comportamental" (*behavior law*), que avalia as chances de êxito e o risco da derrota, tendo em seu cerne a "Teoria dos Jogos" e todos os seus desdobramentos em relação aos procedimentos de cooperação e estratégia, considerando também as externalidades que provocam no seu entorno social.

A Análise Econômica do Direito (AED) veio atribuir ao princípio da eficiência uma conotação jurídica, que respalda a aplicação do método consequencialista na seara jurídica, para tanto considerando o contexto em que os fatos ocorrem, assim como suas variáveis e condicionantes, a fim de avaliar a melhor solução possível ante os diferentes impactos macrossistêmicos que pode desencadear, o que vem exigindo a formatação de um novo modelo hermenêutico.

6.2. O microssistema de direito coletivo do trabalho e o novo modelo hermenêutico

A revolução digital trouxe complexidade pela disponibilização de novas ferramentas tecnológicas e algoritmos que passaram a ser utilizados

---

(176) ALEXY, Robert. *Teoria dos direitos fundamentais*. 2. ed. Tradução: Virgilio Afonso da Silva. São Paulo: Malheiros. p. 94.

na atividade produtiva organizada *em rede*, desencadeando uma nova realidade fática no mundo do trabalho, muito mais dinâmica e multifacetária.

Neste novo contexto, a norma legal se revelou insuficiente para oferecer respostas aos novos conflitos, demandando uma atuação mais assertiva dos corpos intermediários, pela valorização da autonomia privada coletiva, que se tornou pedra angular para a edificação de um microssistema de direito coletivo do trabalho, de matriz mais negocial do que estatutária.

A fim de assegurar a funcionalidade deste novo sistema normativo, o modelo negocial também vai exigir a construção de outros padrões de hermenêutica, na medida em que a pré-compreensão abstrata, aplicável aos textos legais, se torna insuficiente para compreender a lógica dinâmica que caracteriza as normas negociadas, dotadas de elevada carga fática, moldada pelas peculiaridades específicas das partes num determinado momento em que ocorre a negociação.

Destarte, se o conceito de dogma tinha um peso significativo na interpretação da norma jurídica estática estatal, a conjuntura social, cultural e econômica, existente no momento da negociação, reveste a norma consensual de dinamicidade própria, cujo reconhecimento é necessário para garantir a funcionalidade do sistema jurídico, chamando a atenção do intérprete para a realidade concreta dos fatos sociais e dos interesses que estão em jogo naquele determinado momento, num movimento claro do que poderíamos denominar de construtivismo de novos parâmetros.

Neste contexto, o fortalecimento da autonomia privada coletiva vai sustentar a edificação de um microssistema de direito coletivo material e processual do trabalho, sob a perspectiva da cooperação, agora também procedimental e processual, demandando a interpretação eficiente das normas negociadas, também no que se refere às novas referências que são consideradas para a formação de precedentes vinculantes, que caracteriza o modelo processual brasileiro desde a promulgação do CPC de 2015.

Assim, surge a demanda por um novo modelo de hermenêutica que, agregando também a perspectiva social/cultural, passe a considerar a relevância das condicionantes sociais, culturais e econômicas prevalecentes no momento determinado em que as normas negociadas são construídas e aplicadas, a fim de assegurar estabilidade e segurança jurídica durante seu período de vigência.

O direito brasileiro já vem abrindo espaço para construção deste novo modelo hermenêutico, pautado pela interdisciplinariedade, a ser construído com a conjugação dos critérios sociológico, axiológico e teleológico, sob a perspectiva traçada pelo art. 5º da LINDB, quanto à exigência de atendimento dos fins sociais e exigências do bem comum, agregando conceitos trazidos pela AED – Análise Econômica do Direito, conforme acréscimos inseridos na LINDB, notadamente nos arts. 20, 21, 23 e 24(177) (D. Lei n. 4.657/42, com as alterações da Lei n. 13.655/2018), assim como o disposto no Decreto n. 9.830/2019, ao consignar expressamente, em seu art. 2º(178), que a "decisão será motivada com

---

(177) Lei n. 13.655/2018.
"Art. 20. Nas esferas administrativa, controladora e judicial, não se decidirá com base em valores jurídicos abstratos sem que sejam consideradas as consequências práticas da decisão.
Parágrafo único. A motivação demonstrará a necessidade e a adequação da medida imposta ou da invalidação de ato, contrato, ajuste, processo ou norma administrativa, inclusive em face das possíveis alternativas.
Art. 21. A decisão que, nas esferas administrativa, controladora ou judicial, decretar a invalidação de ato, contrato, ajuste, processo ou norma administrativa deverá indicar de modo expresso suas consequências jurídicas e administrativas.
Parágrafo único. A decisão a que se refere o *caput* deste artigo deverá, quando for o caso, indicar as condições para que a regularização ocorra de modo proporcional e equânime e sem prejuízo aos interesses gerais, não se podendo impor aos sujeitos atingidos ônus ou perdas que, em função das peculiaridades do caso, sejam anormais ou excessivos.
Art. 22. Na interpretação de normas sobre gestão pública, serão considerados os obstáculos e as dificuldades reais do gestor e as exigências das políticas públicas a seu cargo, sem prejuízo dos direitos dos administrados.
§ 1º Em decisão sobre regularidade de conduta ou validade de ato, contrato, ajuste, processo ou norma administrativa, serão consideradas as circunstâncias práticas que houverem imposto, limitado ou condicionado a ação do agente.
§ 2º Na aplicação de sanções, serão consideradas a natureza e a gravidade da infração cometida, os danos que dela provierem para a administração pública, as circunstâncias agravantes ou atenuantes e os antecedentes do agente.
§ 3º As sanções aplicadas ao agente serão levadas em conta na dosimetria das demais sanções de mesma natureza e relativas ao mesmo fato.
Art. 23. A decisão administrativa, controladora ou judicial que estabelecer interpretação ou orientação nova sobre norma de conteúdo indeterminado, impondo novo dever ou novo condicionamento de direito, deverá prever regime de transição quando indispensável para que o novo dever ou condicionamento de direito seja cumprido de modo proporcional, equânime e eficiente e sem prejuízo aos interesses gerais.
Art. 24. A revisão, nas esferas administrativa, controladora ou judicial, quanto à validade de ato, contrato, ajuste, processo ou norma administrativa cuja produção já se houver completado levará em conta as orientações gerais da época, sendo vedado que, com base em mudança posterior de orientação geral, se declarem inválidas situações plenamente constituídas.
Parágrafo único. Consideram-se orientações gerais as interpretações e especificações contidas em atos públicos de caráter geral ou em jurisprudência judicial ou administrativa majoritária, e ainda as adotadas por prática administrativa reiterada e de amplo conhecimento público."
(178) Decreto n. 9.830/2019.
"Art. 2º A decisão será motivada com a contextualização dos fatos, quando cabível, e com a indicação dos fundamentos de mérito e jurídicos.
§ 1º A motivação da decisão conterá os seus fundamentos e apresentará a congruência entre as normas e os fatos que a embasaram, de forma argumentativa.
§ 2º A motivação indicará as normas, a interpretação jurídica, a jurisprudência ou a doutrina que a embasaram.
§ 3º A motivação poderá ser constituída por declaração de concordância com o conteúdo de notas técnicas, pareceres, informações, decisões ou propostas que precederam a decisão."

a contextualização dos fatos, quando cabível, e com a indicação dos fundamentos de mérito e jurídicos", assim como a "motivação da decisão conterá os seus fundamentos e apresentará a congruência entre as normas e os fatos que a embasaram, de forma argumentativa".

Considerando que o § 3º do art. 8º[179], inserido na CLT pela Lei n. 13.467/2017, estabeleceu a priorização da natureza contratual dos acordos e convenções coletivas, é relevante pontuar o constante dos arts. 478, 479 e 480 do Código Civil brasileiro[180], ao inserir os critérios estabelecidos pela AED – Análise Econômica do Direito na elaboração das normas contratuais civis.

Esta diretriz vem respaldar a aplicação da AED – Análise Econômica do Direito também na elaboração das normas estipuladas em negociação coletiva, pois possibilita aferir quais consequências podem advir não só para as partes diretamente envolvidas, mas também para o entorno social em que está ocorrendo a situação fática, ou seja, pode abranger por via indireta um número significativo de pessoas, o que implica em saber manejar a ocorrência de *trade-offs*[181], não só considerando o interesse direto das partes, mas também aferindo a ocorrência de externalidades, tanto positivas (quando geram efeitos benéficos para as partes e também para terceiros), quanto negativas (quando acabam trazendo ônus excessivo/prejuízos às partes e terceiros), notadamente quando causadas pelo acesso assimétrico a informações relevantes.

Ronald Coase assevera que, nas "situações em que os custos de transação são baixos, os agentes conseguem negociar de maneira relativamente cooperativa, e os resultados derivados destas negociações serão os melhores", ou seja, são eficientes porque "maximizam os benefícios das partes envolvidas" sem causar prejuízo a terceiros. Entretanto, pondera que se os

---

(179) CLT. Art. 8º. "§ 3º No exame de convenção coletiva ou acordo coletivo de trabalho, a Justiça do Trabalho analisará exclusivamente a conformidade dos elementos essenciais do negócio jurídico, respeitado o disposto no art. 104 da Lei n. 10.406, de 10 de janeiro de 2002 (Código Civil), e balizará sua atuação pelo princípio da intervenção mínima na autonomia da vontade coletiva."

(180) Código Civil.

"Art. 478. Nos contratos de execução continuada ou diferida, se a prestação de uma das partes se tornar excessivamente onerosa, com extrema vantagem para a outra, em virtude de acontecimentos extraordinários e imprevisíveis, poderá o devedor pedir a resolução do contrato. Os efeitos da sentença que a decretar retroagirão à data da citação.

Art. 479. A resolução poderá ser evitada, oferecendo-se o réu a modificar equitativamente as condições do contrato.

Art. 480. Se no contrato as obrigações couberem a apenas uma das partes, poderá ela pleitear que a sua prestação seja reduzida, ou alterado o modo de executá-la, a fim de evitar a onerosidade excessiva."

(181) *Trade-offs* – aqui considerado como ato de escolha em que são avaliados custos e benefícios.

custos de transação forem altos, a negociação enfrentará “sérios obstáculos”, o que causará ineficiência, impactando negativamente os resultados em prejuízo de todos.

Neste contexto, quando se trata da negociação coletiva trabalhista, é necessário considerar as seguintes perspectivas:

1 – As repercussões da oscilação de demanda/oferta de mão de obra levam trabalhadores e empregadores a enfrentarem vários tipos de incentivos e restrições que afetam a tomada de decisão.

2 – Como o trabalho não pode ser considerado uma “mercadoria” e as relações de trabalho são diretamente afetas por condições assimétricas de poderes desiguais de barganha, os custos de transação são elevados.

Ademais, as relações de trabalho são, por sua própria natureza, continuativas e de longo prazo, o que demonstra a importância de instituições sólidas, que consigam reduzir os níveis de assimetria e preservar o poder de barganha dos trabalhadores nas relações negociais, a fim de preservar a eficiência do sistema.

Destarte, ante os efeitos provocados pela revolução digital no direito coletivo do trabalho, é preciso reconhecer que não cabe mais adotar a perspectiva simplista de que o sistema jurídico se basta como autopoiético, ignorando os postulados econômicos que lhe são subjacentes. Com efeito, é preciso romper estes limites que têm se revelado obsoletos e ineficientes para oferecer respostas aos novos conflitos e buscar outros parâmetros, que partam do reconhecimento da reiterada interlocução entre as questões econômicas e jurídicas, o que torna necessário conferir uma atenção maior à Análise Econômica do Direito.

Neste passo, imprescindível reduzir o excesso de abstração teórica para tornar o Direito do Trabalho mais atento ao que efetivamente acontece, resgatando o princípio axial da primazia da realidade, cuja aplicação não pode ficar restrita às relações empregatícias, devendo abranger todos os tipos de relações de trabalho, individuais e coletivas.

Isto porque os efeitos da revolução digital no direito coletivo do trabalho vieram demonstrar que existe uma articulação cada vez mais estreita entre o princípio da eficiência e um novo conceito de justiça, assim revelando a adequação e conexão da AED com o direito coletivo do trabalho.

Ademais, esta nova perspectiva demonstra que a aplicação da AED – Análise Econômica do Direito e do critério consequencialista não podem ficar restritos à interpretação da norma legal, devendo ser considerados também na própria elaboração da norma autônoma (*soft law*), pelas partes em negociação coletiva (acordos/convenções coletivas), o que se reveste de relevância porque a interlocução cada vez mais forte entre as relações coletivas de trabalho e o princípio da eficiência jurídica decorre da crescente constatação de que a ineficiência aumenta os custos de transação na distribuição da riqueza produzida, causando injustiça, o que compromete a funcionalidade promocional do Direito, como explica Norberto Bobbio[(182)].

Caso paradigmático para evidenciar a contribuição relevante da hermenêutica para garantir a funcionalidade do sistema jurídico, foi referido por Niklas Luhmann[(183)] no episódio que ficou conhecido como "O 12º camelo".

Relata que um rico beduíno estabeleceu a sucessão por testamento a seus 3 filhos, estabelecendo os seguintes critérios: o 1º filho deveria receber a metade (1/2), o 2º filho um quarto (1/4) e o terceiro filho um sexto (1/6). Como ao morrer a totalidade da herança consistia em 11 camelos, a divisão entre os herdeiros gerou um impasse. Levado o conflito ao juiz, este ofertou um de seus para que, somado aos 11 camelos existentes, resultaria em um total de 12, o que possibilitaria a divisão.

E assim foi feito.

Dos 12 camelos, 6 camelos (1/2) ficaram para o 1º filho, 3 camelos (1/4) ficaram para o 2º filho e 2 camelos (1/6) para o 3º filho. Como a soma dos camelos entregues aos herdeiros (6+3+2=11) totalizava os 11 deixados pelo pai, o 12º camelo, que executou uma "função operativa da mais alta importância", possibilitando a funcionalidade da decisão, foi devolvido ao juiz.

Os efeitos da revolução digital no direito coletivo do trabalho vêm evidenciar que a valorização da negociação coletiva é o 12º camelo, que possibilita a funcionalidade da autonomia privada coletiva como parte integrante da normatividade jurídica, em que a atuação dos corpos intermediários não se opera à margem (a *latere*), mas é justificada dentro do próprio sistema jurídico.

Neste contexto, a interpretação do significado da eficiência jurídica, que permeia a construção das normas negociadas, contribui para a implementação do desenvolvimento sustentável, conforme ensina Amartya Sem[(184)], ao ressaltar que este não pode ser medido apenas pelo PIB, mas pelas "trocas

---

(182) BOBBIO, Norberto. *Da estrutura à função*. Obra citada. p. 53 e seguintes.

(183) LUHMANN, Niklas. *Do sistema social à sociologia jurídica.* Tradução: Dalmir Lopes Jr, Daniele Andréia da Silva Manão e Flávio Elias Riche. Rio de Janeiro: Editora Lumen Juris, 2004. p. 33-40.

(184) SEN, Amartya. *Desenvolvimento como liberdade*. Tradução: Laura Teixeira Motta. São Paulo: Companhia das Letras, 2000. p. 52.

mutuamente benéficas" que consigam reduzir os níveis de conflitualidade e aumentar os índices de socialidade e bem-estar, elementos que vão formatar um novo conceito de justiça(185).

6.3. A valorização da autonomia privada coletiva e a aplicação das regras que disciplinam o negócio jurídico

A valorização da autonomia privada coletiva vai resultar no fortalecimento da natureza contratual das regras normativas, conforme dispõem expressamente o § 1º do art. 611-A e o § 3º do art. 8º, ambos inseridos na CLT pela Lei n. 13.467/2017:

> Art. 611-A da CLT
>
> § 1º No exame da convenção coletiva ou do acordo coletivo de trabalho, a Justiça do Trabalho observará o disposto no § 3º do art. 8º desta Consolidação.
>
> Art. 8º da CLT
>
> *§ 3º No exame de convenção coletiva ou acordo coletivo de trabalho, a Justiça do Trabalho analisará exclusivamente a conformidade dos elementos essenciais do negócio jurídico, respeitado o disposto no* **art. 104 da Lei n. 10.406, de 10 de janeiro de 2002 (Código Civil), e balizará sua atuação pelo princípio da intervenção mínima na autonomia da vontade coletiva**. (g.n.)

Apesar de vários segmentos da doutrina trabalhista terem se insurgido contra esta diretriz, é preciso reconhecer que, ao acentuar a natureza contratual da negociação coletiva, promove inequívoca valorização da autonomia privada coletiva.

Antonio Menezes Cordeiro(186) afirma que parte expressiva da doutrina portuguesa reconhece a dupla natureza das convenções coletivas (contratual e público-normativa), mas enfatiza que as convenções coletivas se caracterizam como negócio privado, como expressão da autonomia privada coletiva.

Ademais, este novo enfoque, mais concentrado na sua característica contratual, abre caminhos para a aplicação do disposto no Código Civil quanto ao regramento do negócio jurídico, o que se reveste de relevância se atentarmos para os efeitos que os novos tipos de relações de trabalho vieram provocar no modelo normativo trabalhista.

---

(185) SEN, Amartya. *A ideia de justiça*. Tradução de Denise Bottmann e Ricardo Doninelli Mendes. São Paulo: Cia das Letras, 2011. p. 449.
(186) MENEZES CORDEIRO, Antonio. *Manual de direito do trabalho*. Coimbra: Almedina, 1999. p. 313-332.

Nesta senda, para a apuração dos vícios que comprometem a validade das cláusulas convencionadas, é possível aplicar o disposto no Capítulo IV, do Título I, do Livro III do Código Civil, notadamente quanto à ocorrência das seguintes situações que configuram os defeitos do negócio jurídico:

6.3.1. Erro ou ignorância

Não é incomum em mesa de negociação surgirem controvérsias quanto aos dados referentes à produtividade e capacidade patronal para oferecer benefícios e reajustes salariais.

Se estes dados não forem apresentados com lealdade e boa-fé, induzindo a erro a parte contrária, haverá possibilidade de anulação das referidas cláusulas contratuais, nos termos dos arts. 138 a 144 do Código Civil, agora aplicável por ser compatível com o direito coletivo trabalhista, *in verbis:*

> "Art. 138. São anuláveis os negócios jurídicos, quando as declarações de vontade emanarem de erro substancial que poderia ser percebido por pessoa de diligência normal, em face das circunstâncias do negócio.
>
> Art. 139. O erro é substancial quando:
>
> I – interessa à natureza do negócio, ao objeto principal da declaração, ou a alguma das qualidades a ele essenciais;
>
> II – concerne à identidade ou à qualidade essencial da pessoa a quem se refira a declaração de vontade, desde que tenha influído nesta de modo relevante;
>
> III – sendo de direito e não implicando recusa à aplicação da lei, for o motivo único ou principal do negócio jurídico.
>
> Art. 140. O falso motivo só vicia a declaração de vontade quando expresso como razão determinante.
>
> Art. 141. A transmissão errônea da vontade por meios interpostos é anulável nos mesmos casos em que o é a declaração direta.
>
> Art. 142. O erro de indicação da pessoa ou da coisa, a que se referir a declaração de vontade, não viciará o negócio quando, por seu contexto e pelas circunstâncias, se puder identificar a coisa ou pessoa cogitada.
>
> Art. 143. O erro de cálculo apenas autoriza a retificação da declaração de vontade.
>
> Art. 144. O erro não prejudica a validade do negócio jurídico quando a pessoa, a quem a manifestação de vontade se dirige, se oferecer para executá-la na conformidade da vontade real do manifestante."

Ademais, se uma parte induzir a outra em erro/ignorância para obter vantagens na negociação, tal conduta também pode revelar falta da boa-fé objetiva e, assim, respaldar a configuração do abuso do direito de negociar, como assevera Judith Martins Costa[(187)], ao destacar que prestar informações

---

(187) MARTINS COSTA, Judith. Obra citada. p. 580.

corretas constitui um dever, que visa garantir o consentimento informado, protegendo a "higidez da manifestação negocial e a confiança que possibilita não apenas acalentar expectativas legítimas mas, igualmente, avaliar riscos", o que confere idoneidade à conduta negocial, de sorte que, em uma relação assimétrica no acesso à informação, o *princípio da transparência* passa a revestir-se de maior relevância na esteira dos conceitos consolidados pelo Código de Defesa do Consumidor nos arts. 12, 14, 30, 31 e 46.

6.3.2. Dolo

Também será considerado fundamento para anulação da cláusula convencionada se uma das partes proceder com dolo, silenciando de maneira intencional sobre fato relevante que lhe cause proveito em detrimento da outra parte, nos termos dos arts. 145 a 150 do Código Civil:

> "Art. 145. São os negócios jurídicos anuláveis por dolo, quando este for a sua causa.
>
> Art. 146. O dolo acidental só obriga à satisfação das perdas e danos, e é acidental quando, a seu despeito, o negócio seria realizado, embora por outro modo.
>
> Art. 147. Nos negócios jurídicos bilaterais, o silêncio intencional de uma das partes a respeito de fato ou qualidade que a outra parte haja ignorado, constitui omissão dolosa, provando-se que sem ela o negócio não se teria celebrado.
>
> Art. 148. Pode também ser anulado o negócio jurídico por dolo de terceiro, se a parte a quem aproveite dele tivesse ou devesse ter conhecimento; em caso contrário, ainda que subsista o negócio jurídico, o terceiro responderá por todas as perdas e danos da parte a quem ludibriou.
>
> Art. 149. O dolo do representante legal de uma das partes só obriga o representado a responder civilmente até a importância do proveito que teve; se, porém, o dolo for do representante convencional, o representado responderá solidariamente com ele por perdas e danos.
>
> Art. 150. Se ambas as partes procederem com dolo, nenhuma pode aylo-lo para anular o negócio, ou reclamar indenização."

Assim, a conduta dolosa de uma parte que induz a outra a concordar com determinada proposta para obter vantagens na negociação também pode respaldar a constatação do abuso do direito de negociar e violação da boa-fé objetiva.

6.3.3. Onerosidade excessiva

Quando uma das partes assume obrigação excessivamente onerosa em seu desfavor, manifestamente desproporcional ao valor da prestação oposta, está configurada a violação da boa-fé objetiva e ocorrência de lesão, que caracteriza vício passível de justificar a anulação da respectiva cláusula, nos termos do art. 157 do Código Civil:

> "Art. 157. Ocorre a lesão quando uma pessoa, sob premente necessidade, ou por inexperiência, se obriga a prestação manifestamente desproporcional ao valor da prestação oposta.
>
> § 1º Aprecia-se a desproporção das prestações segundo os valores vigentes ao tempo em que foi celebrado o negócio jurídico.
>
> § 2º Não se decretará a anulação do negócio, se for oferecido suplemento suficiente, ou se a parte favorecida concordar com a redução do proveito."

Assim, se a negociação induz uma parte a ter vantagens desproporcionais em detrimento da outra, a onerosidade excessiva macula a validade do acordo/convenção coletiva, por configurar o abuso do direito de negociar.

A atribuição de natureza preponderantemente negocial aos acordos e convenções coletivas de trabalho foi reiterada com a fixação de novos balizamentos para disciplinar as ações anulatórias, dispostos pela Lei n. 13.467/2017 nos §§ 2º, 3º, 4º e 5º do art. 611-A da CLT nos seguintes termos:

> "§ 2º A inexistência de expressa indicação de contrapartidas recíprocas em convenção coletiva ou acordo coletivo de trabalho não ensejará sua nulidade por não caracterizar um vício do negócio jurídico.
>
> § 3º Se for pactuada cláusula que reduza o salário ou a jornada, a convenção coletiva ou o acordo coletivo de trabalho deverão prever a proteção dos empregados contra dispensa imotivada durante o prazo de vigência do instrumento coletivo.
>
> § 4º Na hipótese de procedência de ação anulatória de cláusula de convenção coletiva ou de acordo coletivo de trabalho, quando houver a cláusula compensatória, esta deverá ser igualmente anulada, sem repetição do indébito.
>
> § 5º Os sindicatos subscritores de convenção coletiva ou de acordo coletivo de trabalho deverão participar, como litisconsortes necessários, em ação individual ou coletiva, que tenha como objeto a anulação de cláusulas desses instrumentos."

Assim, visando valorizar a vontade manifestada pelos sindicatos subscritores do acordo/convenção coletiva, como representantes dos trabalhadores e empregadores, garantiu a participação destas entidades, como litisconsortes necessários, nas ações que tenham como objeto a anulação de cláusulas firmadas nestes instrumentos.

Na mesma esteira de valorização da liberdade negocial, assegurou que a inexistência de expressa indicação de contrapartidas recíprocas, em convenção ou acordo coletivo de trabalho, não ensejará nulidade por não caracterizar vício do negócio jurídico, assim garantindo às entidades sindicais a necessária flexibilidade para avaliação das soluções que atendam aos interesses da categoria.

Ademais, visando manter o equilíbrio na negociação, estabeleceu que em caso de procedência da ação anulatória de cláusula de convenção ou de acordo coletivo de trabalho, quando houver a cláusula compensatória, esta deverá ser igualmente anulada, sem repetição do indébito.

Ainda, a fim de evitar que uma situação conjuntural de dificuldade econômica do empregador possa ensejar onerosidade excessiva para os trabalhadores, determinou que, em caso de ser pactuada cláusula que reduza o salário ou a jornada, a convenção/acordo coletivo de trabalho deverá prever a proteção dos empregados contra dispensa imotivada durante o prazo de vigência do instrumento coletivo.

A valorização da autonomia privada coletiva garante uma atuação mais assertiva das entidades sindicais na defesa dos direitos e interesses profissionais dos trabalhadores, considerados em sentido amplo.

No que se refere ao objeto da negociação coletiva, importante destacar que o art. 611-A, inserido pela Lei n. 13.467/2017 na CLT, apresenta rol exemplificativo das matérias que podem ser objeto da negociação coletiva, abrindo espaço para uma atuação sindical mais ampla e efetiva, nos seguintes termos:

> "Art. 611-A. A convenção coletiva e o acordo coletivo de trabalho têm prevalência sobre a lei quando, **entre outros**, dispuserem sobre:
>
> I – pacto quanto à jornada de trabalho, observados os limites constitucionais;
>
> II – banco de horas anual;
>
> III – intervalo intrajornada, respeitado o limite mínimo de trinta minutos para jornadas superiores a seis horas;
>
> IV – adesão ao Programa Seguro-Emprego (PSE), de que trata a Lei n. 13.189, de 19 de novembro de 2015;
>
> V – plano de cargos, salários e funções compatíveis com a condição pessoal do empregado, bem como identificação dos cargos que se enquadram como funções de confiança;
>
> VI – regulamento empresarial;
>
> VII – representante dos trabalhadores no local de trabalho;
>
> VIII – teletrabalho, regime de sobreaviso, e trabalho intermitente;
>
> IX – remuneração por produtividade, incluídas as gorjetas percebidas pelo empregado, e remuneração por desempenho individual;
>
> X – modalidade de registro de jornada de trabalho;
>
> XI – troca do dia de feriado;
>
> XII – enquadramento do grau de insalubridade;
>
> XIII – prorrogação de jornada em ambientes insalubres, sem licença prévia das autoridades competentes do Ministério do Trabalho;
>
> XIV – prêmios de incentivo em bens ou serviços, eventualmente concedidos em programas de incentivo;
>
> XV – participação nos lucros ou resultados da empresa."

Como exemplo disso pode ser destacado o teletrabalho, em relação ao qual a Lei brasileira n. 13.467/2017 inseriu o Capítulo II-A na Consolidação das Leis do Trabalho (CLT), com alterações posteriormente promovidas pela Lei n. 14.442/2022, nos seguintes termos:

> Art. 75-B. Considera-se teletrabalho ou trabalho remoto a prestação de serviços fora das dependências do empregador, de maneira preponderante ou não, com a utilização de tecnologias de informação e de comunicação, que, por sua natureza, não configure trabalho externo.
>
> (...)
>
> *§ 5º O tempo de uso de equipamentos tecnológicos e de infraestrutura necessária, bem como de softwares, de ferramentas digitais ou de aplicações de internet utilizados para o teletrabalho, fora da jornada de trabalho normal do empregado não constitui tempo à disposição ou regime de prontidão ou de sobreaviso, exceto se houver* **previsão em acordo individual ou em acordo ou convenção coletiva de trabalho**.
>
> *§ 6º Fica permitida a adoção do regime de teletrabalho ou trabalho remoto para estagiários e aprendizes.*
>
> *§ 7º* **Aos empregados em regime de teletrabalho aplicam-se** as disposições previstas na legislação local **e nas convenções e nos acordos coletivos de trabalho** relativas à base territorial do estabelecimento de lotação do empregado.

A valorização da autonomia privada coletiva fica clara no desenho institucional traçado pela Lei n. 13.467/2017 pois, enquanto o *caput* do art. 611-A apresenta um rol meramente exemplificativo das possibilidades de celebração da negociação coletiva, o art. 611-B apresenta um rol restritivo ao traçar limites para a negociação nos seguintes termos:

> "Art. 611-B.
>
> Constituem objeto ilícito de convenção coletiva ou de acordo coletivo de trabalho, **exclusivamente**, a supressão ou a redução dos seguintes direitos:
>
> I – normas de identificação profissional, inclusive as anotações na Carteira de Trabalho e Previdência Social;
>
> II – seguro-desemprego, em caso de desemprego involuntário;
>
> III – valor dos depósitos mensais e da indenização rescisória do Fundo de Garantia do Tempo de Serviço (FGTS);
>
> IV – salário mínimo;
>
> V – valor nominal do décimo terceiro salário;
>
> VI – remuneração do trabalho noturno superior à do diurno;
>
> VII – proteção do salário na forma da lei, constituindo crime sua retenção dolosa;
>
> VIII – salário-família;
>
> IX – repouso semanal remunerado;
>
> X – remuneração do serviço extraordinário superior, no mínimo, em 50% (cinquenta por cento) à do normal;

XI – número de dias de férias devidas ao empregado;

XII – gozo de férias anuais remuneradas com, pelo menos, um terço a mais do que o salário normal;

XIII – licença-maternidade com a duração mínima de cento e vinte dias;

XIV – licença-paternidade nos termos fixados em lei;

XV – proteção do mercado de trabalho da mulher, mediante incentivos específicos, nos termos da lei;

XVI – aviso prévio proporcional ao tempo de serviço, sendo no mínimo de trinta dias, nos termos da lei;

XVII – normas de saúde, higiene e segurança do trabalho previstas em lei ou em normas regulamentadoras do Ministério do Trabalho;

XVIII – adicional de remuneração para as atividades penosas, insalubres ou perigosas;

XIX – aposentadoria;

XX – seguro contra acidentes de trabalho, a cargo do empregador;

XXI – ação, quanto aos créditos resultantes das relações de trabalho, com prazo prescricional de cinco anos para os trabalhadores urbanos e rurais, até o limite de dois anos após a extinção do contrato de trabalho;

XXII – proibição de qualquer discriminação no tocante a salário e critérios de admissão do trabalhador com deficiência;

XXIII – proibição de trabalho noturno, perigoso ou insalubre a menores de dezoito anos e de qualquer trabalho a menores de dezesseis anos, salvo na condição de aprendiz, a partir de quatorze anos;

XXIV – medidas de proteção legal de crianças e adolescentes;

XXV – igualdade de direitos entre o trabalhador com vínculo empregatício permanente e o trabalhador avulso;

XXVI – liberdade de associação profissional ou sindical do trabalhador, inclusive o direito de não sofrer, sem sua expressa e prévia anuência, qualquer cobrança ou desconto salarial estabelecidos em convenção coletiva ou acordo coletivo de trabalho;

XXVII – direito de greve, competindo aos trabalhadores decidir sobre a oportunidade de exercê-lo e sobre os interesses que devam por meio dele defender;

XXVIII – definição legal sobre os serviços ou atividades essenciais e disposições legais sobre o atendimento das necessidades inadiáveis da comunidade em caso de greve;

XXIX – tributos e outros créditos de terceiros;

XXX – as disposições previstas nos arts. 373-A, 390, 392, 392-A, 394, 394-A, 395, 396 e 400 desta Consolidação.

Parágrafo único. Regras sobre duração do trabalho e intervalos não são consideradas como normas de saúde, higiene e segurança do trabalho para os fins do disposto neste artigo.”

A valorização da autonomia privada coletiva implica em assegurar que o procedimento negocial seja pautado pela boa-fé objetiva, vedação do abuso de direito e de práticas antissindicais, evitando também que se perca pela inércia, ou se alongue em demasia, perpetuando a indesejável situação de conflito permanente, vedado pela Constituição(188).

Destarte, inafastável a constatação de que a valorização da autonomia privada coletiva deve ser pautada pela proteção dos direitos fundamentais postos pela Constituição Federal, notadamente quanto à aplicação do disposto nos arts. 5º e 7º a todos os trabalhadores e não apenas aos empregados celetistas.

Ademais, a possibilidade de construir soluções mais consonantes com os desafios apresentados em um determinado contexto social e econômico confere um dinamismo maior também ao direito material do trabalho, pois permite a obtenção de resultados para uma determinada realidade, que pode mudar depois de algum tempo, assim dotando o sistema normativo trabalhista de maior eficácia.

Neste contexto, a priorização da natureza negocial no exercício da autonomia privada coletiva confere maior flexibilidade ao sistema, atribuindo ao direito coletivo do trabalho um lugar de destaque na formação de um novo modelo de normatividade trabalhista, para que mantenha sua eficácia como balizador de conduta nestes novos tipos de relações de trabalho trazidos pela revolução digital.

6.4. O novo marco axiológico do direito coletivo do trabalho

Neste cenário, o novo marco axiológico do direito coletivo do trabalho passa a ter três eixos de sustentação:

1 – A BOA-FÉ OBJETIVA.

2 – A FUNÇÃO SOCIAL DO CONTRATO – entre todos participantes da cadeia produtiva.

3 – A FUNÇÃO SOCIAL DA PROPRIEDADE – em relação ao entorno social em que se desenvolve a organização produtiva, o que envolve as atividades monitoradas pelas práticas da ESG (Environment/Social/Governance), assim reconhecendo que a governança corporativa deve

(188) Constituição Federal de 1988. Art. 5º. “LIV – ninguém será privado da liberdade ou de seus bens sem o devido processo legal; LV – aos litigantes, em processo judicial ou administrativo, e aos acusados em geral são assegurados o contraditório e ampla defesa, com os meios e recursos a ela inerentes;”

estar em constante interconexão com o meio ambiente que inclui a proteção da saúde física e mental do trabalhador e os valores sociais da comunidade em que está inserida.

A boa-fé sempre integrou o *ethos* jurídico do Direito do Trabalho de forma difusa, até aqui predominantemente como boa-fé subjetiva. Entretanto, as alterações provocadas pela revolução digital no mundo do trabalho vieram demonstrar que é preciso reconhecer sua integração no eixo central que sustenta o novo modelo de direito coletivo de trabalho. Para tanto, desloca-se de sua vertente meramente subjetiva e passa a adquirir dimensão objetiva, atuando em constante interconexão com a vedação do abuso de direito, função social do contrato e da propriedade, o que confere maior eficácia jurídica à norma negociada, como baliza de conduta.

Isto porque, como as mudanças provocadas pela revolução tecnológica têm ocorrido com intensa velocidade, os tempos inerentes ao trâmite dos procedimentos legislativos, necessários para a promulgação de normas legais estatais, vêm impedido a formulação de respostas em tempo hábil para dirimir os novos conflitos, criando um preocupante *gap* entre o fato e sua necessária regulação, o que pode levar a um retrocesso nos marcos de proteção do trabalho como valor social, comprometendo a força institucional do Direito do Trabalho.

Neste contexto, se a solução dos conflitos, advindos das novas formas de trabalhar engendradas pela revolução digital, tem se mostrado cada vez mais difícil pela via da norma heterônoma, a possibilidade de construção de soluções negociadas vem ganhando cada vez mais espaço pela valorização da autonomia privada coletiva, o que confere um espaço maior de protagonismo para a atuação sindical.

No Brasil, esta perspectiva foi expressamente reconhecida pela Constituição Federal de 1988 como direito fundamental, nos seguintes termos:

> "Art. 7º São direitos dos trabalhadores urbanos e rurais, além de outros que visem à melhoria de sua condição social:
>
> XXVI – reconhecimento das convenções e acordos coletivos de trabalho;
>
> XXVII – proteção em face da automação, na forma da lei."

Portanto, inequívoca a constatação de que a Lei Maior do Brasil abriu um lugar de destaque para o exercício da autonomia privada coletiva, como via adequada para a construção de novos marcos de proteção do trabalhador, em face dos efeitos provocados pela revolução digital.

A Lei n. 13.467/2017, conhecida como Reforma Trabalhista, deu um passo importante neste sentido quando reconheceu a prevalência da convenção e do acordo coletivo sobre a lei, ao prever no *caput* do art. 611-A da CLT:

"Art. 611-A. A convenção coletiva e o acordo coletivo de trabalho têm prevalência sobre a lei quando, **entre outros**, dispuserem sobre:"

À parte os relevantes questionamentos que esta alteração legal continua a suscitar, inafastável a constatação de que conferiu inequívoca valorização do direito coletivo trabalhista para construir soluções, que possam oferecer respostas aos novos conflitos que se apresentam dotados de maior complexidade, além da acentuada rapidez das mudanças que operam no quadro fático, notadamente pela acentuada interconexão entre o real e o virtual, contexto em que a autocomposição dos conflitos ganha maior relevo do que a heterocomposição.

A ampliação da negociação coletiva posta pela Reforma Trabalhista no Brasil foi objeto de muitas ADI (ações direitas de inconstitucionalidade), ADC (ação direta de constitucionalidade) e ADPF (Ação de Descumprimento de Preceito Fundamental), que ainda tramitam no STF.

Um dos casos mais rumorosos se refere ao Tema 1046, que teve como *Leading Case* o ARE 1121633, julgado com repercussão geral, que fixou a seguinte Tese:

> "São constitucionais os acordos e as convenções coletivas que, ao considerarem a adequação setorial negociada, pactuam limitações ou afastamentos de direitos trabalhistas, independentemente da explicitação especificada de vantagens compensatórias, desde que respeitados os direitos absolutamente indisponíveis."

O texto provoca vários questionamentos quanto ao que pode ser considerado "adequação setorial negociada" e "direitos absolutamente indisponíveis", o que certamente ainda levará a muitos debates.

Parte da doutrina já vem se posicionando no sentido de considerar como direitos absolutamente indisponíveis os que foram estabelecidos:

1 – no art. 7º da Constituição Federal de 1988, que trata especificamente dos direitos fundamentais trabalhistas.

2 – nas Convenções da OIT inseridas no ordenamento em conformidade com o disposto no §§ 2º e 3º do art. 5º da CF/88.

CAPÍTULO 7

OS EFEITOS DA REVOLUÇÃO DIGITAL E OS DESAFIOS DO TRABALHO PRESTADO POR PLATAFORMA

A revolução digital trouxe novas formas de trabalhar, sendo que o prestado por plataformas representa um de seus maiores desafios.

Em relação ao tema, imperioso trazer à colação o que tem ocorrido na Europa, especificamente na Espanha e Portugal.

Na Espanha, após decisão do Tribunal Supremo reconhecendo a natureza laboral do vínculo existente entre as plataformas e os entregadores de mercadorias que atuam por aplicativos, uma Comissão Tripartite, integrada por representantes do governo, trabalhadores (sindicatos) e empresas, enviou ao Parlamento uma proposta, acolhida e promulgada (Real Decreto-ley 9/2021), que passou a ser conhecida como "Ley Rider"(189), afastando a possibilidade de configuração dos entregadores de encomendas como trabalhadores autônomos (TRADE) e reconhecendo sua condição de empregados das plataformas digitais(190).

Além disso, introduziu a letra "d" no art. 64.4 da "Ley del Estatuto dos Trabajadores" (Real Decreto Legislativo 2/2015)(191), estabelecendo o direito

---

(189) 1) O Real Decreto-ley 9/2021, popularmente conhecido como Ley Rider, foi editado por iniciativa do Ministério do Trabalho da Espanha, após um processo de diálogo social tripartite, que contou com a participação do Governo, de sindicatos dos trabalhadores e de sindicatos empresariais;
2) O decreto-lei foi aprovado pelo Conselho de Ministros em 11 de maio de 2021, com prazo de entrada em vigência de três meses, período no qual as plataformas deverão se adaptar às suas disposições;
3) A Ley Rider reconhece a relação de emprego em relação aos entregadores de aplicativos;
4) A Ley Rider inova ao trazer uma disposição sobre o gerenciamento algorítmico do trabalho, não restrita à economia de plataformas, garantindo aos trabalhadores o direito à informação e à revisão das decisões tomadas com base em algoritmos.

(190) Disponível em: https://www.ilo.org/brasilia/convencoes/WCMS_242958/lang--pt/index.htm. Acesso em: 27 mar. 2023.

(191) Disponível em: https://www.boe.es/buscar/act.php?id=BOE-A-2015-11430. Acesso em: 27 mar. 2023.

do trabalhador ser informado pela empresa sobre os parâmetros, regras e instruções nos quais se baseiam os algoritmos ou sistemas de inteligência artificial que afetam a tomada de decisões referentes às condições de trabalho, acesso e manutenção do emprego.

Antonio Baylos(192) explica que após a publicação desta lei algumas plataformas passaram a contratar cooperativas de trabalhadores ou empresas menores como empregadoras destes trabalhadores.

Porém, outras plataformas, como a GLOVO, que continuaram a considerar os trabalhadores como autônomos, tiveram que responder com o pagamento de multas e pela prática de infração penal nos termos do § 2º do art. 311 do Código Penal espanhol, que considera crime a exposição de trabalhadores a condições ilegais, com a privação de direitos quanto a salários, jornada, saúde e segurança. Criminaliza também as "falsas cooperativas" e "falsos estagiários/becários", assim contratados para desvirtuar o alcance da lei.

Ao abordar o tema, a Professora Esperanza Macarena Sierra Benitez(193) destacou a importância dos marcos protetivos estabelecidos pela Ley Rider, por preservar os direitos fundamentais das pessoas que trabalham em condições de preocupante vulnerabilidade, cumprindo longas jornadas e recebendo muito pouco, que mal dá para sobreviver.

Na Espanha, a Ley Rider introduziu a presunção de laboralidade no âmbito das plataformas digitais, mas não pacificou o conflito, que ainda permanece, não só em relação aos entregadores (estafetas), mas também em relação aos demais trabalhadores que atuam mediante plataformas.

Em Portugal, ao discorrer sobre o trabalho em plataformas, a professora da Universidade do Minho, Teresa Coelho Moreira(194), explica que, na esteira das diretrizes apontadas no "Livro Verde sobre o Futuro do Trabalho 2021", foi apresentado um projeto de lei que sofreu várias modificações e resultou na aprovação da alteração e inserção do art. 12-A no Código de Trabalho português.

---

(192) Disponível em: https://dx.doi.org/105209/cria80595. Acesso em: 5 maio 2023.

(193) SIERRA BENITEZ, Esperanza Macarena. Reflexiones en torno a la intervención normativa jurídico-laboral para la construcción social del nuevo mercado laboral de las plataformas digitales de Trabajo. *In: Revista Internacional y Comparada de Relaciones Laborales y derecho del empleo*. Volume 11, n. 1, janeiro e março de 2023. Escuela Internacional de Alta Formación em Relaciones Laborales y de Trabajo. ADAPT. p. 36 a 61. Disponível em: www.adapt.it. Acesso em: 19 abr. 2023.

(194) MOREIRA, Teresa Coelho. *Portugal*: o novo art. 12º-A e a presunção de laboralidade do trabalho nas plataformas digitais. Disponível em: https://www.dmtemdebate.com.br/portugal-o-novo-artigo-12-o-e-a-presuncao-de-laboralidade-do-trabalho-nas-plataformas-digitais. Acesso em: 4 mar. 2023.

Entre estas modificações, ressalta a "presunção de laboralidade" contida no n. 1 e n. 2 do art. 12-A quanto à relação estabelecida "entre a plataforma digital e o prestador de atividade que nela opera", prevista de forma geral em relação a todos os tipos de plataforma, diferentemente do estabelecido na Espanha.

Pondera que, enquanto a previsão constante do art. 12º do Código de Trabalho português "foi aylortivada para as relações de trabalho típicas" da era pré-digital, em relação ao trabalho por plataformas digitais, é preciso construir um "regime laboral próprio e ajustado às características destas novas formas de prestar serviços".

Em "Seminário Internacional – Direitos Constitucionais e Relações de Trabalho", promovido no Brasil pelo TST (Tribunal Superior do Trabalho) em março de 2023, Teresa Moreira explicou que o grande problema é a qualificação do contrato existente entre a plataforma e o prestador de serviço, sendo que a matéria referente à "presunção de laboralidade" foi a que ensejou discussões e debates mais acirrados, inclusive quando houve a apresentação da Proposta de Diretiva Europeia (Processo 2021/0414 COD).(195)

Esclareceu que o objetivo desta proposta consiste na regulamentação das novas relações de trabalho, que estão surgindo em decorrência de um novo modelo de negócios trazido pela economia colaborativa (*crowdwork online/crowdwork offline*) que, embora sob outras roupagens, traz à tona conflitos seculares enfrentados pelo Direito do Trabalho quanto à extensão de longas jornadas *online* para ter acesso às chamadas/demandas de tarefas (*zero hours contract*), baixa remuneração que impossibilita atender às necessidades básicas de moradia e alimentação, falta de proteção previdenciária e de seguro contra doenças profissionais e acidentes de trabalho, entre outras que caracterizam a precarização deste tipo de trabalho, o que justifica a atuação firme do Direito do Trabalho, com respaldo nas normas e valores que ensejaram a criação da OIT, pois continuam a revestir-se de notória atualidade.

No mesmo Seminário, Teresa Moreira ressaltou a importância do constante do n. 9 do art. 12-A, inserido no Código de Trabalho de Portugal, ao prever que "só se aplicarão as normas previstas no presente Código *que sejam compatíveis com a natureza da atividade desempenhada*", notadamente quanto ao disposto "*em matéria de acidentes de trabalho, cessação do contrato, proibição do despedimento sem justa causa, remuneração mínima, férias, limites do período normal de trabalho, igualdade e não discriminação*".

Destacou que esta distinção é importante porque chama a atenção para um aspecto muitas vezes alegado pelas plataformas, como impeditivo na

---

(195) Disponível em: https://www.europarl.europa.eu/doceo/document/A-9-2022-0301_PT.html#_section5. Acesso em: 16 mar. 2023.

aplicação das regras de Direito do Trabalho, que consiste na "incompatibilidade de vários aspectos das relações de trabalho ditas clássicas com estas novas formas de prestar trabalho. Conforme fomos vendo com a evolução do Direito do Trabalho, ele tem suficiente maleabilidade e flexibilidade para responder a estas situações, por mais disruptivas que elas se apresentem".

Importante registrar que, a fim de proteger o direito dos trabalhadores que atuam mediante plataformas, o art. 12-A do Código português também prevê o direito à informação e à transparência algorítmica.

Teresa Moreira ressalta ser positiva a "consagração da responsabilidade solidária prevista agora no n. 8, assim como o que está no n. 7, relativamente à igualdade e não discriminação", o que torna "Portugal o primeiro ordenamento jurídico a ter uma presunção tão ampla, porque se aplica às plataformas de *crowdwork online* e também de *crowdwork offline*, tal como consta da definição de plataforma digital do n. 2". Afirma que isto é muito positivo porque não estamos tratando de "um trabalhador do século XIX, ou até do século XX", mas de "um trabalhador do século XXI", que atua em condições e "contornos distintos dos tradicionais, mas, em última instância, ainda dependente e subordinado na forma como desenvolve a sua atividade".

Assim, assevera que a inserção do art. 12-A no Código de Trabalho português se revelou positiva porque permitiu "que o Direito do Trabalho possa vir a acolher estes novos prestadores de serviços via plataformas no seu seio, procedendo à devida adaptação regimental, isto é, construindo um regime laboral próprio e ajustado às características destas novas formas de prestar serviços".

Entretanto, apesar de avançar na regularização da situação jurídica, ao estabelecer a "presunção de laboralidade" direta entre os trabalhadores e as plataformas, o art. 12-A introduzido no Código de Trabalho português também reconhece que se trata de situação diferenciada, que exige a construção de um "regime laboral próprio e ajustado às características destas novas formas de prestar serviços", assim reconhecendo a dificuldade de traçar soluções pela via heterônoma ante a diversidade das novas situações fáticas.

Com efeito, a complexidade, diversidade e constante mutação, que caracterizam as novas formas de trabalhar trazidas pela revolução digital, demonstram que a solução passa pela valorização do direito coletivo do trabalho, mediante a construção de normas negociadas pelas partes, cujo prazo de validade permite a necessária atualização e ajuste periódico, com a possibilidade de constante aderência à mutante realidade fática que visam regular, além de conferir segurança e estabilidade jurídica "*ceteris paribus*", ou seja, mantidas as mesmas condições, o que encontra esteio no princípio de primazia da realidade.

A importância da negociação coletiva para obter soluções eficazes aos novos conflitos, desencadeados pela revolução digital quanto à prestação de trabalho por meio de plataformas, ficou evidenciada na "Carta dos direitos Fundamentais do Trabalho Digital" assinada em maio de 2018 na Bolonha[196], resultante de um acordo trilateral entre o Município de Bolonha, a associação local dos trabalhadores (*Riders Union Bologna* – sindicatos Cgil (*Confederazione Generale Italiana del lavoro*), Cisl (*Confederazione Italiana Sindacati Lavoratori*) e Uil (*Unione Italiana del lavoro*) e as plataformas (Sgnam/MyMenu) que, posteriormente, recebeu adesão também da plataforma Domino's Pizza.

A Carta se constituiu no 1º documento oficial que garantiu tutela jurídica ao "*rider*" e teve o mérito de fixar requisitos de proteção da saúde e segurança que devem ser observados em relação aos trabalhadores, independentemente da qualificação da relação de trabalho e da sua prestação para mais de uma plataforma ao mesmo tempo, às quais atribuiu o dever de instituir um seguro para proteção dos trabalhadores, notadamente em casos de acidentes e doenças profissionais/ocupacionais.

Além disso, estabeleceu que as plataformas são obrigadas a informar aos trabalhadores os critérios utilizados para a formação do "*rating reputacional*", garantindo-lhes a possibilidade de contestação destes requisitos.

Quanto ao pagamento pelo serviço prestado, garantiu o valor mínimo não inferior ao estabelecido nas convenções coletivas setoriais assinadas pelos sindicatos para serviços equivalentes, além do pagamento em valor superior quando o serviço é prestado em condições de maior gravame, como nos casos de trabalho noturno.

Ademais, prevê o dever das plataformas reembolsarem os trabalhadores pelas despesas pela manutenção dos veículos e ferramentas utilizados para a prestação dos serviços.

Veda a interrupção desta prestação laboral por motivos discriminatórios, prevendo que a possibilidade de interromper a prestação de serviços *on-demand* e por via de *app* deve ser pautada por razões objetivas, exceto no caso de comprovada cessação das atividades.

Interessante registrar que os arts. 9 e 10 da referida Carta garantem o direito de reunião dos trabalhadores, assim preservando as ações coletivas

---

(196) Carta dos direitos fundamentais do trabalho digital no contexto urbano (*Carta dei diritti dei lavoratori digitali in contesto urbano*). Município de Bolonha (Itália). *Riders Union Bologna. CGIL/CISL/UIL.* Disponível em: https://www.bollettinoadapt.it/carta-dei-diritti-fondamentali-dei-lavoratori-digitali-nel-contesto-urbano. Acesso em: 4 mar. 2023; https://lavorodirittieuropa.it. Acesso em: 5 mar. 2023; https://skuola.net/diritto/carta-bologna-diritti-fondamentali-lavoro-digitale-html.

dos sindicatos, além de impedir as plataformas de adotar qualquer tipo de sanção aos trabalhadores por ter participado de ações coletivas.

A Carta de Bolonha demonstra como a instituição de normas convencionadas pela autonomia coletiva pode atuar de forma eficaz, inclusive pavimentando os caminhos para que ocorra posterior alteração legislativa pela via heterônoma.

Neste sentido seguiu a Lei italiana n. 128 de 02.11.2019(197), ao adotar várias diretrizes da Carta de Bolonha, estabelecendo níveis mínimos de proteção aos entregadores em geral.

Assim sendo, inafastável a constatação de que a revolução digital tem provocado efeitos relevantes no direito coletivo italiano quanto ao fortalecimento da atuação sindical e a valorização da negociação coletiva nos novos tipos de relações de trabalho, reconhecendo sua atipicidade a demandar soluções customizadas (*aylor made*), notadamente nos casos de trabalho *on-demand*, *crowdwork* (trabalho/multidão de natureza mais intelectual – *human intelligence tasks – HITS*), trabalho sob plataforma, entre outros, que denotam uma multiplicidade de situações fáticas diversas, a exigir a atuação direta das partes envolvidas na busca de soluções satisfatórias.

Esta diretriz se reveste de particular importância no que se refere à necessidade de conferir proteção adequada à saúde e segurança dos trabalhadores que atuam por plataformas, mediante o fortalecimento das ações de prevenção, que no novo cenário trazido pela revolução digital exige parâmetros diferentes dos que foram até aqui considerados para os trabalhos prestados sob a matriz analógica.

Tal ocorre com o direito à desconexão.

Ao discorrer sobre a matéria, o Professor João Leal Amado(198) destaca a importância de aferir os impactos que as novas tecnologias têm provocado sobre a saúde física e mental dos trabalhadores, notadamente quanto à sobrecarga informacional e o descumprimento das fronteiras entre a vida privada e a vida profissional. Neste contexto, ressalta que a desconexão surge "como o efeito natural da limitação da jornada de trabalho, isto é, do balizamento do tempo de trabalho", fora do qual há um "período de autodisponibilidade", de tempo de vida pessoal que o trabalhador "não alienou nem entregou para a empresa para a qual trabalha", resultando em um dever patronal de respeitar os períodos de "não conexão".

---

(197) Disponível em: https://www.bollettinoadapt.it/bollettino-adapt/ordinario/11-novembre-2019-n-40.

(198) AMADO, João Leal. Tempo de trabalho e tempo de vida: sobre o direito à desconexão profissional. Campinas/SP: *Revista do Tribunal Regional do Trabalho da 15ª Região*, n. 52. 2018. p. 255-268.

Quanto à matéria também discorreu João Zenha Martins[199], destacando que, no cenário em que a "tecnologia digital abre novas possibilidades de monitorização do tempo de trabalho e a dispersão de locais de trabalho é progressiva", é preciso garantir que, "durante o período de descanso, o trabalhador deve poder dedicar-se, livre e ininterruptamente, aos seus próprios interesses", de modo que "a não verificação da possibilidade de gestão livre de sua vida por razões conexas com a situação laboral faz presumir que este tempo não é de descanso", mas tempo de trabalho.

Em Portugal, a Lei n. 83/2021 introduziu no Código de Trabalho o art. 199-A, que estabelece o dever do empregador observar o direito do trabalhador à desconexão, nos seguintes termos:

> Art. 199º – A – Dever de abstenção de contacto
>
> 1 – O empregador tem o dever de se abster de contactar o trabalhador no período de descanso, ressalvadas as situações de força maior.
>
> 2 – Constitui ação discriminatória, para os efeitos do art. 25º, qualquer tratamento menos favorável dado a trabalhador, designadamente em matéria de condições de trabalho e de progressão na carreira, pelo facto de exercer o direito ao período de descanso, nos termos do número anterior.
>
> 3 – Constitui contraordenação grave a violação do disposto no n. 1.

Necessário registrar que, sensível à importância da matéria, o Parlamento Europeu aprovou no dia 21.01.2021 uma Resolução que recomenda a adoção de uma Diretiva sobre o direito à desconexão[200].

Ademais, importante pontuar os valores postos pela Diretiva Europeia 89/391/CEE no que se refere às medidas para promover a melhoria da segurança e saúde dos trabalhadores, notadamente quanto à planificação das ações de prevenção "com um sistema coerente que integre a técnica, a organização do trabalho, as condições de trabalho, as relações sociais e a influência dos factores ambientais no trabalho" (art. 6º, item 2, alínea *g*), assim como o disposto na Diretiva Europeia 93/104/CE no sentido de que o horário e o ritmo de trabalho devem levar em conta o princípio geral da "adequação do trabalho ao ser humano".

Quanto à duração e organização dos tempos de trabalho, merece referência a Diretiva Europeia 2003/88, notadamente quanto ao constante do art. 2, n. 1, que define tempo de trabalho como "qualquer período durante o

---

(199) ZENHA MARTINS, João. Tempo de trabalho e tempo de repouso: qualificação e delimitação de conceitos. *In*: *Tempo de trabalho e tempos de não trabalho*. O regime nacional do tempo de trabalho à luz do direito europeu e internacional. Coordenação: Maria do Rosário Palma Ramalho, Teresa Coelho Moreira. Estudos da Associação Portuguesa de Direito do Trabalho – APODIT 4. Lisboa: AAFDL, 2018. p. 25 a 67.

(200) P9_TA-PROV (2021)0021. Disponível em: https://www.europarl.europa.eu/doceo/document/TA-9-2021-0021_EN.html. Acesso em: 9 mar. 2023.

qual o trabalhador está a trabalhar ou se encontra à disposição da entidade patronal e no exercício da atividade ou das suas funções, de acordo com a legislação e/ou a prática nacional", sendo de "descanso: qualquer período que não seja tempo de trabalho".[(201)]

Em relação à matéria, merece destaque o constante dos ns. 1 e 2 do art. 31 da Carta dos Direitos Fundamentais da EU[(202)], ao dispor que "todos os trabalhadores têm direito a condições de trabalho saudáveis, seguras e dignas" e a "limitação da duração máxima de trabalho e a períodos de descanso diário e semanal".

Ante a crescente utilização das ferramentas tecnológicas, é importante trazer à colação o constante da Diretiva n. 90/270/CE, que trata das providências que devem ser adotadas para garantir a segurança do trabalho em terminais de vídeo, visando evitar os "riscos para a vista e aos problemas físicos e de tensão mental" (art. 3º), e o estabelecido pela Diretiva 2013/35/EU quanto à prevenção aos riscos resultantes da exposição às ondas eletromagnéticas emitidas pelos telefones móveis ou qualquer outro dispositivo com conexão sem fio[(203)].

Interessante observar que o trabalho prestado pelos *gig workers*, que atuam via *app*, exige atenção também quanto às externalidades que provocam e os custos que transferem para toda a sociedade.

Com efeito, é fato público e notório que a intensificação do número de trabalhadores por aplicativos de transporte (Uber etc.) e entrega de alimentos (iFood etc.) aumenta o tráfego das vias públicas e, pela rapidez exigida, tem provocado um número maior de mortes e acidentes incapacitantes, sem que a plataforma contribua para a previdência, de sorte que é a sociedade, como um todo, que arca com os custos suportados pelo sistema previdenciário.

A OIT vem reiterando a importância da negociação coletiva como instrumento indispensável para construir novos sistemas de proteção para as novas formas de trabalhar trazidas pela revolução digital[(204)].

Assim sendo, ante as particularidades e especificidades das diferentes formas de trabalhar, a fixação de balizas mediante negociação coletiva pode resultar em conferir maior efetividade ao direito à desconexão.

---

(201) Disponível em: https://eur-lex.europa.eu/legal-content/PT/TXT/PDF/?uri=CELEX:32003L0088. Acesso em: 20 mar. 2023.

(202) Disponível em: https://www.europarl.europa.eu/charter/pdf/text_pt.pdf. Acesso em: 20 mar. 2023.

(203) Disponível em: https://eur-lex.europa.eu. Acesso em: 20 mar. 2023.

(204) OIT (2019). *Work for a brighter future.* Global Comission on the Future of Work International Labour Office – Geneva: ILO. Disponível em: https://www.ilo.org/wcmsp5/groups/public/---dgreports/---cabinet/documents/publication/wcms_662410.pdf. Acesso em: 9 mar. 2023.

No Brasil, no momento em que este trabalho está sendo finalizado, a questão está em aberto.

Na esteira das legislações portuguesa e espanhola, muitos doutrinadores defendem a inserção dos trabalhadores por aplicativos como empregados celetistas.

Outros entendem que, embora necessário garantir-lhes proteção trabalhista, social e previdenciária ante as situações de vulnerabilidade a que estão expostos, as condições de autonomia com que executam seu trabalho impedem seu reconhecimento como empregados celetistas, pois a realidade fática em que o trabalho é prestado apresenta situação muito distinta daquele.

Nesta esteira, há sugestão para a criação de uma figura específica como "Prestador de Serviço Independente" (PSI), que não ostentaria a condição de empregado celetista, mas teria alguns direitos, além de benefícios previdenciários, como aposentadoria e afastamento por doença.

Foi constituída Comissão Tripartite pelo Ministério do Trabalho, composta de representantes do governo, trabalhadores e empresários, para estudar a matéria e elaborar um projeto a ser encaminhado ao Parlamento, mas até agora não chegou a apresentar nenhum trabalho conclusivo neste sentido.

Em tese de doutorado, que defendi na USP (Universidade de São Paulo) em 2003, já destacava que a negociação coletiva pode atuar como *pressuposto de intervenção legislativa*, ou seja, os representantes do capital e do trabalho negociam previamente e encaminham o respectivo projeto ao Parlamento (lei contratada), assim agregando questões relevantes da realidade fática para que a aplicação do novo marco legal se revista de eficácia.

Em uma sociedade que passa por um frenético movimento de mudança, quando vivemos "dias de interregno", como lembra o sociólogo Zygmunt Bauman, em que o modelo antigo não oferece mais respostas e o novo ainda se desenha no horizonte, momento em que "mudam-se os tempos, mudam-se as vontades", como vaticinava Camões na leitura do brocardo latino *tempura mutantur*, o padrão normativo não pode erigir-se em um compartimento estanque, desapartado da realidade, notadamente porque a razão de ser do Direito é assegurar um ponto de equilíbrio nas situações de conflito.

Por isso, lembra Antonio Baylos[205], é preciso evitar o excesso de juridificação que cria amarras para a negociação e compromete a eficácia da autonomia privada coletiva.

---

(205) MOREIRA, Teresa Coelho e DRAY, Guilherme (coordenadores científicos). *Livro verde*. 1. ed. Lisboa (PT): Gabinete de Estratégia e Planeamento do Ministério do Trabalho, Solidariedade e Segurança Social. Março 2022. p. 147. Disponível em: http://www.gep.mtsss.gov.pt/documents/10182/55245/livro_verde_do_trabalho_2021.pdf.

Nesta esteira, Antonio Carlos Aguiar(206) ressalta que a constitucionalização da negociação coletiva de trabalho apresenta relevantes desafios para a dogmática do direito coletivo do trabalho, pois tem como escopo "o entrosamento da sua maleabilidade estrutural" na "conformação dos interesses inerentes à relação coletiva de trabalho". Destarte, a fim de garantir a eficácia dos direitos fundamentais, é preciso reconhecer que, por ser "extremamente dependente da realidade subjacente", a norma não pode ter mais "um sentido único e objetivo que uma certa tradição exegética queira lhe dar".

Com efeito, os novos caminhos não podem mais ser pautados pelos extremos da dogmática formal, desconsiderando as especificidades das alterações promovidas pela revolução digital na realidade fática de uma sociedade que passa por frenético movimento de mutação do modelo até hoje adotado para sua organização normativa.

O Livro Verde(207), editado pelo Ministério do Trabalho, Solidariedade e Segurança Social de Portugal, que contou com a participação de Teresa Coelho Moreira, como uma de suas coordenadoras científicas, ao analisar a nova realidade fática provocada pelas transformações tecnológicas, ressaltou ser necessário:

> 1 – alargar a cobertura da negociação coletiva, incluindo os trabalhadores em regime de *outsourcing* e os trabalhadores independentes economicamente dependentes.
>
> 2 – ampliar o alcance da negociação coletiva, por meio da introdução de incentivos e condições de acesso a financiamento comunitário e contratação pública.
>
> 3 – promover mecanismos para combater o isolamento e a fragmentação que caracterizam muitas das novas formas de prestação de trabalho.
>
> 4 – abrir espaços para a participação e representação dos trabalhadores que atuam sob formas de trabalho atípicas.

Assim, ao ampliar sua abrangência, a negociação coletiva passa a salvaguardar direitos de todos trabalhadores, incluindo os prestadores de serviço sem vínculo empregatício, "fundamentada na concepção de direitos fundamentais como sistema de valores válidos" para todo o ordenamento

---

(206) AGUIAR, Antonio Carlos. *Negociação coletiva de trabalho.* 1. ed. São Paulo: Saraiva Educação, 2018. p. 67-79.

(207) MOREIRA, Teresa Coelho e DRAY, Guilherme (coordenadores científicos). *Livro verde.* 1. ed. Lisboa (PT): Gabinete de Estratégia e Planeamento do Ministério do Trabalho, Solidariedade e Segurança Social. Março 2022. Disponível em: http://www.gep.mtsss.gov.pt/documents/10182/55245/livro_verde_do_trabalho_2021.pdf. Acesso em: 9 mar. 2023.

jurídico, na feliz expressão de Virgílio Afonso da Silva(208), que está em conformidade com as normas internacionais e constitucionais(209).

Neste contexto, importante trazer à colação a decisão proferida pelo STF na Ação Direta de Inconstitucionalidade 3.540-1, ao estabelecer a proteção do meio ambiente em sua integridade nos termos do art. 225 da CF/88, reconhecendo-o como direito fundamental que "consagra o postulado da solidariedade", ressaltando que a "atividade econômica não pode ser exercida em desarmonia com os princípios destinados a tornar efetiva a proteção do meio ambiente, em conformidade com o disposto nos arts. 3º e 170, VI da Constituição Federal", de sorte que o princípio da eficiência deixa de ficar restrito ao aspecto meramente econômico, passando a ser configurado como um princípio de "eficiência jurídica", que assim deve ser interpretado em conjunto com os princípios da solidariedade e da proteção, inclusive quanto aos neurodireitos, a fim de preservar a integridade física e mental dos trabalhadores nas situações de vulnerabilidade, independentemente da natureza jurídica do vínculo ser empregatícia, ou não.

Isto porque não se trata de proteger um bem individual, mas um bem coletivo, cuja violação gera efeitos para toda a sociedade (externalidade negativa) que tem que arcar com os custos sociais e previdenciários na reparação destas lesões. Assim sendo, a aplicação do princípio da eficiência jurídica otimiza a aplicação do princípio da solidariedade e da proteção, em conformidade com a doutrina de Robert Alexy(210).

7.1. A negociação coletiva continuativa

O estímulo à negociação coletiva continuativa está em conformidade com a Convenção n. 154 da OIT, que visa priorizar o diálogo social permanente nas relações de trabalho.

Assim, ao invés de ocorrer apenas na data-base, o diálogo é adotado de forma continuativa e a negociação coletiva pode ocorrer em qualquer época, podendo ter diferentes objetivos que abranjam até mesmo questões de gestão organizacional e produtiva.

No Brasil, a legislação infraconstitucional já vem sinalizando neste sentido, ao prever a negociação coletiva em diferentes oportunidades, tais como:

– época e duração das férias coletivas.

---

(208) SILVA, Virgílio Afonso da. *A constitucionalização do direito*. Os direitos fundamentais nas relações entre particulares. São Paulo: Malheiros, 2008. p. 78.

(209) Art. 7º, incisos XXII, XXIII e XXVIII, art. 200, VIII e art. 225 da CF/88. PNUMA – Programa das Nações Unidas para o Meio Ambiente. Convenções ns. 155 e 161 da OIT.

(210) ALEXY, Robert. Obra citada. p. 90 e 91.

– *layoff* – suspensão do contrato de trabalho para participação em cursos, mediante o pagamento de uma bolsa.

– art. 476-A e seguintes da CLT.

– condições para instituição do trabalho a tempo parcial.

– requisitos para implementação do teletrabalho.

– redução de jornada e salário em casos de dificuldades econômicas conjunturais e estruturais enfrentadas pelas empresas.

– suspensão do contrato de trabalho em casos de dificuldades econômicas conjunturais e estruturais enfrentadas pelas empresas.

Ademais a fonte normativa judicial, notadamente nos casos de repercussão geral e formação de precedentes, tem se mantido firme ao reputar imprescindível a negociação coletiva prévia nos casos de dispensa coletiva, com o objetivo de minimizar os seus impactos (número de empregados atingidos, motivação econômica, conjuntural ou estrutural que justifique a dispensa), considerando as diferentes realidades de uma microempresa, empresa de pequeno porte, empresa de grande porte e empresa multinacional.

Em tese de doutorado que defendi na Universidade de São Paulo (USP) em 2003, destaquei a atuação da negociação coletiva não só como importante fator de estabilidade social, por possibilitar a construção de pontos de convergência e, assim, contribuir para a pacificação dos conflitos, mas também como indutora de uma nova mentalidade que, reduzindo os índices de conflitualidade, cria a sinergia necessária para impulsionar o desenvolvimento, reflexão que volta a revestir-se de importância neste momento em que é preciso criar novos caminhos para garantir a efetividade do Direito do Trabalho.

Maria do Rosário Palma Ramalho[211] pondera que as normas até hoje existentes consideram como parâmetro o trabalho subordinado, assalariado, caracterizado como um vínculo por prazo indeterminado "a tempo inteiro e com exclusividade, que envolve uma integração intensa do trabalhador na organização da empresa, em moldes rígidos quanto à determinação das funções e quanto ao posicionamento hierárquico do trabalhador", mas esta situação deixou de ser predominante com o advento de novos tipos de relações de trabalho atípicas "como o trabalho a termo, o trabalho intermitente, o trabalho a tempo parcial, o *job sharing*, o trabalho no domicílio e o teletrabalho". Explica que esta situação criou uma "segmentação do mercado de

---

(211) PALMA RAMALHO, Maria do Rosário. Modernizar o Direito do Trabalho para o século XXI. Notas breves sobre o Livro Verde da Comissão Europeia, de 22 de novembro de 2006, e sobre os desafios da flexisegurança. *In*: *Princípios de direito e processo do trabalho*: questões atuais. Thereza Nahas (coordenadora). Rio de Janeiro: Elsevier, 2009. p. 32-45.

trabalho entre os trabalhadores típicos (que ainda se beneficiam da tutela laboral inerente ao contrato de trabalho por tempo indeterminado) e os trabalhadores atípicos (que têm outro modelo de contrato de trabalho ou se encontram na zona cinzenta entre o trabalho subordinado e a prestação de serviços)", referenciados pelo Livro Verde como "*insiders* e *outsiders* do sistema laboral".

Ante esta nova realidade fática, Palma Ramalho lembra a importância de adotar "níveis de tutela laboral diferenciados", para tanto considerando "os novos tipos de trabalhadores autônomos, os problemas decorrentes das relações de trabalho triangulares, a organização dos novos tempos e espaços de trabalho, a demandar a formatação de "medidas de incremento da formação profissional dos trabalhadores" ao longo da vida, para que possam garantir seu acesso ao trabalho no momento das alterações trazidas pela revolução digital, que vem se aprofundando no decorrer do tempo. Ressalta que "as soluções de compromisso mais duradouras e equilibradas, do ponto de vista dos interesses em presença no domínio laboral, são as conseguidas em instrumento de regulamentação coletiva de trabalho", pois valoriza "o papel do diálogo social na busca das melhores soluções".

Neste passo, o envolvimento dos sindicatos se revela imprescindível para promover o diálogo social, necessário para tratar dos impactos trazidos pela inovação tecnológica, como refere a Diretiva Europeia 2002/14/CE(212) ao prever deveres de informação, notadamente quanto às alterações substanciais na organização do trabalho ou nas relações contratuais.

Assim, passa a ser adotada a:

1 – Negociação como atividade permanente e não somente como um processo desencadeado na data-base.

2 – Negociação coletiva para possibilitar um movimento dialógico entre a autonomia privada coletiva e a construção de parâmetros de proteção nas novas modalidades de trabalho.

3 – Negociação coletiva para construir uma interlocução contínua entre segurança jurídica e eficiência.

Neste contexto, ante os efeitos que a revolução digital tem provocado no mundo do trabalho, a negociação coletiva é desafiada a mudar seus procedimentos, assim como a diversidade de seu alcance para incluir outros temas e agregar novos objetivos.

---

(212) Diretiva 2002/14/CE do Parlamento Europeu e do Conselho. Disponível em: https://eur-lex.europa.eu/legal-content/PT/TXT/?uri=CELEX%3A32002L0014. Acesso em: 8 mar. 2023.

Como bem pontuou Baylos[213], é hora de avaliar se a negociação coletiva deve continuar restrita à "relação individual de trabalho" (salário, jornada, concessão de benefícios) ou deve abranger outras questões afetas à própria organização da empresa e suas regras de gestão, inclusive em relação aos novos tipos de trabalho (plataformas, *on-demand, gig economy*), além de garantir aos trabalhadores o direito de influir nos critérios que moldam decisões automatizadas (configuração de algoritmos) que possam afetá-los, pois, em conformidade com as diretrizes europeias, é necessário garantir a tutela dos direitos fundamentais nas relações de trabalho em seu sentido amplo (físico e virtual)[214] .

No âmbito da legislação portuguesa, é interessante registrar que a inserção da negociação coletiva no art. 88 do RGPD[215], como instrumento para fixar normas específicas para coleta e tratamento de dados, abre caminhos para uma atuação eficaz dos sindicatos na salvaguarda dos direitos fundamentais dos trabalhadores, a fim de combater os abusos das práticas de gestão automatizada por algoritmos.

O direito à desconexão foi positivado na França (artigo L2242-17, n. 7 do Código de Trabalho), que atribuiu ao empregador o encargo de observar sua efetividade por controles digitais.

Na Espanha, o direito à desconexão foi previsto no art. 88 da Lei Orgânica n. 3/2018, no art. 18 do Real Decreto-ley 28/2020 e no Real Decreto n. 32/2021, tendo a Itália também garantido esta tutela pela Lei 81/2017.

Em Portugal, o direito à desconexão inicialmente decorreu de uma construção jurisprudencial, que interpretava o art. 59, n. 1, alínea "b" da Constituição da República em conjunto com os arts. 127 e 170 do Código de Trabalho português, até a promulgação da Lei n. 83/2021[216], que passou a disciplinar a matéria.

Na Alemanha são as normas negociadas em acordos e convenções coletivas que tratam da matéria.

---

(213) *Ibidem*, p. 135.

(214) Convenção Europeia para a Proteção das Pessoas relativamente ao Tratamento Automático de Dados Pessoais – art. 9º; Diretiva 2002/58/CE do Parlamento Europeu e do Conselho, de 12 de julho de 2002, relativa ao tratamento de dados pessoais e à proteção da privacidade no setor das comunicações eletrônicas, alterada pela Diretiva 2009/136/CE de 25 de novembro de 2009 e a Diretiva (UE) 2016/680 do Parlamento Europeu e do Conselho, de 27 de abril de 2016. Disponível em: https://www.europarl.europa.eu/ftu/pdf/pt/FTU_4.2.8.pdf. Acesso em: 8 mar. 2023.

(215) RGPD – REGULAMENTO GERAL DE PROTEÇÃO DE DADOS. Disponível em: https://www.sg.pcm.gov.pt/sobre-nos/regulamento-geral-de-prote%C3%A7%C3%A3o-de-dados.aspx. Acesso em: 8 mar. 2023.

(216) Disponível em: https://diariodarepublica.pt/dr/detalhe/lei/83-2021-175397114. Acesso em: 24 abr. 2023.

7.2. A aplicação da Teoria dos Jogos nas negociações coletivas

Embora não se tenha no Brasil o sistema que ficou conhecido como "Tribunal de Múltiplas Portas" (*Multi-door Courthouse*), colocado em prática pela Court of Appeals do Distrito de Columbia, que conheci pessoalmente ao participar de um curso de mediação promovido pelo National Center for State em novembro de 2000, caracterizado pela abertura e interconexão maior entre a atuação estatal e a autonomia das partes na solução de conflitos, já caminhamos muito neste sentido.

Na seara processual, ao traçar os novos fundamentos do processo brasileiro, o CPC de 2015 previu, nos §§ 1º, 2º e 3º de seu art. 3º e também no art. 334[217], a valorização dos meios alternativos para a solução dos conflitos. A Lei n. 13.140/2015, assim como as Resoluções do CNJ (Conselho Nacional de Justiça) e do CSJT (Conselho Superior da Justiça do Trabalho)[218], trouxeram para o sistema judicial brasileiro os procedimentos indicados pela ADR (*Alternative Dispute Resolution*)[219], ao valorizar a conciliação e a mediação pré-processual como métodos alternativos eficazes.

Na condição de Vice-Presidente do Tribunal Regional do Trabalho da 15ª Região, no período de 2019/2020, presidi audiências de conciliação em dissídios coletivos já instaurados e também atuei como mediadora em audiências realizadas antes do ajuizamento dos processos coletivos (mediação pré-processual), nos termos dos Atos Regulamentares do Tribunal Regional do Trabalho da 15ª Região – GP VPJ n. 01/2018 e 01/2019.

Durante o período de distanciamento social provocado pela pandemia da Covid-19, com o objetivo de manter a prestação destes serviços essenciais, passei a realizar as audiências de conciliação e mediação por videoconferência, nos termos da Recomendação CSJT/GVP n. 1 de 25/03/2020. Para tanto foram observadas algumas diretrizes previstas no sistema ODR (*online dispute resolution*)[220], que já vinha sendo aplicado internacionalmente

---

(217) CPC. "Art. 3º Não se excluirá da apreciação jurisdicional ameaça ou lesão a direito.
§ 1º É permitida a arbitragem, na forma da lei.
§ 2º O Estado promoverá, sempre que possível, a solução consensual dos conflitos.
§ 3º A conciliação, a mediação e outros métodos de solução consensual de conflitos deverão ser estimulados por juízes, advogados, defensores públicos e membros do Ministério Público, inclusive no curso do processo judicial."

(218) Resoluções CNJ ns. 125/2010 (com as alterações da Emenda 2 de 08/3/2016) e 326/2020; Resoluções CSJT ns. 174 de 30/09/2016 e 252 de 22/11/2019; Ato Conjunto CSJT/GP/VP/ e CGJT n. 006 de 04/05/2020.

(219) Disponível em: https://www.dol.gov/general/topic/laborrelations/adr#:~:text=The%20term%20alternative%20dispute%20resolution,reaching%20agreem. Acesso em: 27 abr. 2023.

(220) Disponível em: https://www.cnj.jus.br/wpcontent/uploads/2018/09/51093418491a3346d-0d2af189b1e841d.pdf. Acesso em :27 abr. 2023.

desde a década de 1990 para as disputas comerciais, em conformidade com a UNCITRAL (Comissão das Nações Unidas para o Direito Comercial Internacional)[(221)].

Durante a pandemia, com a publicação das Medidas Provisórias ns. 927 e 936, empresas e sindicatos aumentaram os pedidos de audiências de mediação pré-processual.

Mesmo depois que o Pleno do STF derrubou a liminar e julgou improcedente a ADI 6363, reconhecendo a constitucionalidade da estipulação contida na MP 936, quanto à possibilidade de suspensão dos contratos, assim como redução de salários e jornada durante a pandemia da Covid-19 por acordo individual, empresas e sindicatos patronais continuaram a demonstrar interesse em formalizar uma composição com os sindicatos profissionais dos trabalhadores, a fim de evitar futuros questionamentos em relação à ocorrência do vício de vontade e, assim, obter maior segurança jurídica quanto à validade e eficácia do que foi acordado.

Com o tempo passei a aplicar a Teoria dos Jogos na condução da dinâmica destas audiências, o que aumentou o número de acordos realizados, tanto na conciliação dos dissídios coletivos já instaurados, quanto na mediação pré-processual dos conflitos coletivos, em que ainda não existia processo.

A dinâmica, orientada por mim com base na Teoria dos Jogos, observava as diferentes estratégias adequadas em cada fase da negociação coletiva, a fim de possibilitar que os benefícios (recompensas/*payoff*) fossem concedidos de forma eficiente para resolver o conflito.

Este trabalho era desenvolvido por fases:

1ª fase – A transformação do ambiente competitivo em amistoso e propício ao diálogo

Na maioria das vezes, esta primeira etapa apresentava muitas dificuldades.

Isto porque os advogados, quando chegavam, passavam a se comportar da mesma forma como faziam em uma audiência judicial e resistiam em adotar um tom mais amistoso na linguagem e na postura. Além disso, os líderes sindicais e os representantes dos empregadores no início também se comportavam de forma mais agressiva na defesa de seus interesses.

Por isso, quando as partes apresentavam comportamento beligerante, isto era trabalhado por mim desde o início, para que o ambiente competitivo se transformasse em um ambiente colaborativo e as tratativas pudessem evoluir com sucesso.

---

(221) Disponível em: https://uncitral.un.org/. Acesso em: 27 abr. 2023.

Além disso, sempre tive a preocupação de proceder à designação rápida de audiências em datas próximas da solicitação, para evitar a deterioração do relacionamento entre os envolvidos.

No início das audiências, tanto de conciliação quanto de mediação, eram sinalizados por mim às partes os seguintes pontos:

a) A importância de separar as pessoas dos problemas e criar uma atmosfera de empatia entre as partes envolvidas, para que pudessem considerar também os desafios "do outro lado". O tom de voz e os gestos são muito importantes como meio de comunicação.

b) Empenho ativo das partes facilita a construção de soluções.

c) Entender não só as razões, mas também as manifestações emotivas da outra parte, principalmente quando eclodem nas situações de maior conflito, é muito importante para vislumbrar novas alternativas para sair do impasse, evitando que a situação saia de controle e comprometa os resultados.

d) Estimular o uso da linguagem informal, a fim de aproximar mais as pessoas e otimizar o diálogo.

e) Focar primordialmente os aspectos fáticos do conflito ao invés de discussões teórico/jurídicas. Estimular as partes a apresentar contraposição fática e não argumentativa.

f) Direcionar os debates mais nos interesses envolvidos de parte a parte, do que em posições teórico/jurídicas.

g) Conscientizar as partes de que ouvir com atenção e procurar entender os pontos de vista da outra parte não implica em concordar com eles, mas abrir outras perspectivas que podem levar à construção de novas soluções.

2ª fase – Fazer o diagnóstico da real amplitude do conflito e apurar os pontos que geravam maior controvérsia

Com o evoluir dos debates, não era incomum constatar que nem sempre o motivo relevante do conflito era o que constava das petições escritas. Assim, a pretensão que constava da petição escrita, a princípio apresentada como uma proposta fechada e inegociável, muitas vezes era muito diferente dos interesses realmente prioritários da base (tanto dos trabalhadores quanto dos empregadores).

Com o diálogo mais franco e aberto, o que se apresentava como pretensão principal podia ser trabalhada para construir novas soluções, mediante a concessão de outros benefícios, que até então sequer tinham sido cogitados.

Nessa fase, se a liderança sindical conhecia bem e estava comprometida com as demandas de sua base, a busca de soluções se tornava mais fácil.

3ª fase – Adequar o *timing* da audiência às especificidades do caso concreto

1 – Feito o diagnóstico, a etapa seguinte passava pela discussão das alternativas postas em mesa, direcionadas prioritariamente para o exame dos fatos e avaliação dos possíveis efeitos concretos que poderiam provocar.

2 – As partes eram incentivadas a valorar estes efeitos em conformidade com seus interesses, não havendo nenhuma imposição, ou compromisso, quanto ao critério de valoração que poderia ser escolhido por cada uma delas, o que lhes conferia uma grande margem de flexibilidade, que auxiliava na composição dos interesses em conflito.

3 – Quando necessário, a audiência era suspensa para que as partes pudessem sair da sala e conversar separadamente com seus advogados.

4 – A audiência também podia ser suspensa para que o sindicato consultasse suas bases e o representante do empregador contatasse a diretoria.

5 – O tempo de suspensão variava muito, dependendo do *timing* exigido pelo caso concreto.

6 – Quando o sindicato precisava de um tempo maior para consultar a base e deliberar, assim como o representante dos empregadores para fazer cálculos e obter autorização da diretoria empresarial, as audiências podiam ser suspensas, preferencialmente com a designação de nova data, a fim de evitar a perda da oportunidade de finalizar a negociação.

7 – Nesta fase, quando o diálogo evoluía em tom cooperativo, muitas vezes as partes combinavam que, antes da próxima audiência, entrariam em contato direto para aparar algumas arestas, o que era muito positivo para a evolução dos trabalhos.

8 – Antes do encerramento da audiência era sugerido que as partes concordassem com uma "cláusula de paz", que podia consistir no compromisso de não deflagração da greve enquanto a negociação se desenvolvesse, ou na paralisação temporária do movimento paredista já deflagrado, enquanto as tratativas estavam evoluindo.

Esta nova dinâmica deu muito certo.

Chegaram a ser feitas assembleias por WhatsApp para que os trabalhadores se manifestassem a respeito das propostas oferecidas pelo empregador, caso em que o líder sindical, que estava em audiência, fazia uma ligação por WhatsApp para outro dirigente sindical, que se encontrava em contato com os trabalhadores. Depois de lida a proposta, os trabalhadores votavam, erguendo os braços em caso de aprovação.

4ª fase – Resiliência nas situações de impasse

Mesmo quando a composição ficava mais difícil, não desistíamos.

Continuavam as rodadas, que implicavam em novas estratégias, até que surgisse uma proposta que pudesse contar com a anuência das partes na solução dos conflitos.

Muitas vezes, a audiência terminava em um impasse, mas alguns dias depois as partes peticionavam requerendo a homologação de um acordo.

A aplicação da Teoria dos Jogos resultou em um sensível aumento nos índices de composição nos conflitos coletivos[222]. Além disso, as partes perceberam que, ao invés de iniciar a negociação só na época da data-base, o diálogo permanente favorecia muito a conciliação, porque havia maior confiança mútua que possibilitava a construção dos pontos de convergência, assim reduzindo os custos de transação de parte a parte.

Ademais, mesmo quando não era possível chegar à solução final, a aplicação das estratégias indicadas pela Teoria dos Jogos permitia obter consensos graduais, cuja abrangência ia se ampliando, até que se pudesse obter resultado justo e eficiente para todos.

Além disso, necessário pontuar que na seara coletiva já vem despontando uma sensibilidade maior quanto à importância de ampliar a proteção, para que a negociação deixe de abranger apenas empregados e possa ampliar seu alcance para trabalhadores que atuam por outros vínculos.

Neste sentido, durante a pandemia, presidi audiência em mediação pré-processual em que foi firmado acordo entre os microempreendedores individuais (MEIs) e os proprietários de salões de beleza (salão/parceiro) concedendo vários benefícios aos trabalhadores.

---

(222) DISSÍDIOS COLETIVOS / VPJ 2018 2019 2020 2021 2022. Audiências realizadas 81 104 87 109 39. Conciliações 29 33 41 35 21. Acordo % 40,84%* 44% 55,40 38,66% 51,21%. MEDIAÇÕES PRÉ-PROCESSUAIS EM CONFLITOS COLETIVOS / VPJ 2018 2019 2020 2021 2022. Audiências realizadas 46 72 44 82 29. Conciliações 23 39 18 23 16. Acordo % 56%* 54% 40,90% 41,65% 55,17%.

A negociação coletiva exitosa contribui para otimizar a funcionalidade do sistema, pois, ao priorizar o enfoque no que efetivamente ocorre no mundo dos fatos, supera as amarras formais e abstratas que via de regra impediam a obtenção da melhor solução para o conflito. Assim, se revestem de inequívoca importância quando a realidade fática passa por mudanças rápidas e constantes, trazidas pela revolução digital que vem alterando os modos de viver e trabalhar, demandando novas perspectivas no que se refere à necessária substituição de um sistema conflituoso por um sistema colaborativo.

CAPÍTULO 8

OS EFEITOS DA REVOLUÇÃO DIGITAL NO DIREITO COLETIVO INTERNACIONAL

As novas ferramentas tecnológicas, trazidas pela revolução digital, vieram facilitar a mobilização internacional de trabalhadores, por possibilitar a execução de serviços em diferentes tempos e locais.

Atualmente, é cada vez mais comum um trabalhador que mora em um país ser contratado por uma empresa sediada em outro país, para prestar serviços que serão direcionados a outros países.

Além disso, também pode acontecer que uma empresa situada em um país efetue a contratação por meios digitais de trabalhadores que prestarão serviços fisicamente em outro país.

Portanto, embora dispersos em diferentes locais e atuando em horários distintos, existe um número expressivo de trabalhadores que executam tarefas em condições semelhantes, assim caracterizando uma situação internacional de proporções consideráveis, ou seja, a revolução digital aumentou a internacionalização do trabalho.

Neste contexto surgem questões jurídicas relevantes para aferir como a autonomia privada coletiva pode ser exercida a nível internacional, tais como: estabelecer qual sindicato representará estes trabalhadores, quais critérios serão considerados para aferir a legitimidade da atuação sindical, o reconhecimento da validade destes acordos internacionais, condições de exigibilidade, sanções pelo descumprimento, formas de executar estas sanções, entre outros que podem ser considerados para a formatação de um marco normativo internacional na seara trabalhista, assegurando que o desenvolvimento tecnológico seja monitorado por diretrizes que preservem o trabalho decente, conforme parâmetros fixados pela OIT.[223]

---

(223) Disponível em: https://sustainabledevelopment.un.org/content/documents/21252030%20Agenda%20for%20Sustainable%20Development%20web.pdf.

8.1. O direito coletivo do trabalho no Brasil e a perspectiva internacional

O estudo sobre "Futuro do Trabalho no Brasil: perspectivas e diálogos tripartites", publicado pela OIT[224] em 2018, reuniu a síntese de quatro Diálogos Nacionais Tripartites, realizados no Brasil nos anos 2016 e 2017, como trabalho preparatório à comemoração do centenário da OIT em 2019.

O objetivo das discussões e reflexões realizadas ao longo desses diálogos foi o de levantar as contribuições de representantes tripartites no Brasil e de especialistas e estudiosos sobre o tema do futuro do trabalho, no intuito de contribuir tanto para estimular essa discussão no Brasil quanto apontar suas perspectivas para a Comissão Mundial sobre o Futuro do Trabalho.

Os referidos estudos apontaram que o futuro do trabalho no Brasil depende das escolhas a respeito dos critérios que serão considerados para implementar as novas tecnologias, que devem estar alinhadas com os Objetivos de Desenvolvimento Sustentável postos pela ONU na Agenda 2030, **que alinhou-se ao conceito de trabalho decente posto pela OIT,** entre os quais devem ser destacados os seguintes:

1ª DIMENSÃO – PESSOAS

Objetivo 3 (ODS 3)

O Objetivo de Desenvolvimento Sustentável n. 3 visa garantir o acesso à saúde de qualidade e promover o bem-estar para todos, assim incluindo também o trabalhador.[225]

Objetivo 5 (ODS 5)

Alcançar a igualdade de gênero.

5.1. Acabar com todas as formas de discriminação contra todas as mulheres e meninas em toda parte[226].

5.2. Eliminar todas as formas de violência contra todas as mulheres e meninas nas esferas públicas e privadas, incluindo o tráfico e exploração sexual e de outros tipos.

---

(224) *Futuro do trabalho no Brasil*: perspectivas e diálogos tripartites. p. 8-11,19-22,54-55,74 e 95. Disponível em: https://www.ilo.org/brasilia/publicacoes/WCMS_626908/lang--pt/index.htm. Acesso em: 16 mar. 2023.
(225) Disponível em: https://brasil.un.org/pt-br/sdgs/3. Acesso em: 15 mar. 2023.
(226) Convenção n. 100 da OIT – Igualdade de Remuneração de Homens e Mulheres Trabalhadores por Trabalho de Igual Valor. Disponível em: https://www.ilo.org/brasilia/convencoes/WCMS_235190/lang--pt/index.htm. Acesso em: 15 mar. 2023.

Objetivo 8 (ODS 8)

O Objetivo de Desenvolvimento Sustentável n. 8 visa promover o crescimento econômico sustentado, inclusivo e sustentável, emprego pleno e produtivo e trabalho decente para todas e todos.

Objetivo 10 (ODS 10)

Reduzir a desigualdade dentro dos países e entre eles.

10.1. Até 2030, progressivamente alcançar e sustentar o crescimento da renda dos 40% da população mais pobre a uma taxa maior que a média nacional.

10.2. Até 2030, empoderar e promover a inclusão social, econômica e política de todos, independentemente da idade, gênero, deficiência, raça, etnia, origem, religião, condição econômica ou outra.

10.3. Garantir a igualdade de oportunidades e reduzir as desigualdades de resultados, inclusive por meio da eliminação de leis, políticas e práticas discriminatórias e da promoção de legislação, políticas e ações adequadas a este respeito

Objetivo 16 (ODS 16)

O Objetivo de Desenvolvimento Sustentável n. 16 tem o escopo de promover sociedades pacíficas e inclusivas para o desenvolvimento sustentável, proporcionar o acesso à justiça para todos e construir instituições eficazes, responsáveis e inclusivas em todos os níveis

Portanto, são linhas de atuação que se entrelaçam para dar suporte a um novo tipo de desenvolvimento, em que a eficiência e a equidade caminham de mãos dadas para garantir que o trabalho decente seja parte integrante desta sustentabilidade.

Neste contexto, os efeitos provocados pela revolução digital no direito coletivo demonstram que os objetivos de desenvolvimento sustentável (ODS), traçados pela ONU, serão alcançados com mais eficácia pelo exercício da autonomia privada coletiva.

Assim, a negociação coletiva pode ter seu conteúdo ampliado para:

1 – Vedar a prática de qualquer forma de discriminação nas relações de trabalho.

2 – Impedir qualquer forma de violência e assédio no local de trabalho.

3 – Garantir a igualdade de oportunidades no local de trabalho.

4 – Estabelecer regras para a precaução e prevenção a fim de evitar lesão à saúde e segurança no ambiente de trabalho físico e digital.

5 – Atuar para evitar que regras de gestão e organização produtiva sejam manejadas com abuso de direito e possam causar lesão aos trabalhadores, assim considerados em sentido amplo, ou seja, não só em relação aos empregados.

6 – Considerar que as alterações trazidas pela revolução digital no mundo do trabalho reduziram as condições de homogeneidade anteriormente existentes e passaram a ser muito mais fragmentadas e revestidas de maior heterogeneidade, o que vai desafiar a construção de novos critérios de representatividade, a fim de evitar que os grandes sindicatos aniquilem a possibilidade de surgimento de sindicatos menores, que devem ter sua legitimidade reconhecida para defender interesses específicos.

7 – Ante as novas formas de trabalhar, pautadas pela pluralidade de pessoas físicas e jurídicas que se conectam/desconectam nas novas modalidades de relações de trabalho, reconhecer que a negociação coletiva deve ser feita com maior amplitude, agregando todos os que interagem na cadeia produtiva, a fim de possibilitar soluções mais efetivas, pois construídas com a participação de todos.

8 – Fixar critérios de responsabilidade entre as diferentes empresas que participam da cadeia produtiva, a fim de preservar a segurança jurídica e estimular a prática de condutas protetivas dos direitos dos trabalhadores.

Nesta senda, importante pontuar que as práticas indicadas pela ESG (*Environment Social Governance*) podem contribuir para impulsionar a observância dos Objetivos Sustentáveis, notadamente porque um de seus itens integrantes (S – Social) não pode ser visto só de fora para dentro, mas também de dentro para fora e, assim, incluir as condições necessárias para preservar a saúde física e mental dos trabalhadores, cujos critérios de implementação podem ser otimizados pela negociação coletiva, traçando parâmetros que devem nortear a *due diligence* e as práticas que devem reger a governança das organizações produtivas.

Essa perspectiva se reveste de peculiar importância para fixar critérios de imputação de responsabilidade *em rede* às novas cadeias produtivas, notadamente as que utilizam o trabalho por aplicativos. Interessante consignar que, na França, a Lei n. 399/2017 já obriga grandes empresas a exercer a vigilância sobre todo seu processo produtivo, ou seja, se tornam responsáveis pela vigilância não só dos riscos potenciais de suas próprias atividades, como também dos riscos gerados pelas atividades de seus subcontratados.

Na Alemanha, o *Supply Chain Act* tem o objetivo de melhorar a proteção dos direitos humanos nas cadeias de abastecimentos globais. Em 23.02.2022 foi apresentada uma Diretiva Europeia estabelecendo a *due diligence* das grandes empresas, no que se refere aos direitos humanos e direito ao consumidor. No Brasil, a Constituição de 1988 está voltada para a defesa dos direitos sociais e eficácia horizontal dos direitos fundamentais.

Em alentado trabalho que organizou os verbetes do Comitê de Liberdade Sindical da OIT, Sandro Lunard Nicoladeli[(227)] relaciona os seguintes:

> 1235 – "O Comitê enfatiza a importância de os conflitos coletivos serem desenvolvidos e resolvidos pacificamente no âmbito da negociação coletiva".
>
> 1327 – "O Comitê lembra a importância que atribui à obrigação de negociar de boa-fé para manter o desenvolvimento harmonioso das relações profissionais".
>
> 1328 – "É importante que tanto empregadores como sindicatos participem de boa-fé das negociações e façam todo o possível para chegar a um acordo. A celebração das negociações verdadeiras e construtivas é necessária para se criar e manter uma relação de confiança entre as partes."
>
> 1504 – "Uma disposição obrigatória para estabelecer que uma convenção coletiva deve estar em vigor durante dois anos, quando as partes não aprovaram, por mútuo acordo, um prazo diferente, não constitui uma violação do direito da negociação coletiva."

8.2. As Convenções Internacionais do Trabalho

No que se refere ao direito coletivo do trabalho, necessário ressaltar o constante das CONVENÇÕES DA OIT que fixam diretrizes para disciplinar o mundo do trabalho no âmbito internacional[(228)].

Entre elas, merecem ser destacadas: Convenção n. 11 (que dispõe sobre os direitos de associação e união dos trabalhadores agrícolas), Convenção n. 87 (garante a liberdade sindical e a proteção do direito sindical), Convenção n. 98 (garante o direito de organização e de negociação coletiva,), Convenção n. 111 (veda a discriminação em matéria de emprego e profissão), Convenção n. 135 (garante a proteção dos representantes dos trabalhadores), Convenção n. 141 (trata da Organização dos Trabalhadores Rurais), Convenção n. 154 (dispõe sobre o incentivo à negociação coletiva) e Convenção n. 190 (trata da eliminação da violência e do assédio nas relações de trabalho).

---

(227) NICOLADELI, Sandro Lunard. *Dicionário do direito sindical.* Verbetes do comitê de liberdade sindical da OIT. Belo Horizonte: Editora RTM, 2022. p. 258, 277 e 323.
(228) Disponível em: https://www.ilo.org/brasilia/noticias/WCMS_831984/lang--pt/index.htm.

Também se reveste de importância a DECLARAÇÃO SOBRE PRINCÍPIOS E DIREITOS FUNDAMENTAIS NO TRABALHO de 1988[229], ao estabelecer quatro princípios fundamentais, nos seguintes termos:

Declara que todos os Membros, ainda que não tenham ratificado as convenções aludidas, têm um compromisso derivado do fato de pertencer à Organização de respeitar, promover e tornar realidade, de boa-fé e de conformidade com a Constituição, os princípios relativos aos direitos fundamentais que são objeto dessas convenções, isto é:

a) a liberdade sindical e o reconhecimento efetivo do direito de negociação coletiva;

b) a eliminação de todas as formas de trabalho forçado ou obrigatório;

c) a abolição efetiva do trabalho infantil;

d) a eliminação da discriminação em matéria de emprego e ocupação.

Em 2022, a referida Declaração foi alterada na 110ª Conferência Internacional da OIT para acrescentar mais um princípio, a saber:

e) respeitar e promover o direito fundamental a um ambiente de trabalho seguro e saudável.

Tais princípios atuam como bússola de orientação e assim devem ser considerados nas negociações coletivas, no momento em que se torna necessária a formatação de marcos efetivos de proteção nos novos tipos de relações de trabalho trazidas pela revolução digital[230].

Interessante observar que, nos termos da Diretiva 2019/1152[231], a União Europeia garante marcos de proteção ao trabalhador em sentido amplo, ou seja, não apenas aos que atuam mediante vínculo de emprego.

Esta perspectiva se reveste de importância para respaldar a construção de marcos protetivos aos que atuam nas novas atividades trazidas pela *gig economy*, em que o trabalho pode ser prestado inteiramente *online* (*crowdwork online*), ou mediante acesso ao sistema por plataformas digitais (*online*), mas com a prestação de serviços *offline* (*crowdwork offline*), como ocorre com os entregadores de comida e prestadores de serviço de transporte por aplicativo.

---

(229) Disponível em: https://www.ilo.org/brasilia/noticias/WCMS_848148/lang--pt/index.htm. Acesso em: 4 maio 2023.

(230) Disponível em: https://sustainabledevelopment.un.org/content/documents/21252030%20Agenda%20for%20Sustainable%20Development%20web.pdf. Acesso em: 28 abr. 2023.

(231) Disponível em: https://eur-lex.europa.eu. Acesso em: 28 abr. 2023.

Tanto no trabalho prestado pelo sistema de *crowdwork online,* quanto *crowdwork offline*, os trabalhadores podem atuar em diferentes países, o que torna adequado pensar em um tipo de negociação coletiva internacional, visando assegurar igualdade nos sistemas de proteção para os novos tipos de relações de trabalho trazidos pela revolução digital, a fim de proteger os direitos fundamentais dos trabalhadores e também eliminar a concorrência desleal e predatória, que prejudica o sistema como um todo.

8.3. Critérios para integração das Normas da OIT no ordenamento jurídico brasileiro

No Brasil, o inciso I do art. 49 da Constituição Federal de 1988 prevê a competência do Congresso Nacional para ratificar e denunciar as Convenções e Tratados Internacionais, conforme foi expressamente reconhecido pelo STF no julgamento da ADIn 1.625.

Em regra, após a divulgação pela Organização Internacional do Trabalho de uma Convenção ou Tratado Internacional, o Estado-membro deverá ratificar os seus termos ou denunciar a norma, afastando ou não sua aplicação ou incorporação no ordenamento jurídico interno.

Portanto, o procedimento para que a Convenção ou Tratado Internacional seja incorporado ao ordenamento jurídico brasileiro passará pelo crivo do Poder Legislativo, por meio da aprovação parlamentar mediante Decreto Legislativo, e, posteriormente, promulgação do texto legal do Tratado mediante Decreto presidencial

Caso o Estado-membro entenda que o conteúdo daquela Convenção não seja compatível com seu ordenamento jurídico interno, dentro do prazo previsto deverá denunciar referida Convenção para sinalizar que não há interesse na implementação daquelas normas em seu ordenamento jurídico interno, como prevê o art. 78 da Convenção Americana de Direitos Humanos:

> "ART. 78.
>
> 1. Os Estados-partes poderão denunciar esta Convenção depois de expirado um prazo de cinco anos, a partir da data de entrada em vigor da mesma e mediante aviso prévio de um ano, notificando o Secretário-Geral da Organização, o qual deve informar as outras Partes.
>
> 2. Tal denúncia não terá o efeito de desligar o Estado-parte interessado das obrigações contidas nesta Convenção, no que diz respeito a qualquer ato que, podendo constituir violação dessas obrigações, houver sido cometido por ele anteriormente à data na qual a denúncia produzir efeito."

A EC n. 45/2004 acrescentou o § 3º ao art. 5º da Constituição Federal brasileira de 1988, fixando critérios para definir como ocorrerá esta integração, estabelecendo que, para terem validade equivalente, as emendas constitucionais, os tratados e convenções internacionais sobre direitos humanos devem ser aprovados em cada Casa do Congresso Nacional, em dois turnos, por três quintos dos votos dos respectivos membros.

Confira-se:

> "Art. 5º Todos são iguais perante a lei, sem distinção de qualquer natureza, garantindo-se aos brasileiros e aos estrangeiros residentes no País a inviolabilidade do direito à vida, à liberdade, à igualdade, à segurança e à propriedade, nos termos seguintes:
>
> (...)
>
> *§ 3º Os tratados e convenções internacionais sobre direitos humanos que forem aprovados, em cada Casa do Congresso Nacional, em dois turnos, por três quintos dos votos dos respectivos membros, serão equivalentes às emendas constitucionais."*

Portanto, convenções e tratados internacionais poderão ser incorporados ao ordenamento jurídico nacional com natureza constitucional (equiparados às Emendas Constitucionais com hierarquia superior às leis ordinárias), quando aprovados nos termos do § 3º do art. 5º da Carta Magna, ou como normas de natureza infraconstitucional (lei ordinária), em consonância com o inciso I do art. 49 da Constituição Federal de 1988.

Entretanto, é imperioso registrar que, respeitando parâmetros estabelecidos pela Carta Magna, no Brasil vem se firmando corrente jurisprudencial majoritária que, com lastro na doutrina internacional, adota o posicionamento de que os tratados e convenções internacionais têm *status* normativo supralegal, ou seja, hierarquicamente superiores às normas infraconstitucionais. Nesse sentido o julgamento do RE 466.343, Rel. Min. Cezar Peluso, voto do Min. Gilmar Mendes, julgamento em 03.12.2008, Plenário, DJE de 05.06.2009:

> "Desde a adesão do Brasil, sem qualquer reserva, ao Pacto Internacional dos Direitos Civis e Políticos (art. 11) e à Convenção Americana sobre Direitos Humanos – Pacto de San José da Costa Rica (art. 7º, 7), ambos no ano de 1992, não há mais base legal para prisão civil do depositário infiel, pois o caráter especial desses diplomas internacionais sobre direitos humanos lhes reserva lugar específico no ordenamento jurídico, estando abaixo da Constituição, porém acima da legislação interna. O *status* normativo supralegal dos tratados internacionais de direitos humanos subscritos pelo Brasil, dessa forma, torna inaplicável a legislação infraconstitucional com ele conflitante, seja ela anterior ou posterior ao ato de adesão. Assim ocorreu com o art. 1.287 do CC de 1916 e com o Decreto-lei n. 911/1969, assim como em relação ao art. 652 do novo CC (Lei n. 10.406/2002)."

Na experiência do direito comparado, é válido mencionar que essa mesma qualificação é expressamente consagrada na Constituição da Alemanha que, em seu art. 25, dispõe que "as normas gerais do Direito Internacional Público constituem parte integrante do direito federal. Elas prevalecem sobre as leis e produzem diretamente direitos e deveres para os habitantes do território nacional".

O tratamento especial hierárquico-normativo é dado aos tratados e convenções internacionais pela Constituição da França de 1958 (art. 55) e pela Constituição da Grécia de 1975 (art. 28).

Ademais, o European Communities Act, de 1972, atribuiu ao direito comunitário hierarquia superior às leis nacionais aprovadas pelo Parlamento dos respectivos países que integram a União Europeia, orientação devidamente acatada no julgamento do caso Factortame Ltd. v. Secretary of State for Transport (n. 2) [1991].

Como as Convenções Internacionais promulgadas pela Organização Internacional do Trabalho têm o escopo de criar normas de proteção dos direitos dos trabalhadores, com o objetivo de garantir justiça social, sua integração ao ordenamento dos países que a integram se reveste de inequívoca importância para a eficácia dos direitos fundamentais.

À parte as discussões doutrinárias sobre as doutrinas monistas e dualistas, as alterações promovidas pela revolução digital, que tem aumentado a internacionalização das relações do trabalho pelo uso das novas ferramentas tecnológicas, vieram demonstrar a importância de conferir eficácia às normas internacionais, a fim de garantir um padrão mínimo de proteção aos trabalhadores, o que vai impedir a concorrência desleal e predatória das atividades produtivas, assim contribuindo para garantir o desenvolvimento sustentável pela via da justiça social, de sorte que a aplicação das normas internacionais vem ganhando força.

CAPÍTULO 9

CONSTRUINDO UM NOVO DIREITO DO TRABALHO

Ante as alterações provocadas pela revolução tecnológica, as normas legais postas pelo Estado para regrar as relações de trabalho passaram a demonstrar crescente dificuldade para oferecer soluções aos novos conflitos, desencadeados pela complexidade multifacetária que veio impregnar os novos fatos sociais.

Procurando caminhos para articular o pilar da regulação com o pilar de emancipação, para evitar que o trabalhador seja reduzido à condição de objeto e a própria pessoa seja transformada em mercadoria, assim como poder administrar os novos conflitos com mais efetividade, é necessário ampliar espaços para a atuação da autonomia privada coletiva, notadamente porque os atores sociais estão reconhecendo que a correlação de forças, no novo mundo do trabalho, opera cada vez mais de forma circular e inter-relacional, em movimentos dinâmicos pautados por constante conexão, o que revela a necessidade de superar o maniqueísmo simplista que, ao invés de indicar soluções, aumenta o conflito e esteriliza o debate.

Com efeito, as formas de trabalhar trazidas pela revolução digital indicam que a perspectiva binária, que se limita a separar empregados celetistas de autônomos, foi ultrapassada pela nova realidade fática que veio permear o mundo do trabalho no século XXI.

De um lado, trabalhadores que querem maior autonomia para administrar seu tempo e poder dividi-lo entre o trabalho e seus interesses pessoais. De outro lado, empresas e empreendedores de novos tipos de negócios, que utilizam as ferramentas digitais para implementar sua gestão e organizar sua atividade produtiva.

O grande desafio consiste em como resolver conflitos, de forma eficiente e satisfatória, numa sociedade cada vez mais desestruturada e fragmentada, que padece pela falta de parâmetros claros e objetivos de conduta.

Neste cenário, pretender que o trabalhador abra mão da autonomia para gerir seu tempo e lugar de trabalho não vai dar certo. Pretender que a empresa ou os empreendedores de novos tipos de negócio abram mão das novas ferramentas, que passaram a dispor para incrementar a atividade produtiva, também não dará certo, pela simples e boa razão de que a realidade sempre acaba superando o Direito.

O novo mundo do trabalho vai exigir, por primeiro, a consciência de que é absolutamente inócuo querer aplicar as regras do século passado para os fenômenos que estão ocorrendo no século XXI, pela simples razão de que elas não funcionam mais.

Assim, é preciso proceder a um processo de ausculta atenta, para poder formar um diagnóstico preciso do que está efetivamente ocorrendo nas relações de trabalho, repristinando o princípio da primazia da realidade, que é estruturante no Direito do Trabalho.

Feito o diagnóstico, necessário reconhecer a importância de uma solução construída pela via da inclusão dos trabalhadores nos processos decisórios, mediante uma arquitetura equilibrada a ser obtida pela negociação coletiva, sob a perspectiva integradora dos princípios da boa-fé objetiva, função social do contrato e da propriedade, que passam a atribuir conotação jurídica tanto ao princípio da eficiência, quanto ao princípio da solidariedade, a fim de que a cultura titubeante e evasiva do conflito teórico/aporético seja substituída pela busca de soluções concertadas, que garantam concretude efetiva aos novos marcos protetivos.

Com efeito, as mudanças trazidas pela revolução digital no direito coletivo do trabalho vão levar à necessidade de conferir uma conotação jurídica ao princípio da eficiência, para tanto demandando um enfoque interdisciplinar entre Economia e Direito do Trabalho pelas lentes da Análise Econômica do Direito, notadamente quanto à influência dos incentivos no "processo de tomada de decisão".

Assim, o princípio posto no art. 37 da CF/88, que norteou as alterações promovidas na Lei de Introdução às Normas do Direito Brasileiro (LINDB), confere conotação jurídica ao princípio da eficiência, que assim passa a permear todo o sistema jurídico e as raízes que vão sustentar um novo sistema normativo trabalhista, ao se constatar que a eficiência é um valor que gera benefícios não só aos participantes diretamente envolvidos nas situações em conflito, mas a toda sociedade, de modo que a adoção desta ética consequencialista vai levar à formação de um novo conjunto axiomático, que muda o eixo da concepção competitiva para cooperativa, abrindo novos horizontes para a reconfiguração do conceito de justiça distributiva, tendo como norte os benefícios trazidos pela eficiente repartição distributiva dos recursos.

Diferentemente daqueles que, ancorados na superada tese ludista, alardeiam que as novas ferramentas tecnológicas vão substituir o trabalho humano, a era contemporânea vem evidenciando exatamente o contrário, ou seja, a imprescindibilidade do trabalho para garantir o desenvolvimento sustentável, em benefício da sociedade como um todo.

Neste contexto, a solidariedade deixa de ser um conceito filosófico e sociológico para se transformar em um conceito jurídico, assim revestido do *enforcement* necessário para balizar a conduta dos corpos intermediários no exercício da autonomia privada coletiva, atuando como farol que vai orientar a navegação nestes tempos de mar revolto, com muita espuma e pouca substância.

Apesar de angustiantes, são tempos que também descortinam enormes oportunidades para a edificação de um novo modelo sindical e construção de um novo Direito do Trabalho, em que o conceito de trabalho digno e decente deixa de ser um argumento meramente teórico, para se transformar em concretude nas novas relações de trabalho e valor que vai monitorar o futuro do trabalho, como área chave para impulsionar o desenvolvimento sustentável, a ser pautado pela inclusão e solidariedade, não como discurso, mas como ação e comportamento efetivo, coletivamente construído, na esteira dos objetivos postos pela Agenda 2030 da ONU.

Neste universo de ideias, a experiência de outros países pode contribuir, mas a formatação do novo modelo jurídico só será eficiente se considerar as especificidades e as peculiaridades da cultura e do mundo do trabalho no Brasil, o que evidentemente só será alcançado pela implementação do diálogo social, que na seara trabalhista ocorre primordialmente pela via da negociação coletiva.

Portanto, a negociação coletiva se revela cada vez mais imprescindível para compor os interesses em conflito, que surgem nas novas formas de trabalhar trazidas pela revolução digital, notadamente quando prestadas mediante plataformas de grandes empresas de tecnologia (*big techs*), que passam a ter grande controle pela utilização de algoritmos.

Neste contexto, carecendo o marco normativo legal de preceitos aptos a tal finalidade, o enfrentamento da questão pela via da negociação coletiva se revela inafastável, inclusive a nível internacional, o que, para tanto, vai exigir mudanças também na forma de atuação dos sindicatos considerando as dificuldades que estão enfrentando quanto à crise na representatividade e os baixos índices de filiação.

Neste passo, os efeitos que a revolução digital vem provocando nas relações de trabalho estão exigindo a configuração de um conceito próprio de responsabilidade trabalhista, distinto do modelo dual civilista (subjetiva/objetiva). Isto porque as formas de trabalhar trazidas pela economia compartilhada (*gig economy/share economy*), que vem se expandindo na sociedade contemporânea, desencadeiam desafios que devem ser analisados sob novas perspectivas.

Tentar enquadrar estes trabalhadores no modelo clássico, como empregados subordinados assalariados, não tem dado certo por apresentar solução pouco exequível, desapartada da realidade.

Assim, por um lado, os trabalhadores que atuam nestes novos modelos trazidos pela economia compartilhada têm direito a maior proteção de seus direitos fundamentais, notadamente quanto à saúde, segurança e informação sobre os critérios programados para organizar a atividade com a utilização de algoritmos, por outro lado, não querem perder sua liberdade operacional e autonomia para estabelecer seus próprios horários e trabalhar com várias plataformas ao mesmo tempo, escolhendo aquela que lhe for mais conveniente no momento.

Destarte, se não correspondem ao modelo até aqui estabelecido como autônomos e microempreendedores, por outro lado também não se encaixam no modelo clássico de assalariado subordinado.

Assim sendo, imperioso destacar que para o Direito do Trabalho o princípio da primazia da realidade sempre se revestiu de notória centralidade e bússola de orientação, não só para o diagnóstico dos conflitos, mas também para a busca de soluções normativas, o que torna necessária e oportuna sua repristinação neste momento de mudanças, que vem ocorrendo com ritmo cada vez acelerado.

Neste cenário, inafastável a constatação de que é preciso abrir espaço para a atuação direta dos trabalhadores nos processos decisórios, o que implica em abrir horizontes mais amplos para a negociação coletiva legitimar novas estruturas normativas, que se tornam necessárias em decorrência da complexidade das diferentes relações de trabalho que passaram a existir na sociedade contemporânea.

Com especial visão, já observava Norberto Bobbio[(232)] que não há uma sucessiva geração de direitos, pois "a rigor não são direitos novos, nascidos *ex nihilo*, mas especificações de um núcleo essencial, que dialeticamente vai se adensando e se expandindo em sempre renovadas concretizações históricas".

Assim, a garantia dos direitos de liberdade, para ter eficácia, depende também do reconhecimento dos direitos de igualdade, de modo que o imbricamento de um com o outro vai formar o princípio da solidariedade, como conceito estruturante do novo sistema normativo. Demonstrada a notória interdependência entre eles, as diferentes dimensões de direitos fundamentais "não se apresentam mais setorizadas em compartimentos estanques, passando a atuar de forma dinâmica em sinergia", como já pontuei sobre o tema[(233)].

---

(232) BOBBIO, Norberto. *A era dos direitos*. Rio de Janeiro: Campus, 1992. p. 62-63 e 127-128.
(233) GEMIGNANI, Tereza Aparecida Asta. Meio ambiente de trabalho saudável e desenvolvimento sustentável: a importância dos marcos legais. *In*: *Aspectos psicossociais e sustentabilidade*

Entre os doutrinadores brasileiros, Cançado Trindade[234] também segue nesta direção, ao considerar que as "gerações" de direitos fundamentais não são sucessivas, mas complementares, que interagem de maneira interdependente, focados na *unidade fundamental entre os direitos humanos*, como assenta a *Declaração sobre o Direito ao Desenvolvimento*, adotada pela Resolução n. 41/128 da Assembleia das Nações Unidas (04.12.1986) ao ressaltar que:

> "[...] todos os direitos humanos e liberdades fundamentais são indivisíveis e interdependentes; atenção igual e consideração urgente devem ser dadas à implementação, promoção e proteção dos direitos civis, políticos, econômicos, sociais e culturais."

Interessante observar como este preceito, que trata do direito ao desenvolvimento, encontra ancoragem na *Declaração Universal dos Direitos do Homem*, Resolução 217 A – III da Assembleia Geral das Nações Unidas (1948).

Em relação ao Brasil, não se pode deixar de pontuar que a Constituição Federal de 1988 abriu a senda para que a solidariedade fosse considerada um marco estruturante do sistema normativo, que assim deve ser implementada para que se possa garantir patamares civilizatórios nas relações de trabalho e contribuir para que ocorra o desenvolvimento sustentável em seu conceito amplo, em benefício de todos.

Neste sentido as ponderações de Amartya Sen[235], ao ressaltar que a "utilização das instituições democráticas não é decerto independente da natureza das circunstâncias sociais" e, portanto, a "liberdade democrática pode certamente ser usada para promover a justiça social e favorecer uma política melhor e mais justa".

Assim sendo, quando a pós-modernidade se apresenta "sem código ético", como ressaltou Bauman[236], o conceito de socialidade também volta a ser colocado em xeque. Se, por um lado, o intenso desenvolvimento das ferramentas digitais e da inteligência artificial vem limitando cada vez mais nossa liberdade individual, inclusive no plano privado das nossas relações pessoais, comportamentos e até mesmo afetos, na esfera pública as alterações também têm ocorrido de maneira significativa.

---

em organizações: saúde, segurança e qualidade de vida no trabalho. SILVEIRA, Marco Antonio (org.). CTI – Centro da Tecnologia da Informação "Renato Archer", 2014.

(234) CANÇADO TRINDADE, Antonio Augusto. *A proteção internacional dos direitos humanos*. Fundamentos Jurídicos e instrumentos básicos. São Paulo: Saraiva, 1991.

(235) SEN, Amartya. *A ideia de justiça*. Tradução: Denise Bottmann e Ricardo Doninelli Mendes. São Paulo: Companhia das Letras, 2011. p. 385 e seguintes.

(236) BAUMAN, Zygmunt. Ética pós-moderna. Tradução: João Rezende Costa. São Paulo: Editora Paulus, 1997.

Esse quadro fático conturbado acaba gerando efeitos também nas relações de trabalho, notadamente porque o marco normativo estatal encontra dificuldade para, em tempo hábil, oferecer respostas aos novos conflitos, cada vez mais complexos e multifacetados, que passam a eclodir com incrível rapidez.

A Constituição de 1988 prevê o diálogo social como um direito fundamental nas relações de trabalho (art. 7º, XXVI) e exige que a ordem econômica assegure existência digna, conforme os ditames da justiça social, observando a função social da propriedade (art. 170, III).

Tais princípios se revestem de eficácia normativa e, assim, obrigatoriamente devem atuar como farol na interpretação da lei infraconstitucional, como ensina Canotilho[(237)] ao ressaltar que o "catálogo dos princípios tópicos da interpretação constitucional foi desenvolvido a partir de uma postura metódica hermenêutico-concretizante", que "tornou-se um ponto de referência obrigatório da teoria da interpretação constitucional", estando relacionado com "a necessidade sentida pela doutrina e *praxis* jurídicas de encontrar princípios tópicos auxiliares da tarefa interpretativa".

Embora se reconheça a competência do legislador para conferir densificação normativa para garantir a eficácia irradiante dos valores postos pela Constituição, inafastável a constatação de que, além da lei, é preciso abrir espaço cada vez maior para reconhecer outras formas de estabelecer a normatividade trabalhista, notadamente a convenção e o acordo coletivo, priorizando as negociações coletivas, para que a crescente tensão dialética seja superada por um constante movimento dialógico, que possa construir pontes e buscar soluções satisfatórias para o capital e o trabalho, com a devida proteção dos direitos fundamentais, que atuam também em um crescente espaço de confluência entre o individual e o coletivo, em conformidade com os valores postos pela Constituição Federal de 1988.

Neste contexto, exsurge a importância de conferir operabilidade e funcionalidade ao direito trabalhista na era contemporânea, o que torna necessário trazer à colação as reflexões de Canotilho[(238)], ao ressaltar que o Direito do Trabalho está impregnado de uma dimensão emancipatória, notadamente quando ocorre sua "imbricação material com os direitos fundamentais", ao garantir espaços para o exercício de liberdades e garantias.

Neste passo, destaca Canotilho, a dimensão emancipatória continua a ser "valorada" na era contemporânea, notadamente quando se trata de relações horizontais entre particulares, como ocorre nas relações trabalhistas.

---

(237) CANOTILHO, José Joaquim Gomes. *Direito constitucional e teoria da constituição.* Coimbra: Almedina, 2002. p. 1207 e seguintes.

(238) CANOTILHO, José Joaquim Gomes. *Estudo sobre direitos fundamentais*. 1. ed. São Paulo: Editora Revista dos Tribunais; Portugal: Coimbra Editora, 2008. p. 72-75.

Mas não é só.

Com notável lucidez observa Canotilho que, em relação aos direitos econômicos, sociais e culturais, "paira sobre a dogmática e sobre a teoria jurídica" uma carga metodológica de "vagueza, indeterminação e impressionismo", que atualmente é "comum a quase todas as ciências sociais", que vem identificando "em termos caricaturais, sob a designação de *fuzzysmo*, ou *metodologia fuzzy*" que, em "sua radicalidade", significa basicamente que os juristas "não sabem do que estão a falar, quando abordam os complexos problemas dos direitos econômicos, sociais e culturais".[(239)]

Neste contexto, lamenta Canotilho que, ante o "indeterminismo fuzzy", mesmo nos "estritos parâmetros jurídico-dogmáticos, os direitos sociais aparecem envoltos em quadros pictóricos onde o recorte jurídico cede lugar a nebulosas normativas". Fazendo remissão à expressão cunhada pelo constitucionalista alemão J. Isensee, se refere à existência de um "camaleão normativo", para identificar a "instabilidade e imprecisão normativa de um *sistema jurídico aberto* – como o dos direitos sociais, quer a conteúdos normativos imanentes ao sistema (*system-immanente*), quer a conteúdos normativos transcendentes ao mesmo sistema (*system-transcendente*)", levando a uma indeterminação normativa que "explicaria, em grande medida, a confusão entre o *conteúdo* de um direito, juridicamente definido e determinado e *sugestão de conteúdo*, sujeita a modelações político-jurídicas cambiantes".

Neste quadro, ressalta que a "récita discursiva em torno de direitos sociais dificilmente ganha o teste da intersubjectividade científica e comunicativa, se não introduzir algumas *mais valias* de racionalidade e razoabilidade na retórica jurídico-constitucional". Portanto, "... a teoria, a dogmática e a prática dos direitos fundamentais devem regressar ao espaço jurídico-constitucional e ser considerados como elementos estruturantes de uma *comunidade jurídico-constitucional* bem ordenada", fazendo menção aos marcos teóricos trazidos por John Ralws (*A theory of justice*. Harvard University Press, 1971)[(240)], a fim de evitar que a "metanarratividade das normas constitucionais" possa levar à disfuncionalidade do sistema, ante a notória dificuldade "de inclusão no direito – e, desde logo, no direito constitucional – à mudança e inovação jurídica".

A referência que Canotilho faz à teoria de John Rawls fica ainda mais fortalecida quando a concepção de justiça, atrelada às premissas da justiça social, postas na sua obra seminal "*A theory of justice*", adquire maior dimensão ao entrelaçar-se com o conceito de equidade, como exposto por Rawls em "*Justice as fairness – a restatement*"[(241)].

---

(239) CANOTILHO. Obra citada. p. 99-105.

(240) CANOTILHO. Obra citada. p. 116 a 120.

(241) RAWLS, John. *Justice as fairness*: a restatement. Cambridge: President and Fellows of Harvard College, 2003. p. 45 e 188.

Com efeito, traz reflexões preciosas para respaldar a importância do fortalecimento da proteção dos direitos fundamentais na seara trabalhista, a fim de assegurar a integridade do sistema posto por regras e princípios constitucionais, mediante o "balanceamento de bens, valores e interesses".

Em relação à matéria, Robert Alexy[(242)] ressalta que "princípios são mandamentos de otimização em face das possibilidades jurídicas e fáticas". Assim, no balanceamento de bens, valores e interesses, a "máxima da proporcionalidade em sentido estrito" avalia as "possibilidades jurídicas", enquanto "as máximas da necessidade e da adequação decorrem da natureza dos princípios, como mandamentos de otimização em face das possibilidades fáticas".

Neste momento de intensa evolução tecnológica, que provoca mudanças estruturais na realidade fática do mundo do trabalho, a negociação coletiva se apresenta como instrumento importante para possibilitar o balanceamento mais preciso entre bens, valores e interesses, bem como para aferir os parâmetros mais eficazes para a implementação da adequação, assim conferindo maior concretude à necessária interlocução entre justiça e equidade.

A intensa evolução tecnológica, que marca o momento que estamos vivendo, vem demonstrando a "insuficiência, a ineficiência e a improdutividade do direito intervencionista", afirma Canotilho[(243)], acrescentando a "chamada *décalage regulativa* do normativismo: a crescente discrepância entre os fins das normas e os resultados fácticos e jurídicos" obtidos, o que chama a atenção para a necessidade de resgatar a "centralidade do Direito" em um Estado democrático, o que implica em reconhecer a eficácia regulativa dos "sistemas de interação social" decorrentes da atuação dos corpos intermediários, representantes do capital e do trabalho, mediante uma nova arquitetura que visa conferir funcionalidade ao sistema jurídico trabalhista, mediante a ampliação da autonomia privada coletiva.

As novas situações de risco, criadas pela revolução digital no mundo do trabalho, passam a exigir um modelo próprio para imputação de responsabilidade trabalhista, diverso do dual civilista (subjetivo/objetivo), que tem se revelado insuficiente para oferecer respostas aos novos desafios, o que implica na construção de outros paradigmas, que para tanto envolvam todos os integrantes da cadeia produtiva, tendo por base a primazia da realidade, boa-fé objetiva, função social do contrato e da propriedade e que tenha, entre seus escopos, o salutar objetivo de resgatar a importância da tutela da confiança, como base de uma sociedade mais saudável, como bem pontuou

---

(242) ALEXY, Robert. *Teoria dos direitos fundamentais*. 2. ed. Tradução: Virgilio Afonso da Silva. São Paulo: Malheiros. p. 116-120.

(243) CANOTILHO. Obra citada. *Estudos sobre direitos fundamentais*. p. 258.

Antonio Menezes Cordeiro[244] que, ao "perspectivar o futuro", ressaltou que "a "boa-fé ganha a sua plenitude em um pensamento sistemático renovado", o que se reveste de importância axial para que os direitos fundamentais, postos pela Constituição, possam revestir-se de funcionalidade, em uma sociedade que padece de elevado índice de insegurança, o que compromete a credibilidade do próprio Direito como balizador de conduta.

Esta nova arquitetura normativa vai implicar na atuação mais efetiva da autonomia privada coletiva, que possibilite a otimização dos modelos de negociação coletiva, para tanto exigindo novos métodos hermenêuticos que, para além dos suportes jurídico-dogmáticos, considere as novas peculiaridades sociais e econômicas, que caracterizam a complexidade de uma realidade fática em constante e veloz transformação na sociedade contemporânea.

Trata-se de um movimento de neo-institucionalismo, que introduz outras vertentes normativas, o que demanda uma crescente articulação entre o núcleo essencial valorativo posto pela Constituição e a necessidade de sua operacionalização hermenêutica com os princípios da justa medida, da equidade e da razoabilidade, para tanto considerando a reflexão de Ronald Dworkin[245] ao ressaltar que valores são "construções sociais", sendo que "os vários conceitos e departamentos do valor são interligados e apoiam uns aos outros".

Assim, explica Paulo Bonavides[246], a "jurisprudência dos valores" domina o constitucionalismo contemporâneo, formando a espinha dorsal da "Nova Hermenêutica na idade do pós-positivismo e da teoria material da Constituição", fornecendo os meios interpretativos para acesso "à tríade normativa – regra, princípio e valor – que tanta importância possui para penetrar e sondar o sentido e a direção que o Direito Constitucional toma, tocante à aplicabilidade imediata de seus preceitos".

Destarte, a "jurisprudência dos princípios, enquanto jurisprudência dos valores, domina a fase do pós-positivismo", pois "os princípios são o oxigênio das Constituições na época do pós-positivismo", por meio dos quais os "sistemas constitucionais granjeiam a unidade de sentido e auferem a valoração de sua ordem normativa".

---

(244) CORDEIRO, Antonio Menezes. *A boa-fé nos finais do século XX*. Disponível em: https://portal.oa.pt/upl/%7B68b82e6d-8122-4488-a75e-dc38215d7c9f%7D.pdf. Acesso em: 15 abr. 2023.
(245) DWORKIN, Ronald. *A raposa e o porco-espinho*: justiça e valor. Tradução: Marcelo Brandão Cipolla. São Paulo: Editora WMF Martins Fontes, 2014. p. 18 e 19.
(246) BONAVIDES, Paulo. *Curso de direito constitucional*. 32. ed. atual. São Paulo: Malheiros, 2017. p. 290-294.

CAPÍTULO 10

CONCLUSÕES

No Brasil, há um século, o direito coletivo do trabalho foi cooptado pelo Estado que, temeroso de sua força, reduziu-o à mera linha de transmissão dos interesses governamentais, seduzindo as lideranças sindicais pelo custeio certo e garantido pela máquina oficial, desde que a autonomia privada coletiva abdicasse de exercer seu direito de voz em plenitude.

A retirada da obrigatoriedade da contribuição sindical e a revolução tecnológica provocaram um choque de realidade, que fez o direito coletivo constatar que sua estatura era muito menor do que o novo momento institucional exigia, notadamente quanto à imperiosidade de resgatar a autonomia privada coletiva, pela atuação mais assertiva dos corpos intermediários e valorização da negociação coletiva.

Esta conscientização vem se fortalecendo pelo reconhecimento de que os caminhos de reconstrução do direito coletivo passam, necessariamente, pela abertura de novas perspectivas quanto aos marcos axiológicos postos pela Constituição que, por serem interpretados pela visão reducionista do passado, deixaram de oferecer respostas aos novos desafios apresentados pela sociedade contemporânea, causando grave disfuncionalidade no sistema jurídico.

Assim, se por um lado é preciso repristinar a importância de manter a centralidade da Constituição quanto aos direitos fundamentais, por outro lado é preciso abrir novos horizontes na interpretação desta centralidade.

Isto porque, diversamente do que se entendia até então, não se sustenta mais a antiga concepção de que havia uma linha evolutiva nas diferentes dimensões dos direitos fundamentais, ou seja, que ao chegarmos ao seu 5º ciclo todos os anteriores já teriam sido superados.

Os efeitos provocados pela revolução digital na sociedade contemporânea vieram demonstrar que a concretização dos direitos fundamentais passou a exigir uma interlocução dinâmica e constante entre suas diferentes dimensões, o que tem levado à valorização da autonomia privada coletiva na formação de normas negociadas, pois, diferentemente das normas heterônomas estatais, são dotadas de muito mais fluidez para construir soluções adequadas para resolver os novos conflitos.

Ademais, enquanto o sistema hermenêutico, que vigorou no século XX, estava centrado na interpretação da norma, as alterações estruturais e conjunturais que a revolução tecnológica trouxe para o mundo do trabalho no século XXI vêm desafiando a formação de um novo modelo de hermenêutica, que tenha como foco a concretização da norma, mediante o sopesamento de diferentes valores que atuam de forma inter-relacional e concomitante.

Esta perspectiva se reveste de relevância nestas novas formas de trabalhar, trazidas pela revolução digital. Em decorrência da maior complexidade e diversidade dos novos ambientes de trabalho e modelos de organizações produtivas, a aplicação de normas estatais previstas no ordenamento legal nem sempre resolve o impasse. São as próprias partes, que vivem o dia a dia da atividade e dispõem de um número maior de informações, que têm condições de apresentar respostas mais adequadas para a solução dos conflitos.

Para o direito trabalhista, que congrega um rol considerável de direitos fundamentais, assim estabelecidos expressamente no art. 7º da CF/88, este movimento de valorização da autorregulação e autocomposição passou a revestir-se de maior operabilidade após as alterações trazidas pela Lei n. 13.467/2017 no plano infraconstitucional.

Uma das características do Direito é criar laços de pertencimento a um sistema edificado para disciplinar a convivência dos seres humanos, respeitando as diferentes áreas de atuação e interesse.

Para ser eficaz, é preciso que este laço tenha duas bordas bem atadas, uma que fixa os direitos e outra as obrigações, que devem sempre correr juntas, sob pena da costura mal ajambrada romper nos momentos de pressão, provocando esgarçamento e enfraquecimento do tecido social.

Neste contexto, se torna cada vez mais claro que o princípio da eficiência não pode mais ficar restrito apenas à lógica econômica, demandando uma perspectiva mais ampla, que vincule sua articulação com o princípio da solidariedade e da proteção, conferindo-lhe uma configuração jurídica. Assim é porque a exigência de observância dos marcos protetivos em benefício dos trabalhadores desencadeia um movimento circular, que beneficia também as forças produtivas por evitar a atitude predatória e a concorrência desleal, e o sistema jurídico trabalhista como um todo, evitando que perca sua credibilidade e seu *enforcement* como balizador de conduta.

Isto porque a força do Direito decorre de sua sintonia com a vida e, por isso, não pode ser reduzido a um mero jogo de palavras, mesmo que se apresentem agradavelmente sedutoras...

Destarte, ante os efeitos provocados pela revolução digital, se torna imperioso restaurar a funcionalidade do Direito Coletivo do Trabalho e resgatar a confiança de que estamos vivendo um momento promissor para a reconstrução do Direito do Trabalho, impedindo que a solução dos conflitos seja vista como um cabo de guerra, uma queda de braço entre duas concepções extremadas, como muitas vezes tem ocorrido.

Por isso, o caminho não pode ser pautado pelos extremos da ortodoxia, nem da heterodoxia, quando desconsideram a realidade contemporânea de uma sociedade que sofre frenético movimento de mutação e busca novos paradigmas de proteção.

Neste cenário, não é possível ignorar a realidade dos fatos e pretender que sejam, teoricamente, transformados para que se encaixem em uma estrutura anteriormente moldada para atender a outra realidade.

O desafio se reveste de complexidade por exigir que seja erigido um novo modelo de proteção, mediante um movimento inter-relacional constante entre mudanças estruturais e conjunturais, com o escopo de fortalecer as instituições e desvelar novos horizontes, superando a miragem dos discursos e falas intermináveis que, girando em falso, servem apenas para tirar o foco da assertividade que a situação exige.

Por isso, inadiável a difícil tarefa de superar o estamento burocrático que suga as energias e tira o oxigênio das instituições, condenando-as à esterilidade, que compromete a legitimidade do sistema jurídico trabalhista.

Nesta senda, de um lado é preciso conferir efetividade aos marcos axiológicos postos como alicerces do sistema constitucional, de outro lado, é imprescindível reconhecer a *praxis* que está atrelada à nova realidade trazida pela revolução digital, não se deixando seduzir pelo canto de sereia de um voluntarismo pueril, que acha possível submeter os novos fatos aos marcos teóricos anteriormente existentes, dissociados da realidade contemporânea.

Assim, o grande desafio enfrentado pelo Direito do Trabalho consiste em, mantendo o grau de coerência interna do sistema quanto aos paradigmas de proteção, ampliar os horizontes do direito coletivo do trabalho para que possa, em um ambiente de elevado grau de instabilidade provocado pela revolução digital, conferir efetividade aos direitos fundamentais trabalhistas, estimulando o aprimoramento das regras necessárias para tanto, notadamente no que se refere à intensificação do diálogo social e à formação de soluções consensuais, mediante protagonismo maior dos corpos intermediários no exercício da autonomia privada coletiva, não só para resolver o conflito posto, mas também para prevenir novos conflitos.

Vivemos tempos de travessia...

O Direito do Trabalho chega a um ponto de inflexão na construção de sua maturidade.

O futuro não virá como dádiva, mas como conquista, fruto das escolhas que fizermos no presente.

Seremos capazes de manter a coesão de sua tessitura conceitual, como ramo autônomo do direito, que rege o mundo do trabalho?

Ou vamos permitir a concretização da sombria profecia de Claude Lévi Strauss, que em "Tristes Trópicos" alertou que passaríamos da fase de efervescência e fertilidade direto para o envelhecimento, sem passar pela maturidade, quando a emancipação não se dá pela ruptura, nem pelo conformismo, mas por um protagonismo de renovação?

Faço uma leitura otimista.

Se conseguirmos entender que os desafios postos pela revolução digital abrem novos horizontes para reequilibrar o princípio da liberdade com o princípio da igualdade, sob os vetores postos pelo princípio da proteção e da solidariedade, o direito coletivo do trabalho entrará em uma fase de renascimento.

Este renascimento vai ocorrer pela atuação mais assertiva e direta dos corpos intermediários, no exercício da autonomia privada coletiva pelo estímulo à autorregulação e autocomposição, mediante a valorização da negociação coletiva e reconfiguração de novos modelos sindicais, estruturados pelos próprios atores coletivos, que assim poderão construir novos marcos protetivos em benefício dos trabalhadores e assegurar a sustentabilidade das empresas, requisitos indispensáveis para impulsionar o desenvolvimento.

A substituição do clima de conflitualidade por um novo *mindset*, moldado por uma mentalidade de consenso, direcionada para a construção de soluções negociadas, espraia benefícios não só na seara nacional, mas também internacional, por contribuir para a solidez da democracia, como destacou a OIT na "Declaração sobre o futuro do trabalho".

A revolução digital trouxe uma nova realidade fática, que desafia o direito coletivo do trabalho, como a esfinge de Tebas, e lhe diz: "Decifra-me ou te devoro".

Oxalá tenhamos a sensatez necessária para decifrá-la em prol da evolução civilizatória, que deve permear as relações trabalhistas no século XXI, de tal sorte que o movimento disruptivo possa levar à assertividade dos direitos fundamentais e ao aprimoramento do direito coletivo trabalhista, para que possam ser assegurados, não só o trabalho decente, mas a própria vida em sociedade.

REFERÊNCIAS BIBLIOGRÁFICAS

AGUIAR, Antonio Carlos. *Negociação coletiva de trabalho*. 2. ed. São Paulo: Saraiva Educação, 2018.

AMADO, João Leal. *A cessação do contrato de trabalho*: uma perspectiva luso-brasileira. São Paulo: LTr, 2017.

________. Tempo de trabalho e tempo de vida: sobre o direito à desconexão profissional. *In: Revista do Tribunal Regional do Trabalho da 15ª Região*. Campinas/SP. n. 52. 2018.

________. Liberdade sindical e direitos das associações sindicais: breve esboço do sistema português. *In: Liberdade sindical*: uma proposta para o Brasil. 1. ed. Alexandre Agra Belmonte, Luciano Martinez, Thereza Nahas (coord.). Campinas, SP: Lacier Editora, 2021.

________. A lei sobre o TVDE e o contrato de trabalho: sujeitos, relações e presunções. *In: Futuro do trabalho*: os efeitos da revolução digital na sociedade. Brasília: ESMPU, 2020. Disponível em: https://escola.mpu.mp.br/publicacoes/obras-avulsas/e-books-esmpu/futuro-do-trabalho-os-efeitos-da-revolucao-digital-na-sociedade.

ALEXY, Robert. *Teoria dos direitos fundamentais*. 2. ed. Tradução: Virgílio Afonso da Silva. São Paulo: Malheiros.

AZEVEDO, Antonio Junqueira. Por uma nova categoria de dano na responsabilidade civil: o dano social. *In: Novos estudos e pareceres de direito privado*. São Paulo: Saraiva, 2009.

BAIRD, Douglas G.; GERTNER, Robert H.; PICKER, Randal C. *Game Theory and the Law*. Cambridge, Massachusetts: Harvard University Press, 1994.

BAYLOS, Antonio. *Direito do Trabalho*: modelo para armar. Tradução de Flávio Benites e Cristina Schultz. São Paulo: LTr, 1999.

BAYLOS, Antonio; CASTELLI, Nunzia. El derecho de libertad sindical em Europa: contenido e alcance de La Carta Social Europea. *In: Liberdade sindical*: uma proposta para o Brasil. 1. ed. Alexandre Agra Belmonte, Luciano Martinez, Thereza Nahas (coord.). Campinas, SP: Lacier Editora, 2021.

BARBOSA, Mafalda Miranda. Causalidade, imputação e responsabilidade por informações. *In: Responsabilidade civil e comunicação*. IV Jornadas luso-brasileiras de responsabilidade civil. David Magalhães *et al*. Indaiatuba, São Paulo: Editora Foco Jurídico Ltda., 2021.

BAUMAN, Zygmunt. *Modernidade líquida*. Tradução: Plinio Dentzien. Rio de Janeiro: Jorge Zahar Editor, 2001.

________. Ética pós-moderna. Tradução: João Rezende Costa. São Paulo: Editora Paulus, 1997.

BÊRNI, Duílio de Ávila. *Teoria dos Jogos*. Jogos de estratégia. Estratégia decisória. Rio de Janeiro: Reichmann & Affonso Editores, 2004.

BIERMAN H. Scott; FERNANDEZ, Luis. *Teoria dos Jogos*. 2. ed. Tradução: Arlete Simille Marques. Revisão Técnica: Décio Katsushigue Kadota. São Paulo: Pearson Prentice Hall, 2011.

BOBBIO, Norberto. *Da estrutura à função*: novos estudos da teoria do direito. Tradução de Damniela Beccaccia Versiani. Consultoria técnica de Orlando Seixas Bechara e Renata Nagamine. São Paulo (Barueri): Editora Manole Ltda., 2007.

BOBBIO, Norberto. *A era dos direitos*. Tradução: Carlos Nelson Coutinho. Rio de Janeiro: Campus, 1992.

BONAVIDES, Paulo. *Curso de direito constitucional*. 32. ed. atual. São Paulo: Malheiros, 2017.

BENUCCI, Eduardo Bonasi. Atto illecito e concorrenza sleale. *Rivista Trimestrale di Diritto e Procedura Civile*, 1957.

BERGER, Klaus Peter. *The New Law Merchant and the Global Market Place: A 21st Century View of Transnational Commercial Law*. Disponível em: https://www-trans--lex-org.translate.goog/2/_/a-21st-century-view-of-transnational-commercial--law/?_x_tr_sl=en&_x_tr_tl=pt&_x_tr_hl=pt-BR&_x_tr_pto=sc.

BUENO DE GODOY, Cláudio Luiz. *Função social do contrato*. 4. ed. São Paulo: Saraiva, 2012.

CANÇADO TRINDADE, Antonio Augusto. *A proteção internacional dos direitos humanos*. Fundamentos jurídicos e instrumentos básicos. São Paulo: Saraiva, 1991.

CANDIAN, Aurelio. *Nozioni istituzionali di diritto privato*. Milano: A. Giuffrè, 1946.

CANOTILHO, José Joaquim Gomes. *Estudos sobre direitos fundamentais*. 1. ed. São Paulo: Editora Revista dos Tribunais; Portugal: Coimbra Editora, 2008.

________. *Direito constitucional e teoria da constituição*. Coimbra: Almedina, 2002.

COOTER, Robert; ULEN Thomas. *Law and Economics*. Harper Collins Publishers, 1988.

DE LA CUEVA, Mario. *Derecho Mexicano del Trabajo*. 3. ed. México DF: Editorial Porrua S.A., 1949.

DWORKIN, Ronald. *A raposa e o porco-espinho*: justiça e valor. Tradução: Marcelo Brandão Cipolla. São Paulo: Editora WMF Martins Fontes, 2014.

DUBAL, Veena B. AB5 para democracia: segurança econômica e a regulação do trabalho de bico na Califórnia. Tradução: Rodrigo de Lacerda Carelli. *In*: *Futuro do trabalho*: os efeitos da revolução digital na sociedade. Rodrigo de Lacerda Carelli *et al.* (org.). Brasília: ESMPU, 2020.

FERRAZ JUNIOR, Tércio Sampaio. *Introdução ao estudo do direito*: técnica, decisão, dominação. 8. ed. São Paulo: Atlas, 2015.

FIANI, Ronaldo. *Teoria dos Jogos*: com aplicações em economia, administração e ciências sociais. 3. ed. Rio de Janeiro: Editora Campus, 2009.

FONTENELE, Lincoln Simões. *Direito reflexivo do trabalho*. Dissertação de Mestrado. Universidade Federal do Ceará. Disponível em: http://repositorio.ufc.br/handle/riufc/49779.

FRIGNANI, Aldo. Azione in cessazione. *In*: AZARA, Antonio; EULA, Ernesto. *Novissimo Digesto Italiano.* 3. ed. Torino: Unione Tip. Editrice Torinese, 1980. v. 1.

GOMES, Orlando. *Obrigações*. 2. ed. Rio: Editora Forense, 1968.

________. *Responsabilidade civil.* Texto revisado, atualizado e ampliado por Edvaldo Brito. Rio de Janeiro: Forense, 2011.

________. *Contratos*. Atualização e notas de Humberto Theodoro Junior. Rio de Janeiro: Forense, 2002.

GEMIGNANI, Tereza Aparecida Asta. A jurisdição trabalhista constitucional no século XXI: novas tutelas. *Revista Jurisplenum*. Caxias do Sul (RS). Vol. 9. n. 51. maio 2013.

________. Efeitos da pandemia: o aumento da vulnerabilidade dos trabalhadores e a configuração do conceito jurídico de responsabilidade estrutural. *In*: *Direitos da vulnerabilidade na era do capitalismo de plataforma*: perspectivas consumerista e trabalhista. 1. ed. Coordenação: Dennis Verbicaro, Ney Maranhão. Brasília: Editora Venturoli, 2022.

________. Meio ambiente de trabalho saudável e desenvolvimento sustentável: a importância dos marcos legais. *In*: *Aspectos psicossociais e sustentabilidade em organizações*: saúde, segurança e qualidade de vida no trabalho. SILVEIRA, Marco Antonio (org.). CTI – Centro da Tecnologia da Informação "Renato Archer", 2014.

GEMIGNANI, Tereza Aparecida Asta; GEMIGNANI, Daniel. Inclusão de pessoas com deficiência, reforma trabalhista e negociação coletiva. *Revista Bonijuris*. Ano 33. Curitiba. Edição 669. abril/maio 2021.

COUTO E SILVA, Clóvis. *A obrigação como processo*. Rio de Janeiro: FGV Editora, 2006.

DE LA CUEVA, Mario. *El nuevo derecho mexicano del trabajo.* 3. ed. México: Editorial Porrúa, 1975.

GRAU, Eros Roberto. *A ordem econômica na Constituição de 1988 (interpretação e crítica).* 15. ed. São Paulo: Malheiros Editores Ltda.

JHERING, Rudolf Von. *A finalidade do direito.* 1. ed. Tradução: Heder K. Hoffmann. Campinas: Bookseller Editora e Distribuidora, 2002.

JOSSERAND, Louis. *Evolução da responsabilidade civil.* Rio de Janeiro: Revista Forense, junho de 1941.

LARENZ, Karl. *Metodologia da ciência do Direito.* José Lamego (tradutor). Lisboa: Serviço de Educação Fundação Calouste Gulbenkian, 1997.

MARTINS-COSTA, Judith. *A boa-fé no direito privado*: critérios para a sua aplicação. 2. ed. São Paulo: Saraiva Educação, 2018.

MARINONI, Luiz Guilherme. *Tutela inibitória*: individual e coletiva. 5. ed. São Paulo: RT – Revista dos Tribunais, 2012.

MARTINEZ, Pedro Romano. Princípios do Direito do Trabalho: princípios, regras e interpretação das normas jurídicas e convencionais. *In: Princípios de direito e processo do trabalho*: questões atuais. Thereza Nahas (coord.). Rio de Janeiro: Elsevier, 2009.

________. *O subcontrato.* Coimbra: Almedina, 1989.

MASSIMO, Bianca Cesare. *Responsabilità civile.* 3. ed. Milano: Giuffrè, 2021.

MELLO GUERRA, Alexandre Dartanhan. Responsabilidade civil por abuso de direito: ensaio por uma compreensão contemporânea do exercício disfuncional do direito. Breves notas sobre a análise econômica da responsabilidade civil. *In*: *Responsabilidade civil*: novas tendências. Nelson Rosenvald *et al.* Nelson Rosenvald e Marcelo Milagres (org.). Indaiatuba, São Paulo: Editora Foco Jurídico Ltda., 2018.

MENEZES CORDEIRO, Antonio Manuel. *Direito das obrigações.* Vol. 1. Lisboa: Associação Acadêmica da Faculdade de Direito de Lisboa, 1980.

________. *Manual de Direito do Trabalho.* Coimbra: Almedina, 1999.

________. *Da boa-fé no direito civil.* Coimbra: Almedina, 2007.

________. *A boa-fé nos finais do século XX.* Disponível em: https://portal.oa.pt/upl/%7B68b82e6d-8122-4488-a75e-dc38215d7c9f%7D.pdf.

MOREIRA, Teresa Coelho; DRAY, Guilherme (coordenadores científicos). *Livro verde.* 1. ed. Lisboa (PT): Gabinete de Estratégia e Planeamento do Ministério do Trabalho, Solidariedade e Segurança Social. Março 2022. Disponível em: http://www.gep.mtsss.gov.pt/-/livro-verde-sobre-o-futuro-do-trabalho-2021.

MOREIRA, Teresa Coelho. *Portugal*: o novo art. 12º-A e a presunção de laboralidade do trabalho nas plataformas digitais. Disponível em: https://www.dmtemdebate.com.br/portugal-o-novo-artigo-12-o-e-a-presuncao-de-laboralidade-do-trabalho-nas-plataformas-digitais.

________. Algorithms, discrimination and collective bargaining. *In: Collective Bargaining and the gig economy*: a traditional tool for new business models. BOTO, José Maria Miranda e BRAMESHUBER, Elisabeth (coordenadores). Great Britain: Hart Publishing, 2022.

________. *Direito do Trabalho na era digital.* Coimbra: Almedina, 2021.

NICOLADELI, Sandro Lunard. *Dicionário de direito sindical.* Verbetes do comitê de liberdade sindical da OIT. Belo Horizonte: Editora RTM, 2022.

PALMA RAMALHO, Maria do Rosário. Modernizar o Direito do Trabalho para o século XXI. Notas breves sobre o Livro Verde da Comissão Europeia, de 22 de novembro de 2006, e sobre os desafios da flexisegurança. *In*: *Princípios de direito e processo do trabalho*: questões atuais. Thereza Nahas (coord.). Rio de Janeiro: Elsevier, 2009.

________. *Tratado de Direito do Trabalho.* Parte III. Situações Laborais Colectivas. 3. ed. Coimbra: Almedina, 2020.

PARANHOS, Adalberto. *O roubo da fala*: origens da ideologia do trabalhismo no Brasil. 1. ed. São Paulo: Jinkings Editores Associados Ltda., BOITEMPO, 1999.

PEREIRA, Caio Mário da Silva. *Responsabilidade civil.* 9. ed. Rio de Janeiro: Forense, 2002.

PINHEIRO, Armando Castelar; SADDI, Jairo. *Direito econômico e mercados.* 4ª reimpressão. Rio de Janeiro: Elsevier, 2005.

PLÁ RODRIGUEZ, Américo. *Princípios de Direito do Trabalho.* 3. ed. atualizada. Tradução de Wagner Giglio. São Paulo: LTr, 2000.

PONSSARD, Jean Pierre. Logique de la négociation et théorie es jeux. Paris/França: 1es éditions d'organisation, 1977.

PORTO, Antonio José Maristrello; GAROUPA, Nuno. *Curso de análise econômica do direito.* São Paulo: Editora Atlas Ltda.

POSNER, Richard A. *The Economics of Justice.* Cambridge, MA and London, England: Harvard University Press, 1981.

________. *How judges think.* Cambridge, Massachusetts and London, England: Harvard University Press, 2008.

________. Teorias da regulação econômica. *In*: MATTOS, Paulo (coord.). *Regulação econômica e democracia*. São Paulo: Editora 34, 2004.

RASMUSEN, Eric. *Games & information.* An introduction to game theory. 4. ed. Oxford: Blackwell Publishers, 2006.

RAPAZZO, Antonio. *I contratti collegati.* Milano: Giuffrè, 1998.

RAWLS, John. *Justice as fairness*: a restatement. Cambridge: President and Fellows of Harvard College, 2003.

REICH, Norbert. A crise regulatória: ela existe e pode ser resolvida? *In*: *Regulação econômica e democracia*: o debate europeu. MATTOS, Paulo (coord.). São Paulo: Singular, 2006.

RICHA, Morgana de Almeida. Relações de trabalho, inovações tecnológicas e justiça social: a adaptação do Direito e da Justiça do Trabalho na era digital. *In*: *A jurisdição social no Brasil e o futuro do trabalho.* Guilherme Augusto Caputo Bastos, Douglas Alencar Rodrigues, Giani Gabriel Cardozo e Otávio Venturini (org.). Goiânia: ABFP Editora, 2023.

ROCHA, Cláudio Jannotti da; EISENLOHR, Ana Luísa Acurcio Santos. Justiça climática: a negociação coletiva como instrumento de implementação do ESG e do *greenwashing*. *In*: *A transformação do Direito do Trabalho na sociedade pós-moderna e seus reflexos no mundo do trabalho*: estudos em homenagem ao Professor Jair Aparecido dos Santos. Andréia Chiquini Bugalho, Rodrigo Monteiro Pessoa, Sebastião Sérgio de Oliveira e Vinicius Bugalho (org.). Leme/SP: Imperium Editora e Distribuidora de Livros Ltda., 2023.

SALAMA, Bruno Meyerhof. *O que é direito e economia?* Disponível em: https://revistas.unifacs.br/index.php/redu/article/viewFile/2793/2033.

________. *Estudos em direito e economia*: micro, macro e desenvolvimento. Virtual Gratuita. EVG, 2017.

SCURO NETO, Pedro. Gestão pública: fluxo e refluxo. São Paulo: Editora USP. *Revista de Estudos Avançados*. V. 9, n. 23. Jan/abr. 1995.

SEN, Amartya. *Desenvolvimento como liberdade*. Tradução: Laura Teixeira Motta. São Paulo: Companhia das Letras, 2000.

________. *A ideia de justiça*. Tradução de Denise Bottmann e Ricardo Doninelli Mendes. São Paulo: Cia das Letras, 2011.

SIERRA BENITEZ, Esperanza Macarena. Reflexiones en torno a la intervención normativa jurídico-laboral para la construcción social del nuevo mercado laboral de las plataformas digitales de Trabajo. *In: Revista Internacional y Comparada de Relaciones Laborales y derecho del empleo.* volume 11, n. 1, janeiro e março de 2023. Escuela Internacional de Alta Formación em Relaciones Laborales y de Trabajo – ADAPT.

SILVA, Virgílio Afonso da. *Direito constitucional brasileiro.* 1 ed. São Paulo: Editora da Universidade de São Paulo, 2021.

________. *A constitucionalização do Direito*: os direitos fundamentais nas relações entre particulares. 1. ed. São Paulo: Malheiros, 2005.

STOCO, Rui. *Tratado de responsabilidade civil*: responsabilidade civil e sua interpretação doutrinária e jurisprudencial. 5. ed. São Paulo: Editora Revista dos Tribunais, 2001.

SUNSTEIN, Cass R. O constitucionalismo após o The New Deal. *In*: *Regulação econômica e democracia*. MATTOS, Paulo (coord.). São Paulo: Editora 34, 2004.

SUPIOT, Alain. *Critique du droit du travail.* QUADRIGE. Essais Debats. 2ª édition. Paris: PUF – Presses Universitaires de France, 1994.

TARTUCE, Flávio. *Contratos coligados e sua função social.* São Paulo: Carta Forense. Edição 111 de 02.08.2012.

TEPEDINO, Gustavo. *Código Civil interpretado conforme a Constituição da República.* V. II. Rio: Renovar, 2012.

TEPEDINO, Gustavo. *Novos princípios contratuais e teoria da confiança*: a exegese da cláusula *to the best knowledge of the sellers.* Vol. II. Temas de Direito Civil. Rio: Renovar, 2006.

USTÁRROZ, Daniel. Responsabilidade civil: questões atuais. *In*: *Responsabilidade civil*: novas tendências. Nelson Rosenvald *et al*. Nelson Rosenvald e Marcelo Milagres (org.). Indaiatuba, São Paulo: Editora Foco Jurídico Ltda., 2018.

U.S. SUPREME COURT. Fibreboard Paper PRODUCTS Corp. v. Labor Board, 379 U.S. 203 (1964). Disponível em: https://supreme.justia.com/cases/federal/us/379/203/.

VALLE MUÑOZ, Francisco Andrés. El difícil ejercicio de los derechos colectivos em el trabajo mediante plataformas digitales. *Revista Internacional y Comparada de Relationes Laborales y derecho del empleo*, 2020.

VENTURI, Thaís G. Pascoaloto. Breves notas sobre a análise econômica da responsabilidade civil. *In*: *Responsabilidade civil*: novas tendências. Nelson Rosenvald *et al*. Nelson Rosenvald e Marcelo Milagres (org.). Indaiatuba, São Paulo: Editora Foco Jurídico Ltda., 2018.

VRAKKING, bem; VEEN, Wim. Homo zappiens, educando na era digital. Porto Alegre: Artmed, 2009.

ZAGREBELSKY, Gustavo. *El derecho dúctil*: ley, derechos, justicia. Tradução de Marina Gascón. Madrid: Editorial Trotta, 2007.

ZANGARI JUNIOR, Jurandir. *O direito reflexivo aplicado na regulação do Direito do Trabalho.* Disponível em: https://repositorio.usp.br/item/002793083.

ZENHA MARTINS, João. Tempo de trabalho e tempo de repouso: qualificação e delimitação de conceitos. *In*: *Tempo de trabalho e tempos de não trabalho.* O regime nacional do tempo de trabalho à luz do direito europeu e internacional. Coordenação: Maria do Rosário Palma Ramalho, Teresa Coelho Moreira. Estudos da Associação Portuguesa de Direito do Trabalho – APODIT 4. Lisboa: AAFDL, 2018.

O trabalho controlado por plataformas digitais no Brasil: dimensões, perfis e direitos. Universidade Federal do Paraná (UFPR). Disponível em: https://cdtufpr.com.br/o-trabalho-controlado-por-plataformas-digitais-no-brasil-dimensoes-perfis-e-direitos-baixe-o-ebook/.

Sites:

https://www.portugal.gov.pt/pt/gc22/comunicacao/documento?i=livro-verde-sobre-o-futuro-do-trabalho

http://www.gep.mtsss.gov.pt/-/livro-verde-sobre-o-futuro-do-trabalho-2021

https://juslaboris.tst.jus.br/bitstream/handle/20.500.12178/188680/2021_amado_joao_glovo_riders.pdf?sequence=1&isAllowed=y

https://bibliotecadigital.fgv.br/dspace/bitstream/handle/10438/30827/Briefing_Tematico_6_Regulacao_Espanhola.pdf?sequence=1&isAllowed=y

www.adapt.it

https://www.planalto.gov.br/ccivil_03/decreto/antigos/d19770.htm

https://www.stf.jus.br/arquivo/cms/centralDoCidadaoAcessoInformacaoGestaoEstrategica/anexo/RELATORIO_DE_GESTAO_2011_site_STF.pdf https://dej.fgv.br/noticias/pesquisa-destaca-o-uso-crescente-da-analise-economica--do-direito-pelo-stf -

https://www.dieese.org.br/estudosepesquisas/2023/estPesq106trabDomestico.pdf

https://revistapesquisa.fapesp.br/os-vencedores-do-nobel-2005/

https://www.ipea.gov.br/desafios/index.php?option=com_content&id=3050

https://www.rasmusen.org/GI/chapters/chap01_basics.pdf

https://nedur.ufpr.br/wp-content/uploads/2021/03/8_jogos-sequenciais-de-informacao-incompleta.pdf

https://www.fea.usp.br/economia/noticias/2nd-brazilian-workshop-game-theory-society-honor-john-nash-occasion-60th. Acesso em: 05 abr. 2023

https://www.cjf.jus.br/enunciados/enunciado/371. Acesso em: 08 mar. 2023.

https://www.cjf.jus.br/enunciados/enunciado/371-.

https://www.ilo.org

https://dre.pt

https://www.ilo.org/travail/eventsandmeetings/WCMS_738470/lang--en/index.htm

http://www.gep.mtsss.gov.pt/documents/10182/55245/livro_verde_do_trabalho_2021.pdf/daa7a646-868a-4cdb-9651-08aa8b065e45

https://www.dgert.gov.pt/declaracao-de-filadelfia

https://www.ilo.org/dyn/normlex/es/f?p=NORMLEXPUB:12100:0::NO:12100:P12100_INSTRUMENT_ID:312522:NO

https://www.ilo.org/brasilia/convencoes/lang--pt/index.htm –

https://www.ilo.org/public/english/standards/declaration/declaration_portuguese.pdf

https://www.ilo.org/wcmsp5/groups/public/---europe/---ro-geneva/---ilo-lisbon/documents/publication/wcms_706928.pdf

https://osha.europa.eu/pt

https://dgert.gov.pt

https://dre.pt/dre/legislacao-consolidada/lei/2009-34546475-56411495-

https://portal.stf.jus.br/noticias/verNoticiaDetalhe.asp?idConteudo=444672&ori=1

https://cyberunions.org

https://www.labourstart.org

https://www.cgil.it/admin_-

https://vivaceonline.it/convenzioni/read/car-helper

https://www.ilo.org/brasilia/convencoes/WCMS_242958/lang--pt/index.htm

https://www.ilo.org/brasilia/convencoes/WCMS_242958/lang--pt/index.htm

https://www.boe.es/buscar/act.php?id=BOE-A-2015-11430

https://dx.doi.org/105209/cria80595

http://www.gep.mtsss.gov.pt/documents/10182/55245/livro_verde_do_trabalho_2021.pdf/daa7a646-868a-4cdb-9651-08aa8b065e45

https://eur-lex.europa.eu/legal-content/PT/TXT/?uri=CELEX%3A32002L0014-

https://www.europarl.europa.eu/ftu/pdf/pt/FTU_4.2.8.pdf

https://www.sg.pcm.gov.pt/sobre-nos/regulamento-geral-de-prote%C3%A7%C3%A3o-de-dados.aspx

https://www.dol.gov/general/topic/labor-relations/adr#:~:text=The%20term%20alternative%20dispute%20resolution,reaching%20agreem

https://www.cnj.jus.br/wp-content/uploads/2018/09/51093418491a3346d0d2af189b1e841d.pdf

https://uncitral.un.org/

https://sustainabledevelopment.un.org/content/documents/21252030%20Agenda%20for%20Sustainable%20Development%20web.pdf

https://www.ilo.org/brasilia/publicacoes/WCMS_626908/lang--pt/index.htm

https://brasil.un.org/pt-br/sdgs/3

https://www.ilo.org/brasilia/convencoes/WCMS_235190/lang--pt/index.htm

https://www.ilo.org/brasilia/noticias/WCMS_831984/lang--pt/index.htm

https://www.ilo.org/brasilia/noticias/WCMS_848148/lang--pt/index.htm

https://sustainabledevelopment.un.org/content/documents/21252030%20Agenda%20for%20Sustainable%20Development%20web.pdf

https://eur-lex.europa.eu

https://eur-lex.europa.eu/legal-content/PT/TXT/PDF/?uri=CELEX:32003L0088

https://eur-lex.europa.eu

https://www.europarl.europa.eu/charter/pdf/text_pt.pdf

https://www.consilium.europa.eu/pt/press/press-releases/2023/12/13/rights-for-platform-workers-council-and-parliament-strike-deal/

https://www.euronews.com/myeurope/2023/12/22/eu.deal

https://www.ilo.org>documents>WCMS_ 677383

https://www.jusbrasil.com.br/artigos/os-contratos-coligados-e-sua-importante-funcao-social/121822497

https://scholarship.law.vanderbilt.edu/cgi/viewcontent.cgi?article=2472&context=vlr

http://www.gep.mtsss.gov.pt/documents/10182/55245/livro_verde_do_trabalho_2021.pdf/daa7a646-868a-4cdb-9651-08aa8b065e45